ROUSSEAU AND GERMAN IDEALISM

Freedom, Dependence and Necessity

卢梭与德国观念论

自由、依赖和必然

［英］大卫·詹姆斯◎著　　吴珊珊◎译
David James

上海人民出版社

目录

致　谢

我从与雷蒙德·戈伊斯（Raymond Geuss）和弗雷德里克·诺伊豪泽（Frederick Neuhouser）就本书的一些主题进行的讨论中受益匪浅。弗雷德里克·诺伊豪泽还对这本书发表了一系列有价值的评论。我还要感谢剑桥大学出版社的一位匿名读者，他为我改进这本书提供了一些其他有用的建议。在剑桥大学艺术、社会科学和人文研究中心（CRASSH）和沃弗森学院获得的访问奖学金，以及在耶拿市弗里德里希·席勒大学的启蒙研究中心实验室作为访问学者的短暂逗留，极大地促进了这本书的编写。为此，我要特别感谢亚历山大·施密特（Alexander Schmidt）。我还要感谢格奥尔格·施密特（Georg Schmidt）教授在我逗留期间邀请我在他的早期现代国家理论研讨会上介绍本书中我关于费希特财产理论的研究内容。

本书的部分内容出现在以下文章中：《卢梭论依赖和政治社会的形成》，《欧洲哲学杂志》(2013)；《恶在康德自由主义中的作用》，《探究》55（3）(2012)；《黑格尔〈法哲学原理〉中的主观自由和必然性》，《思辨：社会与政治理论杂志》131（2012）。

引用文献缩略语表

卢梭著作

C　*Confessions*（《忏悔录》），trans. Angela Scholar（Oxford University Press，2000）. 按照页码引用。

CC　'Plan for a Constitution for Corsica'（《科西嘉制宪意见书》），in *The Plan for Perpetual Peace*，*On the Government of Poland*，*and Other Writings on History and Politics*（*The Collected Writings of Rousseau*，Volume xi），ed. Christopher Kelly，trans. Christopher Kelly and Judith R. Bush（Hanover：University Press of New England，2005）. 按照页码引用。

D　*Rousseau*，*Judge of Jean-Jacques*：*Dialogues*（《卢梭评判让-雅克：对话录》）（*The Collected Writings of Rousseau*，Volume i），ed. Roger D. Masters and Christopher Kelly，trans. Judith R. Bush，Christopher Kelly and Roger D. Masters（Hanover：University Press of New England，1990）. 按照页码引用。

E　*Emile or on Education*（《爱弥儿》），trans. Allan Bloom（New York：Basic Books，1979）. 按照页码引用。

LM　'Letters Written from the Mountain'（《山中来信》），in *Letter to Beaumont*，*Letters Written from the Mountain*，*and Related Writings*（*The Collected Writings of Rousseau*，Volume ix），ed. Christopher Kelly and Eve Grace，trans. Christopher Kelly and Judith R. Bush（Hanover：University Press of New England，2001）. 按照页码引用。

OC　*Œuvres complètes*（《卢梭全集》），5 vols，ed. Bernard Gagnebin and Marcel Raymond（Paris：Gallimard，Bibliothèque de la Pléiade，1959–1995）. 按照卷及页码引用。

OW　'On Wealth and Fragments on Taste'（《论财富与品位残篇》），in *The Plan for Perpetual Peace*，*On the Government of Poland*，*and Other Writings on History and Politics*（*The Collected Writings of Rousseau*，Volume xi），ed. Christopher Kelly，trans. Christopher Kelly and Judith Bush（Hanover：University Press of New England，2005）. 按照页码引用。

PF　'Political Fragments'（《政治残篇》），in *Social Contract*，*Discourse on the Virtue Most Necessary for a Hero*，*Political Fragments*，*and Geneva Manuscript*（*The Collected Writings of Rousseau*，Volume iv），ed. Roger D. Masters and Christopher Kelly，trans. Judith R. Bush，Roger D. Masters and Christopher Kelly（Hanover：University Press of New England，1994）. 按照页码引用。

PW1　*The Discourses and other early political writings*（《对话及早期政治哲学》），ed. and trans. Victor Gourevitch（Cambridge University Press，1997）. 按照页码引用。

PW2　*The Social Contract and other later political writings*（《社会契约

论及晚期政治哲学》), ed. and trans. Victor Gourevitch (Cambridge University Press, 1997). 按照页码引用。

RSW *Reveries of the Solitary Walker* (《一个孤独散步者的梦》), trans. Peter France (London: Penguin, 2004). 按照页码引用。

康德著作

AA *Kant's gesammelte Schriften* (《康德著作全集》), ed. Königliche preußische (later deutsche) Akademie der Wissenschaften (Berlin: Reimer/de Gruyter, 1900ff.). 按照卷及页码引用。

AHE *Anthropology, History, and Education* (《人类学、历史和教育》), ed. Günter Zöller and Robert B. Louden (Cambridge University Press, 2007). 按照页码引用。

LE *Lectures on Ethics* (《伦理学讲座》), ed. Peter Heath and J. B. Schneewind (Cambridge University Press, 1997). 按照页码引用。

PP *Practical Philosophy* (《实践哲学》), trans. and ed. Mary J. Gregor (Cambridge University Press, 1996). 按照页码引用。

RRT *Religion and Rational Theology* (《宗教与理性神学》), trans. and ed. Allen W. Wood and George di Giovanni (Cambridge University Press, 1996). 按照页码引用。

费希特著作

EPW *Fichte: Early Philosophical Writings* (《费希特:早期哲学著作》),

ed. and trans. Daniel Breazeale（Ithaca：Cornell University Press，1988）. 按照页码引用。

FNR　*Foundations of Natural Right*（《自然法权基础》），ed. Frederick Neuhouser，trans. Michael Baur（Cambridge University Press，2000）. 按照页码引用。

GA　*J. G. Fichte–Gesamtausgabe der Bayerischen Akademie der Wissenschaften*（《巴伐利亚科学院版费希特著作集》），ed. Reinhard Lauth，Erich Fuchs and Hans Gliwitzky（Stuttgart and Bad Canstatt：Frommann-Holzboog，1962ff.）. 按照系列、卷、页码引用。

SE　*The System of Ethics*（《伦理学体系》），trans. and ed. Daniel Breazeale and Günter Zöller（Cambridge University Press，2005）. 按照页码引用。

黑格尔著作

EL　'Enzyklopödie der philosophischen Wissenschaften im Grundrisse（1830）Erster Teil：Die Wissenschaft der Logik'（《哲学科学全书纲要 1：逻辑学》），in *Werke*，ed. E. Moldauer and K. M. Michel（Frankfurt am Main：Suhrkamp. 1970），vol. viii. English translation：*The Encyclopaedia Logic*：*Part I of the Encyclopaedia of Philosophical Sciences with the Zusätze*，trans. T. F. Geraets，W. A. Suchting and H. S. Harris（Indianapolis：Hackett，1991）. 按照章节（§）编号引用。A 表示黑格尔本人在该节中添加的句子，Z 表示学生讲义中添加的句子。

LPHI　*Lectures on the Philosophy of World History*：*Introduction*（《世界历

史哲学讲座：导论》)，trans. H. B. Nisbet (Cambridge University Press，1975). 按照页码引用。

PR　'Grundlinien der Philosophie des Rechts oder Naturrecht und Staatswissenschaft im Grundrisse'(《法哲学原理》)，in *Werke*，vol. vii. English translation：*Elements of the Philosophy of Right*，ed. A. W. Wood，trans. H. B. Nisbet (Cambridge University Press，1991). 按照章节（§）编号引用。A 表示黑格尔本人在本节中添加的句子，Z 表示学生讲义中添加的句子。唯一的例外是序言，引用的德语版的页码后附有英文版的页码。

VPW　*Vorlesungen über die Philosophie der Weltgeschichte. Die Vernunft in der Geschichte*（《历史哲学讲演录》)，ed. Johannes Hoffmeister (Hamburg：Felix Meiner，1994). 按照页码引用。

VRP1　*Philosophie des Rechts. Die Vorlesungen von 1819–20 in einer Nachschrift*（《黑格尔法哲学讲演录（1819—1820）》)，ed. Dieter Henrich (Frankfurt am Main：Suhrkamp，1983). 按照页码引用。

VRP2　*Vorlesungen über Rechtsphilosophie* (*1818–1831*)（《法哲学讲座（1818—1831）》)，6 vols.，ed. Karl-Heinz Ilting (Stuttgart and Bad Cannstatt：Frommann-Holzboog，1974). 按照卷及页码引用。

导 论

让–雅克·卢梭的著作影响了伊曼努尔·康德的哲学以及由他的批判哲学开启的哲学运动——德国观念论，其主要代表人物包括费希特和黑格尔。这种说法并不新鲜。基于对某些关键概念和问题的共同关注，卢梭对康德批判哲学的发展和德国观念论的影响得到了广泛认可，无论这种影响是直接影响还是间接影响。[1]通常，当人们谈到自由概念，尤其是谈到黑格尔采用了“积极”的自由模式，将自由与自决和自我实现相结合时，就将他置于一种从卢梭开始，并一直延续到康德和费希特的传统之中了，并且这种观点在黑格尔国家是人类自由的实现的理论中达到了顶峰。[2]

尽管这些主张可能是正确的，但它们本身并不是对卢梭在这一哲学传统中所处地位的系统描述。它们还暗示了某种进步，在这种进步中，卢梭的成就最终为康德、费希特或黑格尔的成就所掩盖。在本书中，通过关注以下关键概念：自由、依赖和必然，我将系统地探讨卢梭著作的一些主要特征与这些哲学家关于人类生存的伦理、社会和政治方面的理论的关联性。此外，我还将表明，卢梭提出了这些哲学家都无法完全应对的挑战，当然，这也并不是要否认他们试图应对这些挑战的重要性。我并不是说，自由、依赖和必然概念是唯一可以成功地用来探讨卢梭著作对于康德、费希特和黑格尔哲学的重要性的概念。我也不想说康德、费希特和黑格尔自己了解对卢梭著作的回应是基于这三个概念的，尽管就自由概念而言，他们可以说高度意识到自己受到卢梭的影响。因此，本书并不试图说明卢梭如何直接影响康德批判哲学和德国观念论的发展，尽管它显然与这个问题有一些关联。但是，我会把重点放在这三个概念上，因为在我看来，它们与我们当下的情况高度相关，同时有助于解释和质疑康德、费希特和黑格尔关于卢梭的一些观点。必然概念尤其如此，它似乎与自由概念相反，而依赖概念则暗示了约束概念，因此也暗示了某种形式的实践必然性，这就引出了自由如何与必然相容的问题。在强调必然概念的作用时，我将表明，这一概念对于更全面地理解卢梭、康德、费希特和黑格尔著作的一些核心思想是不可或缺的，并且，他们的著作为理解实际的约束因素提供了丰富的资源，包括不太明显的约束因素，只要人类相互依赖，就受这些因素的制约。这些约束的存在要求一种自由概念，这种自由充分认识到约束的现实性，并试图表明它们是如何与自由兼容的。当谈到卢梭对康德和德国观念论的影响时，自由概念的重要性是无可争议的，因此我将首先解释依赖概念的意义及其与自由概念的关系。

一、自由与依赖

在卢梭的著作中，自由概念与依赖问题密切相关，因为，正如我们将在第一章中看到的那样，他在很大程度上从一个人依赖另一个人所带来的危险的角度来看待自由问题。这种对依赖的关注以及如何与自由相协调的问题是卢梭共和主义的一个基本特征。自由与依赖之间的联系同样是新共和主义的核心，新共和主义试图通过借助古典共和主义，为自由主义的“消极”自由提供另一种解释。然而，在我看来，卢梭强调的人类依赖这一特征并没有在新共和主义对自由的描述中得到充分的承认和发展，新共和主义回避了卢梭共和主义的特定形式，因为它与“积极”自由相关。[3] 因此，新共和主义的自由观使用了依赖的概念，这一概念在现代政治理论中很大程度上被忽视了，但对古典共和主义的自由观至关重要，但他们忽略了依赖概念早期描述的一个重要方面。与新共和主义使用的狭义的依赖概念相比，我在这里使用的是卢梭作品中的更广义的依赖概念，即依赖是对自由的威胁。

新共和主义对自由的描述建立在自由主义的自由和所谓的独特的共和主义自由之间的区别之上。共和主义的自由被理解为不依赖他人任意意志的自由，自由主义的自由被理解为仅仅是不受有意的、通常是强制性的干涉的自由。在自由主义的意义上，当没有实际的干涉发生时，一个人是自由的，但干涉发生的可能性仍然存在。相比之下，对新共和主义来说，导致自由丧失的不仅仅是被胁迫或遭受其他形式的故意干涉。相反，仅仅是在专制的基础上受到他人胁迫或其他形式干涉的可能性就足以让人们失去自由，因为这种情况下存在着支配的可能性。一个经典的例子是奴隶的主人没有在专制的基础上进行干涉，但如果他愿意的话，他可以随意进行干涉并且不受惩罚。[4] 相反，一个人可能缺乏自由主义意义上的自由，因为他受到干涉，而在共和主义非支配的自由意义下仍然保持自由，比如公正的法律或其他宪法规定的干涉形式也会约束人们的行为，但它的目的是防止依赖他人的任意意志。[5] 在这种情况下，作为自由条件的约束不能被视为侵犯个人自由的约束。[6]

因此，对新共和主义来说，自由本质上在于“支配”的缺席。在这方面，它仍然是对自由的“消极”方面的描述。然而，共和主义的自由并不是没有任何形式的约束。相反，一些形式的约束被认为是与自由理念相容的，因为它们有助于保障自由，在消极的意义上防止他人的不公正干涉，包括服从他人的任意意志以及更直接、更强制性的干涉形式。正如我们将看到的那样，卢梭持有同样的观点，因为对他来说，在消极意义上保证自由，使自己独立于他人的任意意志，需要服从对所有个体具有同等约束力的法律。然而，我认为新共和主义者在很大程度上错过了这样一个问题，即依赖他人可能使一个人受制于另一个人的任意意志，这种解决方案本身因某种特定形式的依赖而显得不完整。卢梭也意识到了这一点。我把这种形式的依赖称为**以依赖于事物作为中介的**对他人的依赖。第一章将讨论这种依赖形式的本质，以及它允许一个人支配另一个人的方式。不可否认，新共和主义对自由的描述并不完全缺乏对这种依赖形式的承认，至少他们认为解决依赖问题既是一个经济社会问题，也是一个国家政治问题。[7] 然而，新共和主义将自由视为独立于他人任意意志，将直接的、典型的人际依赖视为自由的主要威胁，一个能动者被另一能动者支配，无论该能动者是个人、公司还是集体，他都根据其享有的优越权力**有意识地**行使支配权。

相比之下，卢梭认为存在间接形式的依赖，这种依赖在很大程度上是非个人力量的结果，同时也对人类自由构成了威胁。这种依赖形式对自由构成的威胁是，支配他人的人可能是无意识、非故意这样做的。相反，他可能会陷入一个过程，在这个过程中，不平等的依赖关系会自然产生，而这些依赖关系产生的实际限制会导致人们几乎是必然地以某些方式行事。这一过程产生的结果使一些人有权支配他人，虽然他们原本没有打算这样做，但这些人可能会意识到，相对于其他人而言，现有条件对他们有多大的好处，因此他们将产生一种激励机制，以维持和延续这些条件。

这种依赖关系对于共和主义的自由来说是一个问题，对此的一种回应是我们应该明确区分依赖他人会产生的两种干涉：故意的任意干涉和非故意的干涉。因此，可以说未能保持这种区分破坏了“保护人们免受偶然、无能和匮乏等自然影响，以及保护他们免受他们可能试图对彼此做的事情之间的重要区别”[8]。然而，卢梭的观点不仅仅在于个人被一个他们似乎无法控制的非个人（过程）所支配，如上所述，在这种情况下，他们遭受的干涉——在这一过程中产生的特定形式的约束——仍然可以被视为无意的。相反，他认识到，只要这个过程产生了依赖关系和权力差异，使一个人有可能支配另一个人，那些碰巧从这一过程中获益的人就有兴趣维持和延续这一结果。在按照这一利益行事时，这些人可能会被认为支持（即使只是默许）损害他人的根本利益，即使他们并不直接打算这样做，而只是关心确保和促进自己的利益。换言之，一旦我们开始像卢梭那样思考，用不那么静态的术语，把这些依赖关系和权力差异视为一个持续过程的产物，在这个过程中，人类不断地与自然和彼此互动，那么，由依赖关系和基于这种关系的权力差异所产生的无意和有意的干涉形式就不会轻易被厘清。

事实上，我认为依赖的生成过程在某种意义上可以被视为一个自由选择问题，即使它和它的特定结果都不是有意识的。这是因为，这一过程及其特定结果可以被视为无数个人自由选择行为累积的结果，而这些行为都是有意识的。同时，这一过程及其特定结果是无数自由选择行为的无意识的累积的结果，因此从本质上来说具有偶然性，这也预设着，改变现有条件是可能的。然而，如果这一过程及其特定结果被认为是完全由人类有意识控制之外的因素决定的，那么改变的可能性就很难理解。这种改变可能涉及鼓励人们做出不同的选择，或者更典型地，对他们可能做出的选择施加限制。我们将看到，尽管卢梭提出了改变的可能性，但是，面对他所描述的那种依赖的自发的生成过程，以及它带来的基于物质不平等的权力差异以及这种权力差异所造成的支配，他敏锐地意识到了改变条件所涉及的困难。

在第一章，这一过程将被证明是由需要的产生以及人类试图通过物质对象来满足其需要所驱动的。基于需要生成和需要满足的相互依赖，随后被卢梭证明为支配的主要来源，虽然这并非任何个人或群体有意带来的结果。这就是为什么他倾向于将在人类相互依存条件下物质不平等所产生的潜在的支配视为一种条件模型，在这个模型中依赖他人对自由构成严重威胁。卢梭认识到，某些形式的支配不是直接人际性的，因为它们是以物质对象为中介的，这些物质对象是需要生成和需要满足的复杂系统的基本要素。这也使解释人类相互依赖不会产生支配关系这项任务更加困难。本书的主要观点之一是，康德、费希特和黑格尔也认识到人类相互依赖的现实，他们都试图解释虽然这种相互依赖给人类带来了限制，但它与自由概念相容。因此，这些哲学家开始努力解决卢梭提出的问题。这个问题是，在相互依存的条件下，人的自由意志与经济社会关系所具有的必然之间的关系。这也使我们来到了必然概念。

二、必然

自由构成了现代政治哲学的一个主要主题，在较小程度上，依赖概念也是如此，因为它在新共和主义对自由的描述中处于中心地位，但必然概念却不能这样说。个体无法控制的客观物质条件的存在意味着人类能动性中存在着明显的限制，这些制约因素构成了一种实践的必然性，从某种意义上说，能动者在形成目的时，尤其是在寻求实现与自然和人类环境相关的目标时，被迫认识到这些限制。本书的另一个中心目的是表明，在讨论卢梭与康德、费希特和黑格尔著作的关系时，强调自由概念可能会掩盖必然概念在这些哲学家的著作以及卢梭著作中所起的同样重要（如果不那么明显的话）的作用。

实践必然性最明显的形式是以武力方式违背个人意愿去做某事，无论是通过武力的使用还是武力的威胁。正如卢梭所说，屈服于武力是“一种必然行为，不是意志行为；至多是一种谨慎明智行为”(OC III：354；PW2：44)。因此，他不认为使用武力或以武力威胁会产生任何真正的道德义务，因为道德义务是即使不被迫也会去履行的义务。正如我们将看到的，还有一些不那么明显的实践必然性形式，例如黑格尔在其对市民社会的描述中给到的那些形式，这些我们将在第四章中探讨。在这里，我们遇到两种不同形式的实践必然性：一种是社会必然性，它涉及必须遵守社会规范并考虑他人的意见，以便在人类相互依存的条件下实现自己的目的；一种是经济必然性，它涉及一个人的思想和行为是由市场经济的“法律”施加的限制决定的，这些法律具有准自然的必然性，因此在很大程度上超出了人类的控制能力。尽管必然性作为一种力量的概念，它意味着一种直接的、武力性的干涉，很容易在自由主义和新共和主义对自由的描述中找到，但是我提到的实践必然性的其他形式则没有，因为它们是非个人性质的。

“必然性”一词应视上下文而定，指的是以下一种或多种情况：

（1）自然必然性。这种必然性涉及自我保护，因为，如果人类想要生存，无论是作为个人还是作为物种，都必须满足基本的物质需要。这些自然需要以及满足这些需要的手段可能会变得越来越精细，从而在人类之间产生越来越复杂的相互依赖关系，也意味着更高的约束程度（如果不那么明显的话）。

（2）这种必然性指由于武力的使用或武力的威胁或其他制裁而被迫违背意愿做某事，其效力最终取决于武力的行使或武力的威胁，例如被罚款或监禁。

（3）这种必然性表现为非个人的经济、法律和社会力量以及这些力量影响的一般过程所表现出的必然性。这些力量或过程是个人无力去改变的，即使这些力量或过程事实上可能是通过各种支配行为或其他偶然因素的串联而产生的，或者相反。因此，这种必然性不必被视为完全客观的，尽管个体可能感到如此，因为它限制人们必须以某种方式行事。这种必然性的一个典型例子就是法律，作为一种实在法体系，它对人的行为施加限制。然而，法律是人类意识和意志的产物，在这方面，它是可以改变的，可以改革的。另一个例子是，在人类相互依存的条件下，管理生产和交换关系的类似法律的规则。在这个例子中，人们将面对某种自发产生并决定他们思想和行为的东西。然而，这些关系也可以被认为是偶然的，因为它们是无数有意识行为的累积的非预期的结果，因此，原则上，它们可以不是这样的。此外，尽管其中一些关系基于与物质需要相关联的自然必然性，但其中许多关系可能是基于人为的需要，正如我们看到的，人为需要可能表现出主观必然性，而不是客观必然性。

（4）最后，以实际约束形式存在的自然必然性，也就是说，（1）意义上的必然性，或者（3）意义上非个人的力量或过程可能产生的必然性。简而言之，这种形式的必然性涉及人类所受到的特定的实际约束，而不是这些特定约束的一般来源。例如，人们一般不直接受法律约束，而是受特定的实在法的约束；物质生存可能要求人类在行动上接受一系列的特定约束；为了满足一个特定的需要，获得想要的目标，个体可能需要以特定的方式与他人合作，而这种合作将对一个人的实际能力和思想产生一定的限制；一个人的生计选择可能会受到市场力量带来的经济条件的严重制约。

我将在第一章探讨，卢梭很清楚为了克服依赖于他人带来的威胁，他自己将在社会中起作用的必然性置于人类的控制之下的做法将要面临的问题。从一般意义上讲，这些问题涉及这样一个问题：人类相互依存自发地产生了经济社会必然性，从而形成限制人们行为的客观条件，并带来意外的结果（例如，物质和政治不平等的加剧），在这种情况下，自由能否维持。在康德的历史哲学和费希特的财产理论中，这一问题也以不同的形式出现了。

康德向我们展示了一个自发的过程，通过这个过程，个体开始接受自身行动的某些约束。在某种程度上，这些约束可以被视为是自我规定的，而不是简单的武力问题。康德认为，这一自发的过程对自由的理念，即一方面是公民政治自由的出现，另一方面是文化和道德的发展，是有一定助益的，虽然是意外的（无意的）。在这里，必然性概念被用来解释人类集体在文化、法律、政治和道德上进步的可能性。相比之下，在费希特那里，人类意志的任务是以平等和自由的名义对自发产生的统治社会的力量施加秩序。人类集体进步的概念再次发挥作用，但是这一次，进步在于使塑造社会的力量受到有效的有意识的人类控制。人们认为人的意志有能力在必然性面前采取有效的行动。因此，我们看到了两种不同的路径，都试图解释人类进步的可能性：一种观点认为，某些人类良善是自发产生的，而不是对潜在的难以控制的材料施加秩序的结果；另一方认为想要实现特定的价值观，即平等和自由，就要改变现有条件，经济、法律、社会和政治关系等特定观念必须被建立起来。我认为黑格尔采取了一种居中的立场。我分析了这三种路径各自的问题。这些问题是卢梭在对人类意志和必然性的关系的描述中就已经确定。事实上，这些问题也在卢梭自己的著作中表现出来，因为他也在解释人类进步的可能性。这让我想到了另一个主题，当谈到评估卢梭与康德关系的主要解释方式时，这一主题尤为重要。它就是可完善性，这也可以在费希特和黑格尔哲学中找到，他们也支持人类进步的理念，并试图解释进步是如何可能的。

三、可完善性

卢梭被视为康德思想发展中的重要人物，因为他不仅提出了康德声称要解决的问题，而且还提供了解决这些问题所需的一些基本概念。在这种对康德与卢梭关系的解释中，理性的概念起着至关重要的作用。例如，卢梭的特点是对工具理性进行了批判，同时采用了理性自我立法的理念，这为更充分地理解人类目的开辟了可能性。康德在理论和实践方面都发展了一套理性理论，其基础是一种以自主概念为中心的新形式的理性，这种自主在于理性的自我立法。在其纯粹的实践形式中，自主性表现在这样一种观念中，即道德是一个使自己服从法则的问题，因此，作为一个自由和理性的存在，同时也是立法者，“意志并不是简单的服从法则或法律，他之所以服从，由于他自身也是个立法者，法律是他自己制定的，所以他才必须服从”(AA iv：431；PP：80)。通过这种方式，一个人可以认同并认可自己所受的道德约束。这种道德自主性使人类独立于自然，同时也克服了与工具理性有关的恶，这种理性的目的是由自然决定的。[9] 正如我们看到的那样，这种关于卢梭对康德哲学发展影响的叙述符合康德关于卢梭著作意义的说法，而康德对此问题的陈述反过来又影响了对卢梭著作的某些方面的解释。

关于人类进步的理念以及康德根据这种观念解释卢梭著作的方式，人们常常求助于反映传统基督教人类历史观的世俗化神学。这种神学始于人与人之间以及人与自然之间的原始和谐。然而，这种和谐被人类自由带来的堕落所破坏。虽然这次堕落腐蚀了人性，给人类带来了邪恶和苦难，但救赎的可能性仍然存在，并且救赎应该从折磨人类的邪恶和苦难的根源，即人类的自由和理性中寻求。[10] 上帝在这里被免除了对邪恶的一切责任，因为邪恶作为人类的责任进入了世界。既然上帝创造的世界在其基本结构中没有邪恶，那么，这就是说恶是可以被改变的，并与真正的人类自由和幸福相兼容，尽管这并不意味着这种改变会真正发生。

按照这种方法，卢梭将自由视为一种基本的人类现象。人类作为自由能动者的地位在满足其动物性需要的水平上得到彰显。其他动物受到本能的约束只能以确定的方式满足自身的需要，因此在没有特定的生存手段的情况下会死亡，而人类则可以以多种方式满足基本的食物需要，因此并没有被束缚在特定的生存方式上。人类没有被束缚在本能和对外部刺激的机械反应等自然秩序上，所以人类本质上是未确定的。简言之，人类有可能与他们当下的状态不同，因为各种可能性对他们来说都是开放的。人根据自己所处的条件和环境做出选择，而这些选择决定了他们在每一时刻的表现。这一观点在费希特的《自然法权基础》中得到了激进的表达：

每一种动物都是它所是的样子；只有人类在原初什么都

> 不是。人必须成为他所要成为的东西；既然他要成为一个自为的存在，他就必须通过自己的力量成为这个存在。大自然完成了她所有的工作；只是从人身上缩回了手，正是这样，她把他交给了他自己。因此，可塑性是人性的本质。（GA I/3: 379; FNR: 74）

鉴于自然界以及人类关系对人施加的实际限制，人类在多大程度上“只通过自己的力量成为这个存在”是有争议的。事实上，我们将看到，康德和黑格尔认为自然必然性和其他一些实践形式的必然性在人类成为自由和理性的能动者的过程中发挥着重要作用，因此在这方面，必然性似乎是自由和理性的一个条件，至少就其充分发展而言。尽管如此，他们同意费希特的观点，即人类可以在任何特定的时刻变得不同于他们偶然所是的样子，并且他们可以通过这种方式成为他们应该成为的样子。这一观点无疑是黑格尔历史哲学的核心，因为对他来说，自我完善的能力区分了精神现象与自然现象。后者是由不变的自然法则决定的，因此，尽管没有表现出真正的改变能力，人类却拥有一种追求完善的驱动力，正是这种能力使他们能够朝着更完美的状态前进。然而，即使在这里，必然性的概念也被察觉了，因为关于驱动力的探讨暗示了一些最终**必须**显现出来的东西。

卢梭也将成为什么的能力，而不是偶然所是，与“完善自身的能力”联系起来，这种能力既属于个体，也属于整个人类。这种可完善性涉及人类在与自然环境以及其他人类个体的互动中发展的某些潜在的特定能力。在这个意义上，用世俗化的神学思想来解释卢梭的著作，以此表明他的著作与受康德批判哲学启发的德国观念论的一些主要目标和特征之间的重要联系，是很有意义的。然而，我将在本书中指出这种方法也有一些问题。

首先，我们尚不清楚卢梭是否将他在《论人类不平等的起源和基础》(也称为《二论》) 中描述的人类的腐败过程视为有意识地选择恶而非善的问题。相反，正如我们将在第一章中看到的，卢梭将这一败坏过程与基于物质不平等的不平等依赖关系的自发产生关联了起来。尽管似乎没有人想要这个特定的结果，但是如前所述，这并不排除这个结果在更深的层次上取决于个人的自由选择。[11] 正如我们看到的那样，只有在这个败坏过程结束之后，卢梭才提到一些看起来像是有意识的选择的行为。然而，即便如此，相关行为也被描述为比任何事情都更为必然的事情。这就来到了第二点，它涉及在基于物质不平等的不平等依赖关系产生的过程完成之后，改革现有条件实现向更完善状态过渡的可能性。

我们看到，卢梭敏锐地意识到，人的意志在理性的指导下可以塑造现有条件，从而消除与基于物质不平等的不平等依赖关系相关联的恶。在谈到一些可能永远不会出现的外来原因的偶然串联时，卢梭强调了这种关系的偶然性，如果没有这些原因，“人类将永远保持在原始状态”(OC iii：162；PW1：159)。在这里，人类各种认知和实践能力的发展，以及依赖于这些能力的发展的使人类痛苦的恶的出现，被视为并不是必然的。[12] 尽管有这种偶然性，在各种原因串联的基础上产生的依赖的生成过程，以一种个体陷入其中的非个人力量形式呈现出来，因此，它和它产生的特定实际约束都呈现出必然性的外观，在这种意义上，个人面临的是某种他们没有能力改变，因此必须遵守的力量。尽管理性指导下的人类意志试图在这种明显的必然性面前坚持自己——这种必然性的出现所依据的偶然性意味着，这种意志行为原则上并非徒劳——但是，卢梭在人类意志与必然性的关系上发现了一系列困难。通过这种方式，他使人类的真正救赎——以可完善性的形式——看起来非常不确定。这个问题在第二章中变得尤为明显，在这一章中，我将表明康德无法提供符合他对卢梭著作意义解释的关于人类进步的描述。这种失败，结合康德的极端恶理论来看，可以用这些著作中关于人类社会本质的某些观点来解释。

卢梭、康德、费希特和黑格尔都以某种方式将可完善性与道德自由联系在一起，道德自由在于使自己服从法律（或者更广泛地说，服从约束），而这些法律可以被视为是自我立法的。这种道德自由承诺提供比新共和主义更丰富的关于自由的描述，正如我们所看到的，新共和主义对卢梭、康德、费希特和黑格尔关涉的积极自由模式持怀疑态度。所有这些哲学家试图调和必然与自由关系的一个中心特征是，他们希望解释如何将对人类能动性的各种实际约束视为自由和理性的个体在某种意义上自己认同的约束。道德自由或自主概念使在人类相互依存的条件下以及在这种条件下产生的必然性面前实现自由的任务复杂化了。新共和主义将自由解释为不依赖他人的任意意志，其局限性与康德对卢梭著作意义的解释在某种程度上是一致的。

自由主义和共和主义对自由的描述的主要区别可以说在于什么构成了对自由的限制或约束。对于自由主义者来说，只有直接形式的胁迫才是为了自由应该防止的干涉；而对于共和主义者来说，这种意义上的干涉和依赖他人任意意志而产生的潜在支配都算作是对自由的限制或约束。[13] 这就引出了一个问题，即哪种形式的约束代表了对自由的更严重的侵犯。如果说是依赖，因为它产生了支配关系，那么当缺乏支配的自由与没有约束或干涉的自由发生冲突时，似乎前者更好。[14] 然而，可以想象的是，出于防止支配的需要而允许的干预程度会更高。我认为，无论是新共和主义者还是康德对卢梭的解释都没有充分认识到这种可能性。

卢梭提出了一种依赖他人的形式，这种依赖不是直接的、典型的人际关系，因为它是以物质对象，或其价值的代表符号，即金钱，为中介的。因此，为了防止基于依赖他人任意意志的统治形式，国家干预的潜在需要变得更加明显。正如我们看到的那样，卢梭对这种更复杂的依赖形式，以及它基于物质不平等产生支配关系的倾向的认识，表明需要一种完善的财产理论，旨在表明如何消除这种依赖形式所构成的支配威胁。虽然卢梭没有提供这样的理论，但第三章中我将提出，费希特发展了一种卢梭会支持的财产理论，因为他致力于平等和自由原则。这种财产理论意味着对个人自由的高度限制或干涉。这还表明，必须通过人类的意识和意志对潜在的难以控制的材料施加秩序，因此，武力意义上的必然性可能与道德自由相冲突，后者认可一个人所受到的约束。第四章中，在黑格尔对市民社会与政治国家关系的描述中，必然性与人类意志之间存在着某种紧张关系。必然性与人类意志的关系问题以及它对人类可完善性思想的影响，也是我在第五章讨论的费希特早期对卢梭的批判的一个特点。尽管这一批判代表了在所有哲学家中对卢梭作品最持久的单一描述，但我选择最后讨论，因为它与本书前面讨论的一些主题联系起来可以得到最好的理解。

正如上面所说，已经很清楚了，我并不打算根据世俗化神学的观点论证卢梭提出的人类意志与必然性的关系问题由康德、费希特或黑格尔解决了。相反，这些哲学家的失败是有益的，因为它们有助于我们理解，当尝试思考下面这个直至今天仍未解决的问题时，什么是危险的，什么是困难的：人类能够在多大程度上有效地对相互依存状态所产生的经济和社会力量进行个人或集体的有意识的控制，并且这一行动以符合平等、自由和可完善性等理念的方式进行，因为这些理念构成了公共善的概念。

注释

1. 即使在深入探讨卢梭著作与康德、费希特或黑格尔哲学之间的某些联系时，人们也倾向于关注卢梭与其中一位哲学家的关系。关于卢梭和康德，见 Cassirer，*Rousseau*，*Kant*，*Goethe*，Henrich，'The Moral Image of the World'，10ff. 以及 Velkley，*Freedom and the End of Reason*。关于卢梭和黑格尔，见 Fulda and Horstmann，*Rousseau*，*die Revolution und der junge Hegel*。有一些更早的说法认为卢梭的著作与不止一位哲学家有关。然而，这些只不过是对各种明显联系的简要总结，而没有进行任何详细的分析，见 Fester，*Rousseau und die deutsche Geschichtsphilosophie* 和 Gurwitsch，'Kant und Fichte als Rousseau-Interpreten'。

2. Cf. Franco，*Hegel's Philosophy of Freedom*，30ff.

3. 对于新共和主义者来说，共和自由被认为与人们认可的遵守法律的积极自由有本质的不同。据说卢梭支持的民主自由就是这种想法的例证。因此，新共和主义者对卢梭持怀疑态度，因为他与民主自治的理念和民粹主义有关，这往往使他们联想到积极自由。例如可参见 Pettit，*Republicanism*，19，30。然而，正如我们将在第四章中看到的那样，黑格尔使用了一种积极自由概念，这一概念区分了外来的、外部的限制和不需要以这种方式看待的限制，后者可以被承认为我们自由的条件，但不需要在民主议会中直接批准这些限制。因此，积极自由似乎与民主自治的愿景没有密不可分的联系。实际上，在第三章中会看到，卢梭对民主自治的承诺在某些方面是有条件的。

4. Cf. Pettit，*Republicanism*，22f.，31ff. and 63f.；Skinner，*Liberty before Liberalism*，39ff.

5. Cf. Pettit，*Republicanism*，5，35ff. and 65f.

6. 例如，"古典共和主义作家从未声称真正的政治自由是不受干涉的，因为他们认为法律对个人选择的约束或干涉不是对自由的约束，而是一种刹车，是共和主义自由固有的一种基本限制"。Viroli，*Republicanism*，47.

7. 正如人们所说的那样，需要"确保所有公民都拥有社会、经济和文化条件，使他们能够有尊严、有自尊地生活"。Viroli，*Republicanism*，66. 维罗利（Viroli）认为卢梭的独特贡献在于社会平等理念，这一理念体现在共和国的任何人都不应贫穷到被迫出卖自己，也不应富裕到能够购买其他公民的服从。维罗利认为，这需要确保"每个人都有工作的权利和社会权利，这将使他在不幸来临时不会陷入低谷"(67)。另见佩蒂特（Pettit）关于个人社会经济独立在共和主义中的重要性的论述。*Republicanism*，158ff. 这就提出了一个问题，即保障维罗利提到的权利和佩蒂特设想的社会经济独立到底意味着什么。在第三章，我将结合卢梭和费希特的产权观点探讨这个问题。

8. Pettit, *Republicanism*, 53.

9. 在这种理论中，卢梭对康德思想的影响可以概括如下："康德在卢梭那里发现了这样一种提议，即人类自身通过理性的发展，对自己施加了各种形式的'异化'，这种异化倾向于摧毁自由和美德。也恰恰是理性，以某种自我立法的形式（作为自主的源泉），能够使人类恢复完整和健全，将自由和美德统一起来。" Velkley, *Freedom and the End of Reason*, 37.

10. 正如康德自己所说，在卢梭的著作中可以看出神学，见 Cassirer, *The Question of Jean-Jacques Rousseau*, 71ff. 以及 Neuhouser, *Rousseau's Theodicy of Self-Love*, 1ff.。关于依赖问题，应该提到的是，诺伊豪泽（Neuhouser）通过区分"膨胀的"和"有益的"获得他人认可的需要，将邪恶和可能的救赎的根源放在自尊心而非理性上。因为"自尊"（*amour-proper*）是一种依赖他人的心理形式，所以诺伊豪泽的著作对理解卢梭作品中的依赖问题作出了重大贡献。然而，在本书中，我更关心的是另一种依赖他人的类型，这种依赖是通过以依赖事物为中介的而不是任何纯粹的情感或心理形式的依赖，它在卢梭对因依赖他人而带来的对自由的威胁的**政治**学解决方案中处于核心位置。然而，正如诺伊豪泽指出的那样，在某些情况下，如当商品的拥有和消费成为个人赢得他人尊重的策略时，与自尊心相关的对他人认可的渴望也会以事物为中介。Cf. Neuhouser, 'Freedom, Dependence, and the General Will', 379. 此外，正如我们看到的那样，平等的公民和法律地位可以被视为获得某种承认的重要手段，而这种承认是健康的自尊心（*amour-proper*）所依赖的，因此，在这个意义上，自尊心是卢梭解决因依赖他人带来的对人类自由的威胁的核心。然而，我认为，想要消除所有这些威胁，这种立场本身对卢梭来说是不够的，因为它没有解决以对事物的依赖为中介的依赖所带来的威胁。

11. 因此，可以说，现有的条件和人类腐败是"一系列自由选择（与偶然的自然事件相结合）的累积的和不可预见的结果，与基督教的叙述相反，这些自由选择并不涉及有意识的恶"。Neuhouser, *Rousseau's Theodicy of Self-Love*, 4f.

12. 这种必然性的缺乏有助于解释一个重要方面，如果黑格尔认为天意的实现是通过辩证的确定的历史过程来保证的，那么，卢梭的立场与黑格尔的立场截然不同。Cf. Neuhouser, *Rousseau's Theodicy of Self-Love.*

13. Cf. Skinner, *Liberty before Liberalism*, 82ff.

14. Cf. Viroli, *Republicanism*, 54.

第一章　卢梭论自由、依赖和必然

一、自由与依赖

卢梭在关于教育的论文《爱弥儿》中明确区分了两种依赖：对事物的依赖（据称来自自然）和对人的依赖（据称来自社会）。卢梭认为，第一种依赖形式并不损害自由，也不会产生任何罪恶，而第二种依赖形式是所有罪恶的根源（OC iv：311；E：85）。然而，对事物的依赖和对人的依赖之间的区别并不像卢梭所说的那么明确。在《论人类不平等的起源和基础》，也就是人们所熟知的《二论》中，卢梭暗示，在人类发展的某个阶段，对事物的依赖和对人的依赖变得紧密相连。因此，他可以确定第三种依赖形式：以对事物的依赖为中介的对人的依赖。事实上，当卢梭谈到对其他人的依赖时，他常常想到的是**以对事物的依赖为中介的**对人的依赖。承认这种依赖形式对《社会契约论》提出的从政治上解决由依赖他人带来的罪恶的观点有着重要的意义。

在《二论》中，卢梭解释了依赖于事物以及以依赖于事物为中介的依赖于人的发展，旨在表明从前者到后者的依赖形式如何导致了自由的丧失。这部著作以卢梭对事物的依赖的描述开始。他把原始人在自然状态早期阶段的状态描述为一种事物状态，在这种状态下，人类被认为只依赖于事物，这是他真正依赖于事物的唯一时刻。这表明，卢梭并不认为只依赖于事物是现代人的真正选择。卢梭继续说明了一种联结的观念，在这种关系中，对事物的依赖和对其他人的依赖在自然状态下相互关联在一起，因此，实际上，我们所拥有的是以依赖于事物为中介的依赖于人。这并不是说卢梭提出了任何历史观点。他本人希望避免产生任何对自然状态历史地位的反思的误解，他说，这些反思“不应被视为历史真理，而应仅认为是假设和条件推理；这些推理与物理学家所作的关于宇宙形成理论的假设一样，更适合于阐明事物的本质，而不是显示事物的真正起源”(OC iii：132f.；PW1：132)。换言之，卢梭提供了对现代社会政治条件的可能的重建方式，这些条件的主要特点是以对事物的依赖为中介的对人的依赖。[1]

卢梭清楚地认识到，一种合法的社会契约可以解决由依赖他人带来的对自由的主要威胁。在《爱弥儿》中，卢梭区分了对事物的依赖和对人的依赖，对与第二种依赖有关的罪恶提出了以下解决方案：“用法律代替人，并用优于每个个别意志行动的真正力量武装公共意志。”(OC iv：311；E：85) 他声称，这些措施将产生一种条件，在这种条件下，法律具有“不为任何人的力量所左右的刚性”，从而接近自然法，从而使“对人的依赖将再次变成对事物的依赖”(OC iv：311；E：85)。

从一般意义上讲，这种观点似乎是，建立一套公正的法律将消除人与人之间在相互依存的条件下存在的社会关系的一切支配性，因为所有个人都将平等地受其所属的共同体的法律的约束，这些法律决定了每个人相对于这个共同体其他成员的行为的合法性（或缺乏合法性）。这种支配性的缺乏将对他人的依赖转变成对事物的单一依赖，正如我们看到的那样，第二种依赖形式在于服从某种东西，这种东西就其本质而言，具有必然性，因此不是人类可以随意改变的东西。[2] 当然，在法律支配条件下的人与人之间的关系与仅依赖于事物之间的人与人之间关系的这种类比是不完美的，因为我们讨论的法律是由人创造的。然而，一旦这些法律就绪，人们可能会认为它们的运作具有必然性，因为它们必须得到遵守，如果不遵守，任何违反这些法律的行为都会受到惩罚。换言之，法律是对人类能动性的实际限制，为了做到这一点，它们最终需要武力的使用或威胁，我们已经知道，这对于卢梭来说代表一种必然性。

卢梭声称合法的社会契约消除了依赖关系，这种依赖关系包括受到不平等条件的约束。例如当一个人由于他在与他人的关系中的低级地位或弱势权力而被迫遭受各种不公。这就解释了为什么卢梭认为合法社会契约产生了人与人之间的道德平等关系。在签订社会契约时，每个人都同意使自己受到平等适用于所有人的条件的约束（即，受普遍有效的法律规定的条件的制约）。因此，以这种方式建立的法律和政治团体中，没有一个成员有兴趣让这些条件给他人带来负担，因为这些条件对他来说是同样的。因此，当卢梭声称每个人"通过把自己奉献给所有人，而不是奉献给任何人"（OC iii：360f.；PW2：50）时，我认为他的意思是，每个人都使自己依赖于通过社会契约建立的共同体和这个共同体颁布的法律——他自身则是这个共同体的共同立法成员；同时，他避免依赖于社会中任何特定个人或群体的任意意志。这就是为什么卢梭声称，公民是这个共同体的成员，"要保证他不依赖于任何人"（OC iii：364；PW2：53）。

尽管自由取决于是否存在防止他人任意、不公正干涉的法律保障，但它涉及的不仅仅是没有直接、典型的强制性干涉形式。相反，根据共和主义的自由理念，自由在于免受他人任意意志的干涉，包括潜在的和实际的干涉，这是真正的人类自由的另一个基本条件。免受他人任意意志的自由是一种消极的自由，尽管它构成了这种自由的一个基本要素，然而，对卢梭来说，它并不构成完全的人类自由。在这一意义上，他的自由概念与共和主义的自由概念一致，后者被理解为“个人根据法律和公正的政治宪法享有的自由，使他们摆脱对他人个人意志的狭隘依赖”。[3]

独立于他人任意意志并不构成充分的人类自由，原因之一是，这种独立性取决于民主自由，民主自由在于政治共同体成员的集体权力，他们一起决定自己要遵守的法律。这反过来意味着，民主自由和公民自由，在于防止他人任意、不公正的干涉，本质上与卢梭对恶的政治解决相关，卢梭认为依赖他人会带来恶。尽管一些新共和主义者怀疑自由的积极模式，特别是卢梭采纳的这种自由模式，但一旦将共和主义的自由理念理解为“服从由个人认可的法律”，就不能完全脱离这种积极的自由模式，即使同时它也包含着消极的自由，这种自由关系到“法律的主权保护每一个人免受他人的不公正对待、冒犯和对自身权利的故意侵犯，无论他们是个人还是地方法官”。[4] 共和主义自由的积极方面尤其与道德自由和民主自由的思想有关，因为这两种形式的自由都涉及自我立法行为，因此都要服从个人认可的法律，第一种情况下是作为理性人，第二种情况下则是作为更大的集合体的一员。事实上，卢梭对依赖的描述可以与四种不同类型的自由相联系，即自然自由、公民自由、民主自由和道德自由。

我刚才提到，公民自由和民主自由是卢梭解决依赖他人的方式产生的威胁的基本要素，依赖他人使一个人受另一个人或一群人任意意志的支配。自然自由是原始人在自然状态的早期阶段享有的自由形式，在这种形式中，我们将看到，他仅依赖于事物。“除了个人的力量之外没有其他界限”，而且在进入社会状态（civil condition）时它就消失了，因为它“受到公共意志的限制”（OC iii：365；PW2：54）。卢梭在这里想到了一种形式的自由，即在根据自己的欲望行事时，除了自己的身体和精神力量的限制之外，没有遭遇任何障碍。我将简要描述这种自然自由，我们将看到，它在很大程度上依赖于原始人在自然状态的早期阶段所享有的生理和心理上的孤立状态。随着个人进入社会状态而丧失的独立性，可以通过由此获得的公民自由得到补偿，这包括国家对自己的人身和财产的保护，而这种保护以前取决于其他人的缺席或一个人可以对他们行使的力量的大小。生活在法治的环境中，反过来教会了个人克制欲望，并按照普遍有效的规则行事，这些规则规定了他们的职责，从而使他们能够在遵循自己的意愿（倾向）之前请教自己的理性。这种自我控制构成了道德自由。正如卢梭自己所说，“单纯欲望的冲动是奴役，而遵守自己规定的法律就是自由”（OC iii：365；PW2：54）。

卢梭没有将民主自由确定为一种特定的自由形式，这一事实可以从他表述道德自由的方式中得到解释，卢梭以遵守法律的特定政治形式解释道德自由，这种法律是通过社会契约建立的主权议会的共同立法成员自己规定的法律。签订社会契约的行为本身就预设了道德自由，因为这一行为要求每个人都使自己受到平等适用于所有人的条件的约束。只有这样，一个人所受的约束才能被视为自我施加的约束，而不是源于另一个人意愿的约束。因此，道德自由的能力是民主自由的一个条件，正如卢梭在概念上所理解的那样，如果没有能力对自己和他人施加约束，从生存的角度来看，民主自由是不可想象的，因为在主权立法机构中，每个公民都作为共同立法成员行使道德自由，如果不是这样的话，就不可能形成具有合法性的立法机构，而这种合法性以同意为基础。否则，政治权力将仅以武力为基础，因此，它只不过是由实力更强的一方控制实力较弱的一方。与此同时，民主自由提供了实际行使道德自由的具体例子，主权议会成员商定的法律决定了他们享有的公民自由的界限。

卢梭对道德自由的论述表明，在他的观点中，自由并不是不被干涉，即使不被干涉被视为包含了独立于他人任意意志的自由时也同样如此。相反，这两个消极的自由概念，都在于对人类有害之物的缺席的观念，都依赖于道德自由的能力，道德自由不仅由社会契约概念预设，而且由公民和民主自由的概念预设，因为正是作为主权立法机构的共同立法成员行使这种道德自由的能力决定了公民自由的界限。在这种程度上，卢梭假定了道德自由能力的存在，当他声称这种能力是在通过社会契约建立社会状态之后发展起来的时候，他似乎将其视为政治社会的结果。[5]

正如我们将看到的，康德和黑格尔都试图避免这种明显的循环，即将道德自由视为在人类相互依存的条件下自发的教育过程中发展起来的东西。在这方面，可以看到，他们走了卢梭的道路。在《二论》中，卢梭描述了一个过程，通过与自然环境和其他人类的互动，某些人类能力得以发展。理解卢梭如何既能在社会契约理论中预设道德自由，又能将这种自由视为政治社会的产物的关键，是根据《二论》中描述的形成过程来解读《社会契约论》。从这个角度来看，在政治社会形成之前，道德自由的能力就已经得到充分的发展。然而，它的充分实现取决于后者的存在，因为个人只有作为主权机构的共同立法成员行使这种能力，才能适当地发展其道德自由的能力，主权机构决定了自己遵守的法律。由于自己是民主议会的成员而产生的使自己服从法律的能力的发展，使个人能够以另一种方式实现自主，因为，正如我们看到的，道德自由的概念可以被概括为使自己服从任何行动或约束的原则，在某种意义上，人们可以用这些原则来定义自己。因此，道德自由与民主自由并不相同。相反，后者是卢梭与道德自由思想相联系的自主的一个亚种。

鉴于对自我立法概念的依赖，卢梭提出的依赖他人对人类自由构成的威胁的解决方案无疑也是一种唯意志论的解决方案。在我看来，卢梭在《二论》中描述了依赖的自发的生成过程，在这个过程中，对事物的依赖被对人的依赖所取代，后者以对事物的依存为中介，这使得应对这种依赖变得非常困难，特别是在从依赖他人的状态（导致自然自由的失去）过渡到真正的公民和民主自由状态时，在真正的社会状态，人以道德自由的形式重新获得了独立。这种自发依赖的产生过程引发了以下问题：既然所有人都享有公民、民主和道德自由，那么如何才能成功地从依赖他人使某些人或群体支配他人的状态过渡到消除这种关系的状态？换言之，虽然《社会契约论》可以用纯粹的规范性术语来理解，而不是用政治社会如何演变的历史重建来理解，[6]但这并不意味着卢梭没有同样关注如何将公正的社会和政治秩序原则付诸实践的问题，也就是说，如何实现他的共和主义的解决方案，以应对因依赖他人而产生的对自由的威胁。卢梭对这个问题的关注从他对人类意志与必然性的关系的讨论中可以明显看出来，这种关系与政治社会的形成有关，这是本章最后一节的主题。

关于意志与必然性的这种关系，卢梭认可了一个自发的过程，在这个过程中，对其他人的依赖是通过对事物的依赖为中介的，这使得他特别难以解释，如果这个过程会产生某些意外结果，那么，公正的社会和政治秩序的原则如何能够付诸实践。卢梭对这些结果的描述意味着，他不仅仅关心直接的、人际关系形式的依赖问题，这种依赖使一个人容易被他人支配。与此同时，他认识到有一种更复杂的、非个人的依赖形式在起作用。这种形式的依赖性受到明显盲目的、自发的依赖产生过程的影响，它产生的实际限制是，无论是作为一个孤立的道德能动者还是作为共同立法公民群体的成员，几乎没有任何空间进行真正的自我立法行为，并通过这种立法行为控制自己的生活。相反，这种过程所产生的物质不平等使得一些人依赖于其他更强大的个人的任意意志，尽管后者可能并不打算这样做。

现在，我将阐述卢梭在《二论》中描述的这种盲目、自发的依赖产生过程的基本特征及其对自由的威胁。并且，我们不仅仅是在这部作品中看到了卢梭关于一个自发的依赖的产生过程的想法。在他晚期的作品《一个孤独散步者的梦》中，卢梭无意中为我们提供了一种方法，将这种过程视为一种很大程度上盲目的、自发的过程，它产生了一种间接的依赖形式，也就是说，依赖于人以依赖于事物为中介。与此同时，卢梭也表现出了对原始人在自然状态的早期阶段所享有的独立性的向往。

二、《二论》中从依赖于事物到依赖于人的转变

在《二论》中，卢梭阐述了从自然或物理形式的不平等（例如，基于更大力量的不平等）到道德或政治不平等的转变，后者取决于某种习俗或惯例。他首先展示了在没有所有社会关系，并且人类缺乏预设这种关系的某些能力、倾向和思维方式的情况下，人类的处境可能是什么样子。从“纯粹”的自然状态向更文明的社会状态的转变标志着从依赖于事物向依赖于人的转变。然而，在很大程度上，

这种转变应该被更恰当地理解为从依赖于事物转变为**以依赖于事物为中介**的依赖于人。

卢梭在自然状态的早期阶段对原始人的描述的一个核心特征是，他的需要很容易得到满足。这是因为这些需要是有限的自然需要，野蛮人拥有体力和其他能力，可以通过自己的活动来满足这些需要。简而言之，原始人的需要和满足这些需要的手段是完全相称的。因此，野蛮人能够在没有其他人类帮助的情况下满足自己的需要，这也是一件幸事，因为他几乎从未遇到过同类，即使有的话也只是很短的一段时间。[7] 原始人在自然状态的早期阶段的独立和孤立说明了卢梭认为依赖于事物并不损害自由的一个原因，即原始人仍然自给自足。尽管原始人依靠自然物来满足他的基本需要[8]，但他仍然自给自足，因为他可以通过使用自己的力量来满足这些需要。从这方面看，原始人在纯粹消极的意义上保持自由，即，除了他自己的体力和脑力以及他所面临的自然环境所设定的限制之外，他不受任何约束。其他制约因素包括：必须与他人合作以满足自身需要以及社会习俗所产生的一切对他人的义务。在所有真正的社会关系缺席的情况下，不可能出现这两种情况中的限制。

原始人将自己完全与自然对象联系起来的方式非常重要，因为卢梭将依赖事物与服从自然法则联系起来，正如他所说，“原始人对自然奇观是如此熟悉，以至于对它漠不关心”(OC iii：144；PW1：143)，在自然状态下，“一切都以如此统一的方式进行……在那里，地球的面貌不受由人民的激情和变化无常所引起的突然而持续的变化的影响”(OC iii：136；PW1：136)。这里的假设似乎是，自然世界，包括野蛮人本身，就其作为自然实体的存在而言，总体上是高度可预测的，因为它表现出某种法则般的规律。这种对自然法则的服从可能被认为破坏了对事物的依赖（即，更普遍地说，对自然物以及自然的依赖）不会损害自由的主张，因为这意味着野蛮人不仅以其基本身体需要的形式，而且以自然的一般规律的形式，受制于自然的必然性，这些规律决定并限制了他满足这些需要的实际方式。然而，卢梭认为，原始人不会像遭受另一个人的意志的约束一样遭受自然必然性的约束。首先，原始人必须忍受的自然条件已经使他变得更坚毅，他已经发展出满足这些条件所强加给他的需要的体力和能力。第二，年老和死亡是原始人唯一会屈服的恶，虽然野蛮人拥有强大的体质，但他的行为与其他动物相似。卢梭将这种行为描述为一种听天由命的态度，尤其是，原始人不会受到死亡知识的折磨，因为了解死亡的前提是存在某些他不需要发展的想象力和推理能力。事实上，卢梭将原始人的意识范围限制在最低限度，他声称“他的灵魂，没有任何东西可以搅动，屈服于它当下存在的唯一情感，对未来一无所知”(OC iii：144；PW1：143)。换言之，尽管原始人享有某种形式的自我意识，但它并没有超越他当下存在的感觉。任何关于未来的想法都需要一种自我意识，这种自我意识的基础是对身份时间性的更复杂的概念。在这一点上，野蛮人构成了一个和谐的自然秩序的一部分，作为这个更大的整体的一部分，他没有将之体验为一种必然性约束形式。要做到这一点，他至少需要意识到这种自然秩序对他来说是一种外在的东西。然而，这种疏离感反过来又要求在自然状态早期阶段的野蛮人根本无法进行的反思。

综上所述，卢梭认为对事物的依赖有两种特殊形式。首先，人们依赖自然物来满足原始人的身体需要。这种形式的依赖并不损害自然自由，因为原始人能够通过自己的活动满足这些需要，在这个意义上，他仍然是独立的。因此，他避免了因需要他人帮助而对自身施加的限制。其次，对事物的依赖形式，从更一般的意义上涉及原始人与自然的关系以及他在自然界中的地位。这种依赖形式对自由无害的唯一真正意义是，原始人尚未走出他所处的自然秩序。因此，他没有体验到作为外来力量和作为对其行动的外部约束的自然必然性。向以道德或政治不平等为标志的状态的转变关系到第一种依赖形式（人们依赖自然物来满足原始人的身体需求）的一些重大变化。这些变化围绕着原始人日益依赖其他人来满足其物质需求展开。这种对他人的日渐依赖导致了一种非自然的必然性，人类受制于这种必然性，尽管他们在多大程度上经历了这种作为外部强加形式的约束的必然性，我们仍不清楚。

在《二论》的第二部分，卢梭更详细地阐述了本书第一部分已经介绍过的一个观点，这就是知识和理性只随着新需求的出现而发展的观点。因此，只要原始人仍处于自然状态，他就将缺乏任何动力去发展推理能力，去增加知识储备。然而，一旦他在满足需要的尝试中遇到重大困难，他将被引导慢慢发展推理能力以克服这些困难。卢梭认为，在初始阶段，这种逐步启蒙的过程并未超出对事物的依赖。然而，随着原始人越来越意识到其他同类的存在，情况开始发生变化。这种意识的产生本身是由于他越来越有能力进行比较和识别共同特征，即判断，并认识到，他与其他人类的共同利益使他们之间的合作成为可能。

不规则和短暂的合作行为最终导致原始社会的建立。这些社会的生存条件与原始人在自然状态的早期阶段所享有的条件相似，即每个社会都与其他社会保持隔离，其成员的需要非常简单，他们自己发明工具足以满足这些需要。这种合作标志着原始人相对于同类人的绝对独立性的终结，但同时也带来了明显的优势，让人类有了更多的闲暇时间。然而，正是这种明显的优势为未来的冲突和不平等开辟了道路，并导致了自然自由的丧失。因此，我们必须密切关注卢梭描述的从自然或物质不平等到道德或政治不平等的过渡。

尽管这种解释与卢梭呈现的与道德或政治不平等产生相关的各个阶段的实际顺序有一定的冲突，但是，在这里，他可能是使用了劳动分工概念，即社会中的一个成员集中精力生产满足社会中某一特定需求的手段，这种方式会带来更高的效率和更高的生产力水平，尽管这种分工不像现代社会分工那样严格和有限制性。考虑到原始人天生懒惰的特点，卢梭认为生产力的提高不会产生积累，因为人们为了生产盈余而工作的时间与以前相同。相反，在这个阶段，人类会选择工作较短的时间生产与以前相同的数量。卢梭在下面的段落中明确指出，与他人共同生活在社会中并与他人合作的明显优势产生了意想不到的灾难性后果：

> 男人享受着大量的闲暇，他们利用这些闲暇获得了祖先不知道的各种舒适享受；这是他们在无意中给自己戴上的第一个枷锁，也是他们为后代准备的最初的罪恶的根源；因为他们不仅以这种方式继续削弱身体和精神，这些舒适的享受一旦成为习惯，便使人几乎完全感觉不到乐趣，而变成了人的真正的需要。因此被剥夺舒适享受的痛苦比拥有它们要残忍得多。（OC iii: 168; PW1: 164f.）

这段话标志着一个转折点，因为它表明，这里讨论的问题不仅仅是人类的身体变得不如以前强壮这个问题，这一缺陷在任何情况下都可以通过团结一致对抗敌人、应对集体面临的其他挑战的能力来弥补。关键的一点在于，他们享受的休闲会产生新的、人为的需要，并创造出既满足这些需要又有助于生产这些需求的新的商品。这类商品是奢侈品，它们对人类生存来说不是必需的。然而，它们可以被归类为需要，而不是欲求，因为习惯使它们显得不可或缺，即使这些物品带来的快乐与人类对它们的习惯程度成比例地减少。换言之，这里讨论的商品**似乎**是必要的，产生了一种主观形式的必然性，这种必然性是由社会力量和社会压力产生和加强的。这样，除了自然的必然性之外，人类还受制于一种人为的或习俗的必然性，他们自己也是这种必然性的无意识的创造者。

尽管如此，卢梭认为，只要一个人所享受的便利是他自己所创造的，那么增加的闲暇本身就是无害的。他认为制造乐器就是一个很好的例子。这是一个有趣的例子，因为即使一个人能够制作他所演奏的乐器，他也可能依赖其他乐器，如果这是一种在其他乐器伴奏下才能最有效使用的乐器。从这个角度来看，与他人合作创作音乐可以被视为对其他人的一种依赖，因为这需要一定程度的合作。这同时也表明，即使人为需要产生的依赖与自然自由不相容，后者指没有任何习俗的约束，对其他人的依赖也不一定会导致一个人对另一个人的支配。此外，与他人一起创作音乐的活动表明，人类的相互依赖及其产生的约束并不一定与道德自由不相容。[9] 毕竟，卢梭承认，道德自由与人类相互依存的事实是相容的。他声称，在社会契约中，一个人受到某些约束，同时可以维护自己的道德自由，该理论试图解释一种联合形式的可能性，在这种联合形式中，个人与他人联合，但在这样做时，只服从他自己，因此"像以前一样自由"(OC iii：360；PW2：49f.)。以这种方式保存的道德自由可以用自给自足的概念来描述，因此保存了这种自由，人们就保留了原始人的自给自足，尽管形式完全不同。

当费希特追随康德，以将客观有效的法律赋予自己的观点来构想纯粹实践理性时，他明确地将道德自由与自给自足联系在一起。这些法律是绝对的，因为它们表达了由理性发出的无条件的"应该"，因此暗示了一种没有根据的义务，即它命令我们应该（或不应该）做某事，而不管我们的愿望或希望是什么。这样的法律可以被视为自我立法，尽管如此，如果道德能动性真正地愿意为善的话，那么，让自己服从这些法律必须是一个自由选择的问题，而不是本能或某种无意识的情感反应（例如，恐惧）。因此，个体的道德能动性不受纯粹的外部约束；相反，这些约束符合其自身的本质（即自由和理性）。由于道德义务的内容仅取决于理性本身，并指向作为自由能动者的个人，因此它只取决于“绝对的自给自足”，即理性人通过自己的自由行为和反思行为来决定其所服从的法律的能力（GA I/5：65ff.；SE：56ff.）。[10] 可以说，这种使自己服从法律的行为是基于自己的权威而不是基于某种外部权威实现的。因此，对于费希特来说，个人不能被强迫有道德，无论这种强迫是以威胁的形式存在，以奖励的承诺存在，还是试图强迫某人持有理论上的信念，即关于某件事是否为义务的信念（GA I/5：277ff.；SE：299ff.）。

这种道德自主性让人想起卢梭对道德自由的描述，即服从自己规定的法律。对卢梭来说，正是这种类型的自由是人性无法放弃的。这种放弃与人的本性是不相容的，因为“剥夺一个人的自由意志，就是剥夺一个人行为的所有道德性”（OC iii：356；PW2：45）。虽然费希特将自主与对自己施加无条件的道德法律的具体行为相联系，但自主的概念可以被理解为是在不同程度上承认的，一旦它被更普遍地认定为对自己施加任何理性的行动原则或其他约束的行为。在这些更广泛的术语中理解的自主性的概念与同他人合作制作音乐所涉及的相互依赖和合作的例子有关。

通过制作自己的乐器保持自给自足的个人，一旦后来决定与他人一起制作音乐以实现这一乐器的全部潜力以及他作为音乐家的潜力，他就将受到与他人合作对个人施加的约束。除了纯粹的音乐限制之外，比如必须演奏能够让其他乐器和其他音乐家的才能以及自已的乐器和音乐才能发光发热的音乐，还必须就排练时间等问题达成协议。然而，这些制约因素可以被有关的能动者视为自我施加的制约因素，因为他们认识到这些制约因素是他们作为乐器制造者和音乐家蓬勃发展的必要条件。出于这个原因，他们可以自愿地认可这些约束，而不是将其当作纯粹的外部约束来体验。此外，相关个体并不是被迫接受这些限制。例如，他们中的每一个人都可以选择其他更适合个人表演的乐器，或者干脆放弃与他人合作带来的优势，从而避免施加这种限制。

与他人合作制作音乐的例子表明，对他人的依赖并不一定与自由不相容，即使卢梭所理解的人类相互依存的条件与自然自由是不相容的。因此，我们可以想象，一个人可以在依赖他人的同时保持道德自由，只要这种依赖采取正确的形式。顺便说一句，虽然与他人一起制作音乐的例子可能被认为是一种**以对事物的依赖为中介**的依赖他人的形式，但是由于乐器是物质对象，因此可以修正这种依赖，将其转化为仅依赖于人的问题，即将合作社团的成员视为歌手，他们的歌唱天赋和声音只有在与其他声音和谐或相反的情况下才能发挥其全部潜力。换言之，在这类例子中物质对象的作用最终仍然是偶然的。与之相对的，我所想到的依赖于人以依赖于事物为中介的依赖形式涉及被视为必然的物质条件，无论有关个人是否意识到这一事实。

上面提到的这种自愿合作（联合）的形式可以通过以下方式与社会契约理论相关。在同意根据社会契约进入文明状态时，个人用一种形式的独立，即自然自由，换取另一种形式独立，这种独立是自给自足，个人作为自主的能动者，在依赖他人的同时，受到自己施加的制约（即法律）的约束。[11] 正如我们看到的，康德、费希特和黑格尔也试图以自己的方式解释作为自主的自由与人类相互依存的现实的兼容性。然而，卢梭认识到，解释这种兼容性比与他人合作制作音乐的例子要困难得多。因为尽管这种自愿联合形式的案例为自由选择提供了一些明显的空间，但既有其自然必然性基础，也有人为需要基础的相互依存状态会产生各种各样的约束，而这些约束远不容易避免，因此可能会采取外部必然性的形式。这又将我们带回到卢梭在《二论》中对道德或政治不平等根源的描述当中。

新的、人为的需要的发展增加了对他人的依赖程度，因为每个人都无法通过自己的活动来满足自己的需要。因此，我们开始远离原始人在自然状态早期阶段享有的独立性。卢梭清楚地认识到，这种独立性的丧失涉及从依赖于事物到依赖于人的转变。然而，正如需求对象所发挥的作用已经表明的那样，第二种形式的依赖是以对事物的依赖为中介的，也就是说，依赖于被视为满足自然需要或人为需要的手段的对象，这种人为需要表现为一种必须被满足的需要，即使客观上它们并不是真实的需要。但是，对他人的依赖的增加并不能取代对事物的依赖。相反，这两种类型的依赖构成一个单独的依赖生成过程的一部分。事实证明，这一过程也是一个产生不平等的过程，当我们转向卢梭对引入农业和冶金技艺的后果的描述时，这一点就显而易见了。

这些技艺的引入导致明确和永久的社会分工，一些人熔化锻造铁，而另一些人则为这些工人提供食物。同时，铁的引入和由铁制成的工具的发明，也意味着这个事实：由于这些发展提高了农业的生产力，提供共同生活手段的人手减少了。在自然状态中自然的不平等开始变得重要，特别是在土地耕种方面。因为，即使最初的土地分配可能是大致相等的，但是强壮的人可以工作更长时间，熟练的人工作时间少但效率更高，而聪明的人则可以找到减少劳动份额的方法。卢梭表示，他认为这一发展在自然状态下非常重要，因为他用通过劳动建立的财产权来解释私有财产的起源，那些声称比其他人耕种更多土地的人要求有更多的土地份额。由此产生的基于土地财产的物质不平等日益严重，并因对铁和食物的需求失衡而不断加剧。这些不平衡使得劳动分工的一方要求更多的产品，而另一方对产品的需求则较少。通过这种方式，人类之间产生了不平等的依赖关系，以及物质不平等和阶级分化。

当我们将上述条件与原始人在自然状态的早期阶段所享有的独立性相比较时，很容易理解为什么卢梭认为这代表着自由的丧失。总的来说，人类已经依赖于他人来满足自己的需要，同时这种依赖也呈现出片面的形式，给了一些人比其他人更多的权力。对卢梭来说，以这种方式产生的不仅仅是对他人的物质依赖。他还指出了依赖于人的另一种形式，这种依赖看起来不像是对他人的依赖，是通过对事物的依赖来实现的。这种依赖形式的本质可以通过以下观点来揭示：在我与其他人的关系中，每个人都必须“不断地尝试使其他人关心我的命运”(OC iii：175；PW1：170)。

一旦人类相互依存的条件达到一定程度的复杂性，那么，社会中的特定个人恰好满足他人的需要将会是一个偶然问题。当存在不平等的依赖关系时，情况尤其如此，因为一个人对他人的依赖程度可能远远低于他们对自己的依赖程度，结果是几个人最终相互竞争，以提供承诺满足此人特定需求的商品或服务。当存在不平等的依赖关系时，情况尤其如此，因为一个人对他人的依赖程度可能远远低于他们对自己的依赖程度，结果是，几个人最终相互竞争，以提供保证满足此人特定需求的商品或服务。在这种情况下，是否成功被他人选择，可能取决于吸引人们注意，自己才是最能满足相关需要的人，并且应该有机会这样做。简言之，面对竞争和潜在的冷漠，人们将被迫以任何可能的方式让其他人关注他的命运。

从这个意义上说，对一个人的命运感兴趣，包括让其他人相信个人拥有社会普遍重视的品质和才能，无论他是否真的拥有这些品质和才能（OC iii：174；PW1：170）。这一主题的一个特殊变化是，为了实现自己的计划，需要说服他人与他合作，让他们相信他打算做的事情也符合他们的最佳利益，即使事实并非如此。这种情况可以说是卢梭在谈到让人们“显然在为他的工作中找到了自己的利益”的人时所想到的（OC iii：175；PW1：170）。最令人绝望的情况是，穷人必须通过向他人表明自己真正值得他们的慈善或他们可能给予的工作来唤醒他人的慈善冲动。这些例子都有一个共同点，即一个人被迫以任何可能的方式在他人身上产生对自己的某种看法。正是在这里，卢梭找到了一种几乎完全着眼于对他人意见的影响的说话和行动的倾向。因此，对他人意见的依赖可以被视为对他人的一种特定形式的依赖。然而，这种依赖形式植根于现有的物质不平等，因此，它可以被视为一种依赖于人的形式，这种依赖是以对事物的依赖为中介的。

就富人和权贵而言，他们似乎不需要让别人关心自己的命运，也不需要寻求别人的好感，因为他人缺乏相关权力。然而，卢梭指出，富人需要他人的服务。同样的情况是，相当多的人可能热衷于提供这些服务，因此，在与其他人就他们将提供的服务达成协议时，富人处于有利地位。因此，他不必过分担心别人对自己的看法。尽管卢梭对依赖于他人的描述中存在明显的不对称性，但是他提出，在一个财富和声誉举足轻重的竞争社会中，一个人的地位总是与其他人的地位相对，富人将不断被驱使采取行动，这些行动在他们寻求好感的重要人物眼中，让他们看起来比他们最接近的对手更好。这种现象的结果是，富人也是一样的，“社会人，总是在自己之外，只能在别人的意见中生活，可以说，他自己的生存的情感完全来自别人的判断”，而原始人则“生活于自身之内”（OC iii：193；PW1：187）。与上述不平等、竞争激烈的社会中的人不同，原始人生活于自身之内，正如我们看到的，他对自己存在的情感并不依赖与同类人的关系。换句话说，原始人的自我意识显示了他的自给自足。

当前背景的特殊重要意义在于，卢梭指出了其他一些方式，按照这种方式即使是富人的思想、信仰和行为也会受到他所处的社会的制度的影响，并且，按照这种方式，现有的物质不平等将在解释这一现象方面发挥重要的作用。在《论财富》这篇支离破碎的文章中，一位年轻人打算变得富有，以便使自己处于更好的地位来帮助穷人，卢梭提出以下问题试图说服这个年轻人他的计划是毫无希望的：如果他自己在竞争激烈的世界中变得强硬，这个年轻人如何能保持对不幸者的同情并给予他们金钱？为了变得富有，他必须进入这个世界，那么他的思想和信条会不会随着他的社会状况而改变？（OC v：469ff.；OW：6ff.）因此，尽管宣称只有在一个以物质不平等和物质商品竞争为特征的社会中，才会出现以意见形式对其他人的依赖，这种观点可能是错误的[12]，但是这个社会仍然有可能产生依赖于他人意见的独特形式，在这个意义上，这种对他人的依赖可能取决于对事物的依赖，即物质不平等致使意见呈现出特定的特征。

上面解释的是在高度相互依赖的竞争社会中依赖于人以依赖于事物为中介可能呈现的形式，当谈到需要的满足时，除了自然必然性之外，还存在另一种类型的必然性，即生活在这样的社会中产生的一种人为的、习俗的必然性，它限制了人们对自己和他人的看法以及他们的行为方式。卢梭在《二论》中认识到了这两种形式的必然性的存在，他展示了对事物的依赖是如何转化为对人的依赖的，与此同时，他揭示了基于自然和人为需要、物质不平等和意见的现代市场化社会的人际关系的起源。私有财产的产生所带来的物质不平等，加上人们在满足需要方面对彼此依赖的日益增加，解释了卢梭在《二论》中描述的恶，严格来说，对其他人的依赖并不能取代对事物的依赖。相反，对事物的依赖与对人的依赖两者关系越来越紧密。因此，卢梭已经确定了一种更复杂的依赖形式：依赖于人**以依赖于事物为中介**。

对于这种更复杂的依赖形式，我现在打算指出，在卢梭的自传体作品《一个孤独散步者的梦》中，对事物的依赖和对人的依赖之间的区别是如何存在的，在这本书中，我们可以看到卢梭尝试解决以意见形式存在的对其他人的依赖问题。我认为卢梭在这部作品中叙述的一些情况可能与他在《二论》中描述的盲目、自发的依赖的产生过程相关，特别是在这个过程中产生了物质不平等。首先，我需要强调这个过程的两个特点：它的自发性特征和它所涉及的必然性的类型。

正如我已经提到的，道德或政治不平等的出现与一种非自然形式的必然性联系在一起，因为它是由于一个人对另一个人的日益依赖而产生的，这种依赖是由于商品的生产和交换所带来的，但是这些商品对人类的生存并不是必需的，虽然看起来如此。在这里，我们遇到了一种由社会力量和社会压力产生和加强的主观形式的必然性，以及一种更客观的必然性形式，这种必然性形式存在于个人必须进入的一系列经济和社会关系中，如果人们想要在人类相互依存的条件下满足自己的需要，他们的行动就必须符合这些关系。关于这种必然性产生过程的自发性质，应该指出的是，在《二论》的大部分篇幅中，没有任何迹象表明人们意识到自己正在发生什么。相反，他们似乎陷入了一个他们并没有真正意识到的过程，也没有试图控制或引导这个过程，因此道德或政治上的不平等成为一组特定的、偶然的环境和发展的意外结果。事实上，只有在《二论》第二部分，卢梭对富人向穷人提出的欺诈性社会契约的描述中，我们才会发现一些类似于有意识的、反思性的意志行为。

这项契约背后的意图是欺骗穷人，让他们遵守有利于拥有财产的富人的法律，从而彻底剥夺他们的自然自由。在这里，有意识的行动以一种预先存在的物质不平等为基础，这种物质不平等是通过一种盲目的、自发的过程产生的，因此不是有意产生的。然而，从物质不平等加剧中获益最大的个人或群体寻求稳固和维持现有条件，以保持其相对于他人的有利地位，并保护其所拥有的一切。这种看法因下面这种方式得到加强：据说，在这场契约之前，人类“终于”开始反思自己的悲惨处境和困扰他们的灾难（OC iii：176；PW1：172）。这一说法意味着，到目前为止，人类还没有意识到发生在他们身上的事情，事实上，他们只是陷入了一个很大程度上盲目的、自发的过程。事实上，与《二论》前面的陈述相比，很难不将导致欺诈性社会契约的意识行为的突然出现视为具有某种人为特征。正如我们看到的，卢梭认识到一种自发的依赖产生过程，这种过程产生了物质不平等，以及不同程度的社会和政治权力的不平等，这对他提出的解决依赖他人对自由构成的威胁的方案有一些重大影响。

三、《一个孤独散步者的梦》中原始人的幽灵

在《一个孤独散步者的梦》中，我们看到卢梭试图将对人的依赖转变为对事物的依赖。因此，他似乎将原始人在自然状态的早期阶段的状态视为一种理想状态，在某些情况下，回到这种状态是好的。这种将对人的依赖转化为对事物的依赖的尝试，集中在个人对于事物状态（state of affairs）的反应上，卢梭有意识地试图掩盖或抑

制对其他人的依赖。尽管我们可能会怀疑这种解决依赖他人问题的尝试的有效性，但是鉴于卢梭将对他人的依赖转变为对事物的依赖的确切方式，他在处理自己的处境时的纯粹的个人尝试可能产生更广泛的影响。

《一个孤独散步者的梦》是一部卢梭晚期的自传体作品，由他在巴黎和巴黎周围散步时引发的一系列的反思和回忆组成，当时他被一种想法折磨，即自己是一些之前的朋友策划的持续性迫害运动的对象。在这些作品中，卢梭不仅频繁地表达了他的孤独感，而且也表达了他对孤独的渴望，因为被迫退出社会，他重新发现了自己幻想的能力，从而获得了比在社会中更真实的自我体验。在拥抱幻想的过程中，卢梭宣称他逐渐失去了对构成人类生存的零散的、稍纵即逝的时间的所有感觉，使自己从对过去的惋惜和对未来的渴望的持续拉扯中解脱出来，进而获得自己生存的简单感觉。卢梭说，这种对自己生存的感觉，是永恒和充实的，它不在“我们之外，除了我们自己和我们自身的存在之外没有任何东西；只要这种状态持续下去，我们就会像上帝一样自给自足”(OC i：1047；RSW：89)。通过这种方式，幻想被视为自给自足的一种形式，从而以其独特的方式再现了原始人在自然状态的早期阶段所享有的独立性。

一个人的生存的情感完全在自身之内，这让人想起了原始人的自我和他所享受的自给自足。卢梭补充道，这种生存状态的可能性首先取决于自己，从某种意义上说，一个人不应该让自己不断地被激情所激发投身积极生活。其次，这种生存状态的可能性还取决于一个人周围的环境，在那里“既不是完全平静，也不能有太多的运动，是平稳而温和的运动，没有震动或中断”(OC i：1047；RSW：89)。这是因为，有规律的运动，比如水拍打岸边的运动，才能使人进入一种有利于遐想的心境；决不能有任何突然或剧烈的运动，这会将人们从已经陷入的幻想中唤醒。这种对自然环境的依赖也让人想起原始人在独立于其他人类时所拥有的关于自我的感觉，这种感觉似乎只依赖于事物。然而，这种接近原始人在自然状态的早期阶段所享有的独立性的人为性是不可忽视的。

首先，卢梭的生存的情感的实现取决于原始人并不拥有的能力，即高度发展的想象力，原始人没有理由发展这种能力。其次，卢梭的孤立并不是绝对的。这一点表现在社会的影响仍出现在《一个孤独散步者的梦》第八篇中，其中卢梭对依赖的描述有一种奇怪的转折。正是在这里，卢梭尝试解决他自己所处的状况，这看起来纯粹是个人的尝试，但是他发现这种个人尝试可以显示出某种更广泛的意义，因为它捕捉到了卢梭在《二论》中描述的那种盲目、自发的依赖产生过程的一个本质特征。

这种反思部分来源于卢梭对自己经历的描述，他发现自己曾经的朋友正在策划针对他的阴谋，他一开始感到震惊，但最终找到了内心的平静。卢梭表示，尽管他一开始对未能得到他应得的关爱和尊重感到愤怒和愤慨，试图找出针对自己的阴谋的真相，但这使他的处境变得更糟，他最终学会了“毫无怨言地承受必然的束缚”(OC i：1077；RSW：126)。这种必然性是由公众舆论表现出来的。特别是，它与公众对他人的评价方式相关联，后者由人类激情和由此产生的偏见驱动的盲目、自发过程的结果。面对这样一个过程，卢梭将其视为一种近乎必然的东西，他开始以以下方式思考他的处境和折磨他的人：

> 我开始意识到我在这个世界上是孤独的，我明白我的同时代的人，对我来说，就像机械一样，完全由外力控制，我只能根据运动的法则来计算他们的行为。我推断的任何意图或激情，

> 都无法解释他们对我的行为。因此，他们的内心情感对我不再重要，我开始将他们看作被赋予不同运动的身体，但与我毫无道德关系。（OC i：1078；RSW：127f.）

这里的指导思想是，考虑到他们行为的不可理解性，卢梭认为有权剥夺折磨他的人的所有意志和其他人类属性，将他们和他们的行为都视为遵循机械必然性的准自然法则现象。在面对折磨他的人的所作所为时，这种策略使卢梭认为自己无能为力，并将这种恶行视为自己的行为无法改变的东西。因此，反抗他们或抱怨他们的不公正是毫无意义的。这也使他想象自己在这个世界上是孤独的，他依赖于事物，只服从自然法则。因此，尽管“意见”显然涉及对其他人的依赖，卢梭却将其视为一种对事物的依赖。

实际上，卢梭进行的是一种富有想象力的行为，其目的是将以公众意见的形式依赖于人及其产生的所有有害的情感和心理后果转变为依赖于事物，使他能够采取以下态度，无论其是否准确反映客观状态：“将我命运的所有细节都视为纯粹的必然性，在这种必然性中，我不应寻求任何意图、目的或道德原因，我必须毫无争议和抵抗地服从它，因为这些都是徒劳的。”（OC i：1079；RSW：128f.）通过想象行为，拒绝承认他人的所有意志，他们的行为全部被物化，从而将对他人的情感和心理依赖转化为对事物的依赖，人们可能会怀疑这种想象行为的有效性。尽管如此，这一行为还是非常重要的，它表明《二论》中描述的盲目、自发的依赖生成过程的独特之处是可以理解的，这一过程在很大程度上可以理解为依赖于人以依赖于事物为中介。

正如我们所看到的，在《一个孤独散步者的梦》中，卢梭剥夺了折磨他的人及其行为的所有意志或其他人类属性，从而将对人的依赖转化为对事物的依赖。同时，这里也不涉及他在《二论》中提到的物质和社会因素。然而，卢梭无意中为我们提供了一种重新引入这种更为复杂的依赖形式的方法，这种方法预见了市场经济的全面发展，以及与之相关的盲目自发的依赖产生过程，而这种依赖产生过程的主要结果之一就是物质不平等。这是因为在第八次散步中，卢梭剥夺折磨他的人及其行为的所有意志的尝试，预见了为了捍卫自由资本主义而采取的行动，尽管他的意图完全不同。这一次不是人们的意见，而是通过对特定经济和金融交换行为的选择而产生的一系列经济和社会关系，这些关系被视为一个简单的事物行为问题。在这里，正如卢梭剥夺了其他人的行为的所有意图性，以便能够纯粹地将它们视为空间中受某些运动规律约束的物体的运动一样，通过抑制人类的意图性，可以将自由市场及其特定结果视为自发生成秩序的一个例子，并且这种秩序不是由任何一个人或一群人故意产生的。这意味着，将这种秩序的意外后果，其中可能包括物质不平等，称为不公正是没有意义的。

这种观点的一位支持者 F. A. 哈耶克（F.A.Hayek）认为，“不公正”一词只能适用于个人的行为或集体成员的一致行动，这些行为是有意识地旨在产生特定效果，而任何人都不能对自由市场运作所产生的自发秩序的意外后果负责。[13] 卢梭通过将“意见”视为被剥夺了所有意志的诸多个体行为的意外的累积的结果，剥夺了“意见”的不公正性；而哈耶克则将“物质不平等状态”视为许多特定行为的意外结果和累积结果，这些特定行为可能出于个人自由意志。两者的不同在于，卢梭试图将自己与加害者的行为调和起来，将他们的行为设想为纯粹物质对象遵守固定规律的行为，而哈耶克则淡化，但并不完全否认，人们意图的重要性，目的是表明自由市场产生的物质不平等不能被视为不正义。简言之，哈耶克将他心中自发产生的秩序视为无数个体行为的结果，这些行为是由能动者所持有的特定目的和他们根据这些目的做出的特定选择决定的，同时他坚持认为这种自发产生的秩序本身不能被视为任何有意识的意图的结果。通过这种方式，哈耶克暗示，这种秩序是一种受自身发展规律制约的非个人力量的意外结果。此外，这里讨论的秩序可以被认为是一种人与人之间的关系，通常由构成交换行为的直接物质对象为中介，以这种方式，一种由以依赖于事物为中介的依赖于人的不平等关系出现了。从这方面来看，它让我们想起了卢梭在《二论》中描述道德或政治不平等产生时谈到的那种盲目、自发的依赖产生的过程。

这种自发秩序的特定结果和这种秩序本身恰恰被视为非人类意志的有意识的产物，这让人想起卢梭的观点，即出于特定的目的，对其他人的依赖可以被理解为对事物的依赖，并被理解为服从于一种准自然的必然性。卢梭在面对这种必然性时的顺从反映了他希望重建原始人的状态，在某种意义上，在这种情况下采取的最恰当的态度是服从自己所服从的必然性，而不是徒劳地试图改变事物。同样的道理，哈耶克认为，人们应该简单地接受并适应市场的客观力量。他甚至认为，服从市场力量并不损害自由，尽管这让自己受制于某些非个人力量所产生的约束，但他声称："自由意味着，在某种程度上，我们将命运托付给我们无法控制的力量。"[14]

这一主张使我们想起了这样一种观点，即在自然状态的早期阶段，原始人在面对其服从的自然必然性时，可以基本上保持独立。然而，情况肯定是完全不同的，因为自由市场涉及一种以对事物的依赖为中介的对人的依赖，尽管这种关系可能呈现为必然性，但实际上基于偶然性，即在某种程度上，这些关系是个人做出的某些有意识选择的最终结果，尽管是无意的结果。这种偶然性意味着，从本质上改变这种状态是有可能的，要么鼓励人们做出不同的选择，要么对他们可能做出的合理选择施加限制，当然，这也并不是说这种改革不会面临巨大的实际困难。在下一节中，我们将看到，卢梭在尝试说明如何防止或消除使一些人支配其他一些人的单方面的依赖形式时，他就指出了这些实际存在的困难。

哈耶克认为非个人的市场力量产生的自发秩序是有益的，因为据说它能够带来“比任何刻意的人类组织能实现的更大程度的人类欲望的满足”[15]，然而，正如我们看到的，卢梭的社会契约是人们有意识地进入的，它要求按照某些原则改革社会，这意味着拒绝接受哈耶克从处理事物状态的可能性中得出的结论，这种状态在某种程度上是有意识行动的结果（即个体能动者按照某些目的行事），虽然看上去好像不是。因此，卢梭在《一个孤独散步者的梦》中的思想实验的目的是通过排除意图性的作用，将对其他人的依赖转变为仅依赖于事物，这被证明是一种危险的策略，因为对某些人来说，对其他人的依赖是一个核心问题，因为它可能导致支配关系。事实上，物质不平等是一个盲目的、自发的依赖产生的过程的主要的意外结果之一，这一想法给卢梭的政治方案带来了一个特别的困难，那就是怎样解决依赖于人的恶的问题。因为这样一个过程的存在表明，事实上，既然他们受制于这种盲目自发的依赖产生的过程，这种过程以一种准自然的必然性起作用，那么人类大抵不可能对自己的命运进行有意识的集体控制。这个问题可以从人的意志和必然性的关系中得到最恰当的理解，我在下一节中将表明，卢梭清楚地意识到了这个问题。

四、意志与必然性

在卢梭对依赖与自由关系的政治解决方案中，出现了人的意志与必然性的关系问题，这种解决方案带来了以下困难：为了消除作为支配来源的依赖于他人的不平等关系，人类的意志行为，作为改变现有条件的手段，如何能够成功地干预盲目、自发的过程，在这一过程中，基于物质不平等的依赖关系在社会中得以生成和复制？当对他人的依赖被理解为以对事物的依赖为中介时，困难似乎更大了，因为意志与对象（物品）之间的关系使事情变得更复杂了，这些对象（物品）本身没有意志，受其自身法则的约束，但这些法则可能被认为是人类无法完全控制的。

我刚才强调的问题本质上围绕着这样一个问题，即意志如何可能在一种盲目的、自发的依赖产生的过程中获得任何东西，如卢梭的《二论》中所述，这一过程将物质不平等作为其意外后果之一，如果人类想要有效地塑造他们的社会世界同时使这个世界延续下去，这将是必要的。卢梭很清楚这个问题。在《社会契约论》中的一处，他暗示社会契约是必然的结果，也是一种源于意志行为的人类公约，他声称：

> 我认为，人类曾达到过这样一种地步，即在那个状态，阻碍人们在自然状态下生存的障碍已经超过每个人维持自己生存的力量。于是，那种原始状态就无法继续维持，如果不改变生存方式，人类就会灭亡。（OC iii：360；PW2：49）

换言之，由于人类不再能够通过自己的力量来保护自己，并在这个意义上保持自给自足，于是，人类被迫就合作条件彼此达成某种协议，以维持自己的生存并满足自己的物质需要。通过这种方式，卢梭将政治社会的起源解释为基于人类生存基本条件的自然必然性。《二论》中的欺诈性的社会契约同样是必然性的产物，因为克服由于物质不平等而产生的战争状态是提出这一契约的直接原因，至少对富人来说是如此。

> 在必然性的压力之下，人们终于构思出了一个有史以来考虑最周全的计划；利用攻击者的力量来为自己服务，甚至让对手成为自己的捍卫者，向他们灌输新的格言，并为他们建立新的制度，这是对富人有利的，就像自然法对富人不利一样。（OC iii：177；PW1：172f.）

在这里，必然性和理性思考是结合在一起的，一些人为了在面临危险时保护自己的生命和财产安全，以工具的方式利用理性能力进行推理，进而根据自己的利益塑造现有条件。然而，在其他地方，卢梭认为，在建立一个合法的社会和政治秩序时，一个全新的开始是唯一的现实选择，由一个上帝般的立法者赋予一个民族最适合的法律，正如他在《二论》中声称的那样："首先要做的是清理地面，把所有的旧材料放在一边，就像利库古在斯巴达所做的那样，然后再建造一座完好大厦。"（OC iii：180；PW1：175）

第二种解决方案似乎要求彻底打破历史，存在一个神话式的人物，他为社会提供一套基本的法律，而这些法律建立的前提是以往所有的腐败社会结构都被奇迹般地清除。第一种解决方案承认存在必然性，并提出了以下问题：《二论》中描述的腐败社会如何能够为建立一个更加公正的社会奠定基础？这个问题需要一个答案，因为一些人已经从事物状态中受益，这种状况是在社会关系的相互依赖和这种相互依赖的状况所导致的物质不平等的基础上产生的。因此，这些人有兴趣维持这种事物状态，尽管要消除这种状态对他们造成的任何危险。这是卢梭在《二论》中介绍欺诈性社会契约时呈现给我们的情景。简言之，难道不可能将《二论》中描述的过程视为这样一个过程吗？在这个过程中产生了使社会状态成为他人的负担而不是自己的负担的人。又有什么保证他们不会逍遥法外呢？事实上，《二论》中欺诈性的社会契约似乎是基于这样一种态度以及这种态度基础之上的推理，其结果是，尽管引入了基于理性自利的个人和集体意志行为，但这些行为的目的仅仅是维护和延续现有条件，使一些人能够肆无忌惮地支配其他人。

当卢梭发现以下恶性循环时，他自己也提到了这种方式的一个问题，特定的社会形态容易在人们身上产生某种倾向，从而导致特定的社会形态的自我延续：

> 对于一个新生的民族来说，要能够重视健全的政治准则并遵守国家理性的基本规律，就必须使结果成为原因，使作为制度结果的社会精神转而主导制度本身，并且使人在法律出现之前，便可以成为通过法律才能成为的那种样子。（OC iii：383；PW2：71）

换言之，只有当其成员已经拥有正确的倾向并具有相同的基本价值观时，才有可能成功地形成一个符合公意的法律政体。然而，正是通过生活在一个有这样的法律的政体中，这种性格倾向和这些共同的价值观才在一个民族中产生。当《二论》中描述的过程被认为已经完成时，这一想法看起来更加有问题，尽管对于那些属于人类社会早期阶段的习俗更简单、更良好的人来说，根据《社会契约论》中规定的原则建立一个政体是可能的。卢梭针对依赖他人对自由构成威胁的共和主义解决方案中的这些矛盾，有力地证明了这样一种论点，即在他看来，《社会契约论》中概述的原则在他自己时代的法国这样的现代国家无法实现，而只能在科西嘉这样的联合体实现，在科西嘉，《二论》中描述的腐败过程尚未完全结束。[16]

事实上，卢梭认为，与上述第一种解决方案（将社会契约视为必然性的结果）相关联的困难，正是导致他认为第二种解决方案（上帝般的立法者）不可行的原因，正如他所说："立法工作之所以困难，与其说是必须建立什么，不如说是必须摧毁什么；成功之所以如此罕见，是因为无法找到与社会需求相联系的自然的单纯性。"（OC iii：391；PW2：78）换言之，社会的腐败程度如此之高，以至于除了从头开始，别无选择。此外，这意味着人们最初处于一个尚未遭受人为不平等和其他罪恶的社会，这些不平等和罪恶是日益依赖他人的后果，这种依赖以对事物的依赖为中介。然而，面对卢梭在《二论》中如此巧妙地描绘的盲目的、自发的依赖产生过程，这样一个新的开始几乎是异想天开。因此，我们最可能的希望是将这一过程置于某种形式的集体控制之下，然而我们无法从这个过程中产生的人类思想和行为方式的道德败坏以及我们与他人关系的道德败坏中彻底解放出来，我们自己可能几乎没有意识到这一点。

尽管人们可能会质疑，卢梭是否为以下问题提供了一个完全令人信服的解决方案：人类塑造现有条件的意志能力如何与以非个人的、自发产生的塑造社会的力量的必然性相协调？但是，认识到他在《社会契约论》中为自己设定的任务的困难性本身就非常重要。因为它提请人们注意从以基于物质不平等的对他人的单方面依赖为特征的状态向一种依赖及其所包含的支配完全被消除的状态的转变所涉及的内在困难。即使已经确定了一套新的原则，也需要解释这种新状态是如何建立的，如果它是真正的公正的状态。这也有助于我们理解为什么卢梭如此着迷于独立，或者更确切地说，是仅仅依赖于事物，以至于他将原始人描述为处在自然状态的早期阶段，“在人与人之间的关系中，一个人最糟糕的情况是发现自己在受另一个人的任意支配”(OC iii：181；PW1：176)。[17]这种对事物的依赖似乎深深地吸引了卢梭，以至于他觉得有义务创作一部作品，这便是《社会契约论》，它试图解释放弃一个人的自然自由如何是正当的，即使现代人回归独立状态已经不可能，在独立状态下，人类只依赖于事物。在这方面，自然自由的丧失被视为一种潜在的不幸。每一个后来的人都可能遭受这种不幸，只要他有能力想象这样一种独立的状态。简而言之，这是一种假设性的损失，影响着生活在现代高度发达社会中的所有人，无论他们是否认识到这种可能性。

为了说明如何避免这种不幸，卢梭需要解释进入社会状态是否真正补偿了自然自由的损失。他认为，进入这种状态的好处不仅在于自我保护，这是自然必然性问题，而且正如我们看到的，还在于道德自由能力的发展。卢梭指出，人类在离开自然状态进入社会状态后，享有额外的好处，他声称，这种转变“用正义代替了本能，他们的行为被赋予了以前所缺乏的道德性，人类产生了最显著的变化”，尽管在离开自然状态时，人“失去自己的一些便利”，但在进入社会状态时，

> 作为回报，他获得了如此巨大的收获，他的能力得到了锻炼和发展，他的思想得到了扩展，他的情感得到了升华，他的整个灵魂得到了如此程度的提升，如若不是对新处境的滥用使他堕落得比原来的出发点更糟的话，他应该不停地感激这一幸福的时刻，这一时刻使他永远摆脱了自然状态，从一个愚蠢有束缚的动

物成为一个智性的存在，一个人。（OC iii：364；PW2：53）

卢梭在这里暗示，社会状态在个人和人类更普遍地实现完美的过程中发挥着重要作用，道德自由能力的充分发展依赖于进入这种状态。正如我们将在下一章中看到的，这是康德热衷于发展的一点，他将卢梭关于人类文化和道德发展取决于他在法律和政治团体中的成员身份的建议转变为一种全面的道德目的论。然而，同样有可能的是，在一个以巨大的物质不平等和由此产生的潜在的支配为标志的社会中，原始人享有的独立性对某些人来说似乎比生活在法治社会声称所具有的优势更具吸引力。因此，我们不应忘记卢梭在上文引用的段落中补充的关于离开自然状态进入社会状态的优势的重要限定。这一限定表明，依赖他人对自由的威胁，特别是当以依赖事物为中介时，实际上可能构成人类集体可完善性（collective human perfectibility）的不可逾越的障碍。我将在下一章中指出，康德未能充分体现卢梭思想的这一方面。

康德、费希特和黑格尔都从卢梭描述的意志与必然性的关系问题出发，努力解决个人和人类集体可完善性如何可能的问题，尽管只有在黑格尔对市民社会的描述中，必然性的概念才被明确引用。在康德的历史哲学和费希特的权利理论中，意志与必然的关系是一个隐含的主题。在康德历史哲学中，必然性被视为对人类的可完善性产生某些有益的、意想不到的后果的东西，而人类可完善性的最高形式是道德自由。在费希特的权利理论中，意志被赋予了对塑造社会的盲目自发力量施加秩序的作用，因为除非这些力量受到人类的自觉控制，否则这些力量无法产生正确的结果。我认为，黑格尔则综合了这两种观点。在讨论过程中，卢梭作品将被用来强调、质疑康德、费希特和黑格尔所采取的立场。

注释

1. 如果人们接受"纯粹"的自然状态和广义的自然状态之间的区分，那么，卢梭对自然状态的假设或推测，而非事实，使问题变得更加复杂了。前者不受任何人类技巧和惯例的限制，后者可以说是基于事实的。前者纯粹是推测性的，可以看作是对事实实例化的原则或原因的陈述，或者应该根据这些原则或原因来理解它们，这些原则包括自给自足；后者在一定程度上参考了卢梭所处时代对野蛮民族的观察。Cf. Gourevitch，'Rousseau's "Pure" State of Nature'. 我对早期状态的描述与卢梭一致，并支持这种说法，因为它表明了自给自足原则——以仅依赖于事物的形式——是这种情况的一个决定性特征，这种自给自足在自然状态的后期和人类向政治社会的过渡中消失了。

2. 对卢梭的这种解释并不是说"对于每个人来说，其他人与事物无异"。Todorov, *Frail Happiness*, 23. 卢梭讨论的是法律与人的关系具有事物的性质，而不是人与人之间的关系。

3. Viroli, *Jean-Jacques Rousseau and the 'Well-Ordered Society'*, II.

4. Ibid.

5. 卢梭对自由的描述中的这种张力在下面这种主张中重现：一方面，社会契约"是自我立法的一个实例"，另一方面，人类出于保护自己的愿望，在谨慎考虑后加入社会契约，从而使道德自由以及公民和民主自由，必须被认为是"社会契约的幸福结果，但是它们既不是公民签订社会契约的动机，也不是社会契约本身的目的"。Simpson, *Rousseau's Theory of Freedom*, 96 and II 0f. 第一种主张以道德自由的存在为前提，第二种主张诉诸一种与道德自由行为概念不相符的实践必然性，道德自由被视为政治社会形成的意外后果。

6. Cf. Viroli, *Jean-Jacques Rousseau and the 'Well-ordered Society'*, 121. 在第三章，我将强调《社会契约论》中的规范性方面，以及《二论》中描述的那种盲目的、自发的依赖性生成过程产生的问题。

7. 卢梭将处于纯粹自然状态的人类描述为："既没有固定的住所，也没有对彼此的任何需求，在他们的一生中可能只会相遇两次，并且不会彼此认识和交谈。"(OC iii：146；PWI：144)

8. 即使在性需求方面，这一点似乎也是正确的，因为卢梭对性行为的描述表明，伴侣将彼此视为自然对象，仅用于满足性欲，因此，他们甚至不需要言语交流。

9. 依赖不一定与道德自由不相容，因此，对卢梭来说，独立似乎不是自由的同义词，因为如果是，在依赖的情况下，自由是不可能的，而卢梭试图做的不是完全消除对他人的依赖，而是通过符合普遍意愿的法律调解这种依赖，从而减少对自由的伤害。此外，可以说，在价值体系中，自由高于独立，独立实际上没有内在的价值。Cf. Neuhouser，'Freedom，Dependence，and the General Will'. 最后一种说法暗示，独立只有在促进自由方面才是好的。然而，一旦独立被解释为自给自足，我们就可以将其视为自由的同义词，这种自给自足可以采取多种形式，如原始人的自然自由，如在由主权立法议会成员民主同意的法律所确定的公民条件下保存和实现的道德自由。

10. 这种道德上的自给自足将第五章进行更详细的讨论。

11. 由于这些约束对自己和对他人同样适用，所以不能说一个人在能够做任何自己想做的事情的意义上是独立的。相反，一个人只能做既不损害自己，也不伤害他人的事。相比之下，处于自然状态早期的原始人不受到这种约束。因此，他享有一种可能与他人的自由不相容的独立性，因为通过行使这种自由，他可以让其他人做他们不想做的事，虽然因为他的孤立和自给自足，这实际上并没有发生。卢梭认为这种类型的独立不同于自由，自由"与其说是遵从自己的意愿，不如说是不服从他人的意愿"和"不强求他人服从我们的意愿"(OC iii：841；LM：260f.)。在这里，我们可以谈论一种自由形式，这种自由与独立是相容的，在消极意义上说，既不服从他人的任意意志，也不让他人服从我们的任意意志。这种自由的概念也出现在卢梭的主张中："我从未相信人的自由在于做他想做的事，而在于从不做他不想做的事情。"(OC i：1059；RSW：104）从不做自己不想做的事可以理解为不按照他人的意愿行事。然而，道德自由的概念意味着更多的东西，而不仅仅是自由的消极条件，因为它涉及通过某种反思行为来服从约束。后面一种说法出现在卢梭晚期的自传作品中，而不是在《社会契约论》等作品中，也许并非巧合，因为正如我们将在第五章中看到的那样，在这些作品中，卢梭似乎放弃了他推崇的积极自由模式。

12. 卢梭认为，即使在物质不平等出现之前，意见也会在自然状态中发挥作用，因为他提到了一种早期的社会形式，这种社会形式的特征仅仅是自然不平等，却已经向标志着道德或政治不平等的方向迈出了一步，因为唱歌或跳舞最好的人或者是最英俊、最坚强、最雄辩的人赢得了公众的尊重，同时这种不平等带来了虚荣、轻蔑、羞耻和嫉妒的恶习。

13. Cf. Hayek，*Law*，*Legislation and Liberty*，*Volume ii*：*The Mirage of Social Justice*.

14. Ibid.，30.

15. Ibid.，63.

16. 这一观点例如可见 Fetscher，*Rousseaus Politische Philosophie*。

17. 卢梭关注依赖他人，而不是仅依赖事物，这是一个极度个人层面的问题，在一篇自传体作品中，关于他本人的以下声明表明了这一点："他毫无困难地承受着事物的必然性的束缚，但不是人类意志的束缚。"（OC i：845；D：143）

第二章　康德自由主义中的恶与可完善性

一、康德的自由主义神义论

康德认为卢梭在早期的作品中提出了文化（自由的产物）与自然之间的冲突问题，特别是这时人类仍是一个自然物种。在《爱弥儿》和《社会契约论》中，他试图展示文化应该的发展道路，使人类作为一个道德物种得到适当发展，使其最终作为一个自然物种与自身和谐相处，虽然文化实际上没有这样发展。因此，文化本质上并不是坏的。相反，当它采取适当的形式时，可能会使人类的道德命运得到改善。康德用天意（巧合）描述了人类超越道德败坏的过程，道德败坏是人类自己的责任，并表现在他们的社会关系中。因此，人类离开纯真的状态进入恶的状态，只是为了超越这种恶的状态并通过教育实现道德的完美（AA vii：326f.；AHE 422f.，AA viii：116ff.；AHE：169ff.）。

以这种方式，康德认为卢梭著作的意义在于构成了一种叙事的一部分，这种叙事将人类历史视为一种神义论，首先从自然自由过渡到公民自由，然后从公民自由过渡到完全合乎道德的自由形式。他用人类的可完善性概念理解卢梭的作品，人类有可能超越文化兴起带来的道德败坏，并脱离纯粹的自然秩序带来的自由与自然之间的冲突。康德在这里强调了卢梭本人已经暗示的观点，即道德自由的充分发展取决于人类离开一个纯粹的自然状态进入社会状态。在自然状态下，人们的需要和满足需要的手段彼此协调一致。

然而，康德关于这种神义论第一阶段的说法，即从纯真状态中堕落，与卢梭的版本似乎有很大的不同。因为康德发展了一种人性中的极端恶的理论，而卢梭则通常认为人类天生善良。通过这种方式，康德认为人类从未真正处于纯真状态，而卢梭的自然善理论则要求对人类从纯真状态中堕落做出社会性解释。然而，即使在这里，也有学者认为康德的立场与卢梭的立场没有本质上的区别。正如有人认为，对康德来说，恶是一种植根于野心的社会产物，这种野心表现在将更大的价值归于自己而非他人的自负中，导致人们认为自己有权偏爱自己的利益而非他人的利益。[1] 但是，这种对康德极端恶理论的解释受到了批评，理由是康德认为人性中的极端恶在某种意义上先于社会关系，因此独立于社会，尽管某些形式的恶只能在社会中表现出来。[2]

第二种解释将康德的立场与卢梭的观点区分开来，卢梭认为人类在某种意义上天生善良，这暗示着对原罪概念的果断拒绝。而第一种解释允许人们将康德人类本质上恶的理论和卢梭人类本性的善理论视为相同的，至少在两者都将恶视为社会产物的情况下是如此。[3] 正如我们将在适当的时候看到的，虽然卢梭对人的自然善的描述在一个重要意义上符合康德关于人类恶的社会维度的观点。但是，我对这两种论点的同一性表示怀疑，我将论证，在康德那里，人性中的极端恶理论决定了他的自由主义思想，暗示了在这一理论中存在着个人主义的（即前社会的）因素。康德对法治社会中的自由概念的理解是由他对人性中的极端恶的观点塑造的，他的这种观点假定人类存在道德上的恶。在这方面，可以说康德阐述了这样一个自由社会，它基于人类学的假设，即人类本质上是恶的，这种假设限制了我们如何看待国家及其与社会相关的基本功能，在这种情况下，在人性中发现的极端恶在受到某些约束时会显现出来。因此，人类在某种意义上是恶的，独立于他们与同类人所处的任何社会关系，这一观点必须被认为具有解释优先权，即使人类本性中的极端恶只能在社会中充分表现出来。从而人类被认为需要最适合其极端恶本性的法律和政治制度。

康德认为人类本质上是恶的，这与他对卢梭著作意义的解释格格不入。因为这似乎使向人类实现其道德命运的状态转变的任务变得更加困难了，如果不是不可能的话。康德试图用一种自发的、准自然的过程来解释这种转变，这一过程以某种程度的人类相互依赖关系为特征，并被认为会产生某些意想不到但据称有益的结果。康德在将政治社会的形成视为一个必然问题之后，以与卢梭相同的方式，对这一转变进行了解释，他认为社会契约的根源在于个人认识到他们不再能够通过自己的力量来保护自己。康德同样将政治社会的形成视为个人自我保护条件的自然必然性。然而，正如我们所看到的，卢梭担忧当人们缺乏正确的道德性格和道德规范时，公正的法律和政治秩序是无法建立的。相比之下，康德似乎忽略了这种担忧，他声称："建立一个国家的问题，无论听起来多么困难，即使对于一个魔鬼民族来说也是**可以解决的**（只要他们能理解）。"（AA viii：366；PP：335）一个魔鬼民族可以获得共识建立一个国家的想法，意味着即使是一群具有邪恶性格的人也可以通过同意建立一种公正的法律和政治秩序。

如前所述，康德认为社会状态和文化是这个目的论过程的组成部分，真正的道德自由是这一过程的最终结果。像这样，即使是魔鬼民族也能实现的公民自由，将被一种更高的、真正合乎道德的自由形式所取代，这表明历史可以用人类可完善性概念来解释。然而，我认为，康德的极端恶理论在其自由主义中所起的作用对人类的可完善性施加了一些决定性的限制，因为它具有集体的维度，使人类从社会状态和文化状态向真正的伦理共同体形式的过渡变得极度不确定，特别是当这里讨论的过渡被认为是一种很大程度上自发的过渡时，这种过渡是在人类相互依赖的背景下发生的，而依赖的社会关系往往会产生支配的可能性。在这里，康德似乎没有意识到卢梭提出的挑战的全部意义，后者意识到对其他人的依赖，特别是以依赖事物为中介时，容易产生各种形式的支配和道德腐败。因此，我们应该非常警惕用康德对卢梭的解释来解释卢梭作品的意义。具有一定讽刺意味的是，卢梭通常与人类天生善良的观念联系在一起，但事实证明，他比康德更怀疑人类的可完善性，而康德认为人类本质上是恶的，尽管如此，他认为基于这一假设的自由社会可以为真正合乎道德的共同体提供基础。这些关于人类可完善性的可能性评估反映在卢梭和康德关于国家作用的观点中。

德国法律和政治理论家卡尔·施密特（Carl Schmitt）暗示，人类天生善良的观点与人类天生恶的观点所代表的人类学观点之间的对立，有可能产生截然不同的政治结论。在《政治的概念》中，他建议将所有国家和政治思想理论按照“是否有意识或无意识地预先假定人天生恶或善良”来分类。[4] 施密特声称，所有真正的政治理论都预设人类是恶的，人是一个危险而有问题的存在。关于人类本性恶的人类学观点的代表，他提到了费希特、黑格尔、马基雅维利以及霍布斯等人物，而人类本性善良的预设则与无政府主义和自由主义政治理论及其对国家干预的敌意关联在一起。[5]施密特之所以在这些关于人性及其政治含义的看似不可调和的立场之间做出如此明确的区分，其最终目的可以理解为他希望根据他在《政治的概念》中提出的敌友区分来证明政治斗争模式的合理性。这一目的可能导致施密特过分强调自由主义对国家干预本身的敌意，而不是对特定形式的国家干预的敌意。此外，他大胆地将人类本性恶的观点归因于费希特和黑格尔等哲学家的方式也可能遭到质疑。施密特将德国观念论者费希特和黑格尔当作认为人本质上是恶的思想家的例子，把这一点与他的另一主张，即自由主义政治理论不基于这一假设结合起来看的话，还是很有趣的。因为这里有一个问题，即为什么他不把康德列入他的哲学家名单：康德的批判哲学是德国唯心主义的主要思想来源，他认为人类天生就是恶的。施密特决定将康德排除在哲学家名单之外的一种解释是康德政治哲学带有自由主义的特征[6]，而施密特否认自由主义政治理论是基于这样的人性观。

康德的政治哲学包含了许多对自由主义者来说很重要的思想。首先，康德提倡一个法治社会，在这个社会中，人们可以自由追求自己的幸福观，因此在这个程度上，可以说他反对国家干预。其次，康德将所有社会成员的自由、每个社会成员对单一共同立法来源的依赖以及每个人在法律面前的平等原则视为共和政体的关键，这些原则可以说是自由主义者最看重的。施密特将康德的政治哲学归为自由主义哲学，因为他主张："自由主义社会决定自己的秩序……国家和政府是从属的，必须受到不信任的控制，并受到严格的限制。"[7]我们将看到，康德关于社会与国家关系的观点，更具体地说，关于国家相对于社会的有限作用的理论，将被用这些术语准确地描述。

这一事实本身似乎破坏了施密特对政治理论的划分，即以非自由主义思想家为代表的政治理论以及以无政府主义者或自由主义思想家为代表的政治理论的区分，前者以人类本性恶的人类学假设为基础，后者认为人的本性是善良的。此外，康德可以被归为自由主义思想家，尽管他认为人类天生恶。与此同时，卢梭可以被认为是人类本性善良这一人类学假设的主要代表之一，但他不能轻易地被归为自由主义思想家。这一态度以这样的方式被表现出来：卢梭指出了康德自由主义思想的一些问题，因为这种理论接受了在卢梭那里对人类自由构成重大威胁的依赖形式。在第三章我将提出，鉴于卢梭对这些问题的认识，他会支持费希特提出的财产理论。这种财产理论似乎从根本上与自由主义的产权概念和对国家干预的敌意相抵触。与此同时，费希特和康德一样，试图将国家定位在对人类可完善性的描述中。他们实现这一定位的方式在于，将国家视为真正的道德自由的一个条件，尽管不是这种自由的实际表达，这种自由被认为是超越国家的东西。

二、康德论极端恶：为自己破例

在讨论人类本质上是善还是恶的问题时，康德拒绝了中间立场的可能性，即人类本质上既不是善的也不是恶的，或者他们本质上既善又恶。康德拒绝这些中间立场，因为他将人性的善或恶定位在个人的基本道德倾向中，这包括接受一条基本准则，该准则决定了个人行动所遵循的所有特定准则。所以，人天生善良还是天生邪恶，取决于是否将尊重道德律这一高阶原则转化为个体行为基本准则的动机，这些基本准则决定支配个体行动的所有特定准则。因此，康德规定，“人的本性”一词仅指“在感官范围内的每一行为之前，行使人的一般自由（根据客观道德法则）的主观基础——无论其位于何处”（AA vi：21；RRT：70）。因此，人类不能被视为天生既不善也不恶，因为他们已经要么还未将尊重道德律的准则纳入他们的基本行动原则。他们本质上也不可能既善又恶，因为这条准则是决定个人行为的特定准则的一般准则。

这并不意味着人类不能选择采用相反的一般准则，进而拥有不同的道德倾向。康德坚持认为，道德法则必须是自由选择的，否则，一个人就不可能因采纳它而承担道德责任。因此，说人类本质上是恶的，并不等于声称恶是人类本质的一部分，人类生来就是恶的，也不等于认为恶仅仅是既定的东西，而非自由选择的东西，意志的产物。换言之，人类本质上是恶的，这只是偶然的事实，因为人们总是可以选择将尊重道德律作为自己的基本行动原则，即使事实上没有这样做。尽管在这一方面康德对极端恶的描述使他对“本质上”这一短语的使用有些困惑，但他暗示恶是人类本性的一个恒定的——即使最终是偶然的——特征，当他声称恶的倾向“深深植根在任性的力量中，因此我们必须说，这是在人类的天性中发现的”（AA vi：35；RRT：82）。在下文中，康德强调了一种倾向，即未能发展出一种性格（disposition）去采用基本准则，将对道德法则的尊重转化为个人行为的动机，并且个人对这种失败负有最终责任的事实：

> 这种恶是**极端**的，因为它败坏了所有准则的基础；作为一种自然倾向，它也不能被人类的力量**消灭**，因为这只能通过良好的准则实现——如果所有准则的最高主观依据都被认为是败坏的，那么这就是无法实现的。然而，**克服**这种恶也同样是有可能的，因为它是在作为自由行动的存在者人身上发现的。（AA vi：37；RRT：83）

为了证明这一主张，我们必须预先假定所有准则的主观基础已经被人类恶的倾向所破坏，康德诉诸经验，他声称："鉴于人类**行为**的经验摆在我们面前，有许多令人悲哀的例子，我们可以不用去正式证明人类一定存在着这种败坏的倾向。"（AA vi：32f.；RRT：80）然而，康德又对诉诸经验表示怀疑。他声称，对行动者是一个恶人的判断不能完全基于经验，因为我们不能充分清楚地观察自己的准则，更不用说其他人的准则了（AA vi：20；RRT：70）。[8] 尽管康德的极端恶理论以这种方式提出了一些棘手的问题，即他关于人类恶的主张是否具有先验性或仅仅是归纳性，以及它是否具有相应的必然性或偶然性，这些问题这里我们先不去探讨。因为即使康德断言人类本质上是恶的是基于某些归纳概括[9]，这种说法的正确性也会遭到质疑。但是当讨论极端恶理论与他的政治哲学之间的关系时，我们有可能理解一种温和的说法，即人类可能天生恶，这是任何严肃的政治哲学都必须考虑的一种可能性。换言之，人类本质上是恶的说法将具有一种方法论假设的地位，与马基雅维利的《论李维》中的假设类似，后者认为任何人想要建立一个联合体并为其提供法律，都必须先假定所有人都是恶的，只要有机会，他们就会释放体内的恶性。[10] 康德声称，决定人类本质上是善还是恶将取决于人类学研究的结果。

康德发展出这样一种关于人性中极端恶的理论之后，当然需要在他的政治著作中运用这样的假设，因为这一理论意味着人类的恶是一种非常普遍的现象，对个人道德的任何依赖都是鲁莽的，因此，对人类能动性的法律和制度约束是必要的。为了理解这一方法论假设在康德的政治著作中是如何运作的，我们首先需要解决这样一个问题，即不将尊重道德法则作为一个人行为的基本原则意味着什么。

这就需要对康德的主张作出解释，即“人类是恶的”这一说法，意味着他“意识到道德法则，但又将（偶尔）偏离道德法则的行为纳入自己的准则之中”(AA vi：32；RRT：79)。

康德指出了各种形式的道德上的恶。这些形式的道德恶如下：意志薄弱，即在面对其他强大的动机时，按照责任动机采取行动时意志薄弱；意志不纯洁，这是一种将道德动机与非道德动机掺杂在一起的倾向；最后，是人心的堕落或败坏，这实际上是将道德动机从属于非道德动机。当康德说，“人（即使是最优秀的人）之所以是恶的，只是因为他把各种动机纳入自己的准则时，颠倒了它们的道德顺序”(AA vi：36；RRT：83)，他似乎将道德的恶等同于败坏（将道德动机从属于非道德动机）。然而，人类本质上是邪恶的这一方法论假设认为个人通常倾向于将道德动机从属于非道德动机，并且，他们实际这样做的威胁总是存在的。然而，如果说这种道德动机秩序的逆转是以对道德律的意识和能动者将偶尔偏离这种道德秩序的行为融入他的准则为特征的，那么又意味着什么？

康德在这里似乎是在谈论能动者倾向于允许他自己在对出于义务动机而采取行动的要求中是个例外，即使他在其他方面承认道德法则的有效性。因此，行动者性格和倾向的基本准则大致如下：“无论何时，只要我适合这样做，我就不会按照我认为符合道德法则的准则行事；或者，我将根据我认为违背道德法则的准则行事，只要我相信这样做会更好地满足我的自爱。”在这种情况下为自己破例，意味着被自爱动机支配，要么不遵守道德法则所规定的准则，要么采纳不道德的准则。相关行动者仍然可以被认为承认道德法则的普遍有效性，道德法则是一种我们必须承认的理性的法则，因此，它构成了我们内心永远存在的动机。然而，在遵守道德法则的要求时，必须以没有任何武力的非道德动机为条件，这些非道德动机会使人免于遵守该法则。事实上，后者（自爱的动机及其偏好）作为满足前者的最高条件，应该作为独一无二的动机被纳入任性的力量的普遍准则（AA vi：36；RRT：83）。此外，自爱还表明，个人在豁免自己遵守道德法则的同时，希望其他人承认这一法则并按照它行事。以下段落似乎是康德想要说的：

> 如果我们现在注意到自己违反了一项责任，我们会发现，我们并不是真的希望自己的准则成为一条普遍的法律，因为这对我们来说是不可能的，而是我们的准则的反面应该成为一条普世的法律，我们只是认为自己有这种自由，为了自己的利益，为自己（仅为这一次）破例。（AA iv：424；PP：75f.）

康德清楚地看到将极端恶与道德动机从属于非道德动机联系在一起，以及他对这一现象的理解与他的政治哲学相悖，即法律的有效性是他们承认的，但人类倾向于将自己排除在法律之外，而同时希望其他人遵守。他对建立国家的问题作了如下描述：

> 鉴于所有理性的存在都需要普遍的法律来保护自己，但每个人都倾向于暗中将自己排除在法律之外，因此，要这样安排他们，建立他们的宪政，使他们虽然在私人意念中互相争斗，但在公共行为中却互相牵制，结果就好像他们没有这种恶的意念一样。（AA viii：366；PP：335）

事实上，康德讨论了即使是一个魔鬼的民族也能解决使自己不受普遍规律约束这个问题，这一事实说明了“聪明的魔鬼”本质上与人类属于不同的物种。[11] 这一主张是基于康德对“恶魔性”

(devilishness）的定义，即彻底消除任何道德动机，以及他对绝对消除人类道德动机可能性的否定。康德认为对一个恶魔来说，抵制道德法则本身就是一种动机，但是他迅速否认了这种动机可以运用到人身上（AA vi：35；RRT：82）。然而，恶魔和人类之间的根本区别并不意味着人类和聪明的恶魔没有将自己从普遍规律中解脱出来的共同倾向，虽然他们这样做的动机和程度可能不同。因此，国家的宪法必须是这样一种宪法，即没有人能够像他希望的那样，在其他人服从法律的情况下，将他自己从国家的法律中免除。例如，正如卢梭对合法社会契约的描述一样，这部宪法必须由平等地适用于所有公民的法律组成，这样它就不会对一群人施加限制，而让其他人免于这些限制。在保证法律的有效性方面，国家还必须能够行使必要的强制措施。[12]

康德对问题的描述，即他声称即使是一个魔鬼民族也能解决建立国家的问题，以及这个问题与恶的概念有关的方式，即将自己从普遍规律中解脱出来的倾向，预示着他希望解决卢梭在下面一个段落指出的政治问题：

> 恶从根本上说是个人意志与公众意志的对立，正是因为这个原因，恶人不可能有任何自由，因为如果每个人都按照自己的意志行事，这将阻碍公众意志或邻人的意志，大多数时候这两者都会受到阻碍；如果他被迫服从公众意志，他将永远不会按照自己的意志行事。（OC iii：483；PF：23）

卢梭将恶视为个人意志与公众意志（public will）的对立，这是自爱与普遍法则之间的对立在政治上的表达，康德在谈到极端恶时援引了这种对立，即道德法则服从于我们的私利的倾向。对卢梭来说，如果个人意志与公众意志的对立变得普遍，那么它必然会摧毁政治共同体，因为个人通过不断寻求摆脱以法律和法规形式表达的公众意志的命令，最终会破坏公众意志的权威，并使其在面对支配社会的私利时不起作用。然而，如果人们被迫按照公众意志行事，但他们的特殊利益并不倾向于这样做，这些私利的实现恰恰可能要求他们违背公众意志，那么为了维护公众意志，需要施加的约束可能如此之大，以至于将其称为自由，即道德自由，不再有任何意义。道德自由需要能够将一个人所受到的约束视为某种意义上的自我强加的约束，而不是以武力的形式受到纯粹的必然性的约束。

康德试图通过用自然的必然性来对抗这种担忧，自然必然性以自我保护的欲望和减弱的社会动力的形式足以建立和维持政治社会。因此，康德认为不能依赖于人类存在的任何自然善，一个由个人组成的社会，如果他们受自身利益支配，则可能不愿意按照普遍规律行事，然而，却能够建立一个国家，虽然这不是行动者有意为之的。康德提出以下主张时表示，他正试图解决卢梭指出的个人意志与公众意志之间关系的政治问题：

> 现在，**共和制**宪政是唯一一部完全符合人类权利的宪政，但它也是最难建立和维护的宪政，以至于许多人断言，它必须是一个**天使**的国家，因为人类具有追求私利的倾向，不可能有如此崇高的宪政形式。但现在，自然帮助了建立在理性基础上的、受人尊敬但在实践中无能为力的公共意志，而这正是通过这些自我追求私利的倾向来实现的，因此，这只是一个国家如何进行良好的组织的问题（这当然在人类的能力范围内），以这样一种方式安排这些彼此对立的自然力量，即一种偏好抑制或抵消另一种偏好，以至于对理性来说，其结果好像这两种偏好都根本不存在，而人也被迫（必须）成为一个好公民，即使不

是一个道德高尚的人。（AA viii：366；PP：335）

在下一节中，我将探讨自然是如何，使个人意志以某种方式相互抵消，从而克服卢梭所描述的个人意志与公众意志之间的致命对立，使个人的实际倾向无关于法律和政治，从而助力公共意志（general will）促使共和宪制成为可能的。道德概念则完全不同，因为能动者有义务将责任动机纳入其基本行动原则。相比之下，在法律和政治领域，重要的是一个人的外部行为是否符合法律和国家的体制结构。康德在这里预见到了费希特将权利与道德严格分离的思想[13]，这在以下主张中得到了激进的表达：

善良意志在自然法权领域毫无价值。即使任何人都没有善良意志，法律也必须得到强制执行。法权学说的目的恰恰是要设计这样一个事物秩序。有形的强制力量，而且只有凭借有形的强制力量，才能使法权概念在这个领域得到认可。（GA I/3：359；FNR：50）

费希特明确地将他的权利理论建立在“普遍利己主义”的方法论假设之上（GA I/3：433f.；FNR：134）。因此，可以说，他是基于这样一种假设，即如果人们像康德那样将恶与利己主义等同起来，那么人类天生就是恶的。然而，康德在将权利与道德完全分离时更加谨慎。例如，在《论俗语：在理论上可能是正确的，但在实践中并不适用》中，他提出了以下主张，这一主张显然是道德层面的：

如果不是有某种通过理性直接使人不得不敬重的东西（如人类的权利那样），那么，对人的任性的一切影响就都不能驯服

> 任性的自由；但如果除了善意之外，以至于他不怀着崇敬去倾听法权的声音。（AA viii：306；PP：304）

通过理性强制的直接尊重来限制自由的道德必然性很难与康德的极端恶理论相调和，因为正如这一理论所暗示的那样，不能指望人类按照普遍的道德原则行事，即使作为自由和理性的人，他们可能能认识到这些原则的有效性。但是，自爱往往会使他们免于遵守这些原则。因此，我们不能假设人类有充足的动力去尊重植根于理性本性的道德法则。[14]

仅仅是出于这个原因，对法律和政治制度的哲学解释不能预先假定个人将按照道德规范行事，即使这种规范的存在和认识（承认）是理所当然的。相反，它必须假设自利倾向于使个人在希望其他人遵守普遍法律的同时，力图使自己免于遵守普遍法律，并说明法律和制度如何在一定范围内遏制这种潜在的破坏性倾向。康德的自由主义对这些要求进行了回应，正如我在本节中所做的那样，这些要求可以追溯到他对人类本质上是恶的观点的理解。与此同时，通过说明社会状态的建立如何最终导致伦理共同体的建立，康德试图将自己的社会和国家自由主义理论限定在他声称可以在卢梭著作中发现的那种神义论之中。然而，卢梭提供了一些强有力的理由，让人怀疑康德观点的合理性，即面对康德在人性中发现的极端恶，人类集体的可完善性是如何可能的。

三、聪明魔鬼的公民社会

1784 年出版的《关于一种世界公民观点的普遍历史的理念》

中，人类本质上是恶的这一观点与康德的政治哲学之间的联系已经很明显，这明显早于康德的其他主要政治著作。在这篇文章中，康德指出，“自然迫使人类面临的最大问题，就是公民社会普遍管理法权的实现”（AA viii：22；AHE：112）。据说，建立公民社会任务的困难在于人类需要一个主人。对主人的需求源于：

> 有些人对其他同类滥用自己的自由：尽管作为一个理性的人，他希望有一条法律来限制所有人的自由，但他自私的动物倾向却误导他将自己排除在外。因此，他需要一个**主人**，打破他固执的意志，迫使他服从一个普遍有效的意志，这样，每个人都可以自由。（AA viii：23；AHE：113）

人类在希望他人服从普遍规律的同时，却将自己从普遍规律中解放出来的倾向，在这里被认为会引发一个本质上的政治问题，即谁应该被赋予胁迫他人的权威和权力。然而，人类需要的主人自己也将是一个人。因此，没有比他更高的权力来迫使他按照普遍的法律行事时，他能滥用他的自由。以这种方式，康德将对政治社会的需要定位在人类的极端恶本性，同时讨论主人时援引了这种本性，主人必须被假定具有人类的倾向，当自爱要求他这样做时，他会将自己从普遍法则中解脱出来。这里出现了另一个更根本的问题：为什么一个极端恶的生物会同意服从一个主人，而不是愿意在他认为合适的时候自由地将自己从普遍法则中解放出来。在同一著作前面的章节，尤其是人类“非社会的社会性”的思想为康德提供了这个问题的答案。

康德赋予了“对抗”（antagonism）在自然计划中的核心作用，即人类无意中发展了自己的先天能力和天赋，包括理性和自由行动的能力，从而促进了人类的整体发展。人与人之间产生对抗，一方面是因为人有与他人一起进入社会的倾向，只有在社会中，他们才能感觉自己是真正的人；而另一方面，他们天生不合群，因为他们想按自己的方式做事。然而，完全按照自己的方式做事并不是人类在社会中能够做到的，在社会中，他们可能遭遇到其他人对自己计划的一些阻力。然而，这种阻力是有益的，因为它：

> 唤醒人类的所有力量，促使他克服懒惰的倾向，并在野心、暴政和贪婪的驱使下，为自己在同类中赢得一席之地，这些同类他既无法**忍受**，也无法**不管不顾**。因此，从野蛮走向文化的真正的第一步就发生了，而这正是人的社会价值所在；因此，所有的才能都一点一点培养出来，品味得以形成了，甚至通过不断的启蒙开始建立一种思维方式，随着时间的推移，这种思维方式可以将粗暴的自然倾向转化为确定的实践原则，从而将**病态的**被迫的协议转化为最终的社会**道德**整体。（AA viii：21；AHE：111）

康德在这里提出了以下一系列主张。在遭遇他人对其计划的抵制时，人类被驱使与他人竞争，对他人，他们没有体验到自然的情感，而是天生的反感，因此，他们的社会驱动力必须被视为减弱的驱动力。在这种竞争环境中，野心、暴政和贪婪导致文化和一种独特的人类存在形式的出现，在这些存在形式中，基于将自己与他人进行比较的某些价值差异出现了。因此，社会中的对立被认为具有教育作用，甚至野心、暴政和贪婪的恶习也被证明有利于文化的发展，因为它们培养了一种实用的推理形式，其最高形式在于进行道德区分。这种区别的协议最终可能会取代一种“病态”的协议形式。

尽管可能带来有益的后果，但是野心、暴政和贪婪仍被归为罪恶，因为它们存在于将自己排除在普遍法律之外的比较行为中。并且，从普遍法律的观点来看，所有人都是平等的。但是，在任何情况下，个体都希望赋予自己比他人更大的自我价值。它的实现方式是或者想要表现自己优于他人、支配他人，或者拥有比他们更多的东西。

这里是一些评论。首先，这里有一个问题，那就是我们如何理解病态条件下的协议形式和它的接替者，即道德协议形式之间的区别。康德在上面引用的文章中谈到道德整体，暗示了一个伦理共同体的概念，在这个共同体中，理性的人按照道德法则行事，同时将对这一法则的尊重转化为自己行为的动机。鉴于康德在人性中发现的极端恶，这显然不是一个可以依赖的条件。相反，病态条件下的社会协议指的是康德对政治社会形成的理解，即人们一旦认识到对自己意愿的不法追求会导致他们的相互毁灭，就会被迫放弃“无约束的自由”，将自己置于法律和国家权威之下（AA viii：22；AHE：112）。正是因为它最终是基于自我保护欲望形式的自然必然性，所以这种形式的协议可以被描述为“病态”的条件。此外，由于它的根源仅在于自然的需要，所以它是一种即使是聪明的魔鬼的国家也能达成的协议。

在这里，我们看到了康德的一个理由，即个人的私欲相互对抗，进而，相互制衡，因此，就这些个人的公共行为而言，结果就像他们没有这种恶的私欲一样。保护自己的愿望可能会导致个人认识到，假设其他人拥有相同的利益，对他们所有人来说，最好的解决办法是建立一个法律体系，确保每个人都免受暴力行为的侵害，因此也不必再对他人采取暴力行为。此外，由于他们的自我保护要求他们不能在自己的事务中担任法官，否则，在这种情况下，他们希望逃避的无法无天的状况将持续下去，因此，个人通过建立一种具有裁判权的外部力量，迫使他们按照普遍有效的法律行事，从而抑制自己不受普遍法律约束的倾向，同时希望其他人遵守普遍法律。康德也曾这样说，他认为人类的计划彼此冲突到如此程度，以至于他们根本无法自行达成进入政治社会的协议。相反，他们被迫这样做是因为“全方位的暴力和由此产生的需求最终必然使人民决定接受理性本身规定为手段的强力，即遵守公共法律，并制定公民宪政”（AA viii：310；PP：307）。因此，由于纯粹的现实必然性，人类最终可能会彼此和平相处，无论他们是否真的愿意这样做。这就提出了一个问题，即从导致社会状态的病态条件的协议形式向真正的道德协议和共同体形式的过渡的确切性质是什么，因为前一种状态的非道德性使它向后一种状态的过渡显得不够明显。我很快就会回到这个问题上来。

第二点涉及自爱（self-love）的作用，自爱是人类极端恶的根源，因为自爱使他们产生逃避道德法则的要求。康德对这种自爱的理解使我们能够更好地了解他在描述人类社会时所考虑的那种对抗。康德在《单纯理性限度内的宗教》中指出了两种形式的自爱。第一种是他所说的“机械式”自爱，这种自爱不需要使用理性，包括自我保护的欲望、物种的繁殖、对后代的保护，以及最后，与他人一起进入社会的社会驱动力（AA vi：26；RRT：75）。当康德声称这种形式的自爱不需要使用理性时，我们可以假设他是说这只是一种本能和纯粹的自然欲望。第二种形式的自爱据说涉及人性倾向，因为它着眼于在他人意见中获得价值的倾向，因此，它依赖于将自己与他人进行比较的能力和倾向，并根据这种比较对自己的处境和价值做出判断（AA vi：27；RRT：75）。然而，这个社会并不能等同于康德所说的公民社会，即一个受法律支配的社会。相反，它是一种可以在自然状态下存在的社会形式。例如，第二种形式的自爱可能代表了对社会驱动的满足的意外结果，对康德来说，这种社会驱动力属于第一种形式的自爱，在这种意义上，人类首先被驱动去寻求他人的陪伴，然后才发展出与他人比较的倾向。这种社交能力并不排除人类之间发生冲突的可能性，这种冲突会对他们的自我保护构成威胁，因此不利于第一种形式的自爱。因为与他人进行比较可能会导致试图证明自己比其他人更好、更富有或更强大，试图迫使他们认识到自己的这种自我价值观念，并提供对这种认可的充分象征。然而，其他人可能会抵制这些试图从他们那里获得认可的尝试。

康德将对这两种形式的自爱的区分，与卢梭对自爱（*amour de soi*）与自尊（*amour-propre*）的区分进行了比较，他用“自爱”（self-love）和“自负”（self-conceit）来表达这种区别。[15] 对卢梭来说，“自爱”是一种自然的情感，它使每一种动物都倾向于保护自己，而“自尊”则是一种相对的情感，因为它依赖于将自己与他人进行比较，并关心他人对自己的看法。第二种形式的自爱是一种只能在社会中产生的情感，它取决于人类进行比较的推理能力的发展。这些推理能力的发展本身只有在社会中才有可能。卢梭认为处于自然状态最早期的原始人没有动力发展这些推理能力。在自然状态的早期阶段，自尊尚未发展，原始人不会因任何冒犯而导致伤害，也就是说，这种冒犯代表了其他人未能充分承认他在自己眼中所拥有的那种地位。卢梭将自然状态的早期阶段描述为人类仅依赖事物的状态，原始人与其他动物一样，在某种程度上，他经历的任何敌对行为都只是“自然发生的，没有丝毫的傲慢或怨恨，除了成功的快乐或失败的痛苦之外，别无其他激情”（OC iii：219f.；PW1：218）。尽管卢梭声称自尊“激励人们作恶”，但有学者认为，卢梭也同意只要自尊采取适当的形式，对人类也是有益的。[16] 因此，这种自爱本质上并不坏；相反，它的好坏取决于它呈现出一种有益的形式，还是“膨胀”的虚荣心形式。

康德清楚地注意到这两种形式的自爱本质上都不是恶的，因为它们不一定会导致对道德法则的抵制。在《单纯理性限度内的宗教》的其他部分，他甚至认为：“自然倾向**本身**是**好的**，不应该受到谴责，想要根除这种倾向，不仅是徒劳的，而且是有害的，也是应受到指责的。”（AA vi：58；RRT：102）这一主张是极端恶依赖于自由的一个例子。可以说，康德持有这样一种观点，即倾向本身并不构成自由能动者行事的充分理由或动机；相反，只有当自由能动者，在某些情况下，使按照倾向行动成为他的行为准则才有可能。[17] 因此，与自爱相关的倾向在道德上是无所谓的，也就是说，在不受谴责的意义上，是“好”的。在第一种自爱中，这种倾向甚至可以被认为是好的，因为它们是为了我们作为动物物种的成员的自身利益而被大自然植入我们体内的，而第二种自爱可以被视为是好的，因为它是文化发展的手段，就像是按照某种自然计划发展一样（AA viii：116ff.；AHE：169ff.）。尽管如此，当这两种形式的自爱被执着追求并超过一定限度时，还是会产生恶。自爱的“机械”形式可能会导致暴食、欲望和目无法纪（AA vi：26f.；RRT：75），而第二种形式的自爱可能会产生康德所称的“文化的恶习”（*Laster der Cultur*），包括嫉妒成性和幸灾乐祸，一旦它超出了在他人的意见中获得同等价值的倾向（AA vi：27；RRT：75）。

第二种形式的自爱只有在超出了在他人眼中获得同等价值的倾向时才是有害的，有人认为这一说法证明了“康德是卢梭的最佳解释者”，因为他通过明确区分自爱的自然形式（即渴望与他人平等相处）和变态的、非自然形式（即希望超出他人），阐明了卢梭对自尊的描述。[18] 康德暗示，第二种形式的自爱似乎与自尊相对应，它不必然采取有害的形式，即使它在人类社会中倾向于采取这种形式。

只有在社会中，自爱才会呈现出一种有害的形式，这一观点使得康德对自爱与人类恶之间联系的描述与卢梭对人类天生善良的其中一种主要描述方式关联起来了。尽管康德在这方面对这一联系的描述似乎也支持了他和卢梭一样将恶视为社会的产物的说法，但这也引发了一个问题，即如何重建社会，以避免与第二种自爱形式相关的恶，并以此促进人类的完善。

对卢梭来说，处于“纯粹”自然状态的原始人是好的，因为他的孤立意味着他的利益很少与他人的利益发生冲突。当然，在一些时候，他的自爱很可能以自我保护的形式致使他伤害他人。然而，在自然状态的这一阶段，即使是自我保护的愿望也会受到同情这种自然情绪的影响（OC iii：125f.；PW1：127）。[19] 原始人伤害他人的欲望仅仅是短暂的、转瞬即逝的，这种情况是如此罕见，以至于无法形成一种习惯。这种形式的自然善在于**没有**伤害他人的倾向，这本身取决于社会关系的**缺失**。事实上，对于卢梭来说，社会关系似乎是人类恶的必要条件，他声称：“事实上，一个孤独的人以及想要独处的人，不可能、也不会伤害任何人，因此他也不可能是一个恶人。”（OC i：455；C：445）此外，一些人“想”独处的想法表明，通过退出社会，人可以重新获得自己的自然善，因此卢梭对人类的自然善的描述再次被证明是纯粹消极的。它传递的信息是明确的：只有在一个人类高度相互依赖的社会中，人才会产生伤害他人的习惯性欲望，这种依赖性是由需要数量和复杂性的增加，以及满足这些需要的可用手段的数量和复杂性的相应增加带来的，这些需要包括必须满足的、与自尊概念有关、获得他人认可的心理需要。

这种自然善的纯粹消极性质与康德对卢梭的阐释，即人类本质上是善的，是一致的，因为根据康德的说法，卢梭的意思是人“以消极的方式是好的，也就是说，他并不是出于自己的意愿和目的而作恶，但是有被恶或不适当的向导、榜样影响和腐蚀的危险”（AA vii：327；AHE 422）。尽管康德在这里相当具体地描述了恶产生的可能原因，但他认为，恶可以更一般地理解为一个人对另一个人施加影响的结果。通过这种方式，他将卢梭关于人性的自然善的观点与恶只在社会中产生的观点联系起来了。然而，卢梭实际上则怀疑，人类在自然状态下既不善也不恶时，谈论人缺乏与同类之间持久的社会关系，缺乏以责任为基础的推理能力，是否真的有意义（OC iii：152；PW1：150）。相比之下，在人类相互依存的条件下，人们的利益有很多机会发生冲突。在这样的环境中，人类很容易产生伤害他人的倾向。事实上，卢梭似乎声称，人们在社会上必然发展出这样的性格，面对持续不断的经验，他在坚持人类的自然善理念的同时，也承认这种经验教会我们人类是恶的。例如，他说社会“必然会促使人们在利益冲突时互相憎恨”（OC iii：202；PW1：197f.）。[20] 当我看到康德试图将他对卢梭著作的理解应用于用道德进步衡量人类可完善性时，我又回到了这样一个观点：因为他人的利益与我们的利益背道而驰而伤害他人的倾向是社会的必然产物。因此，康德和卢梭关于人类恶的根源的观点之间的差异变得更加明显。卢梭对社会中的个人如何发展出损害他人利益的倾向的描述，有助于凸显康德关于人类可完善性的描述中存在的某些紧张关系，因为它揭示了从文化向真正的伦理共同体形式过渡的可能性。

当康德说“大自然本身只不过想把这种竞争的理念（这本身并不排斥互爱）仅仅作为文化的动力”时，他提到了与自爱形式相关的文化概念，这与卢梭关于“自尊”的主张相对应（AA vi：27；RRT：75）。这种主张与《关于一种世界公民观点的普遍历史的理念》中描述的对抗，诸如野心、暴政和贪婪等文化恶习在自然计划中所扮演的角色是一致的。这还涉及环境类型的问题，在这种环境中，以非社会的社会性为特征的人，在自爱驱使下相互竞争，并表现出文化的恶习，同时在无意中推进文化发展，仿佛是按照某种隐藏的自然计划进行似的。商业或“公民”社会的某些特征在这方面显得尤为重要，在商业和公民社会中，个人之间存在竞争，法律保护人们免遭暴力并保护他们的财产。[21]

康德将公民社会描述为：“一个拥有最大自由的社会，在这个社会中，成员之间存在着彻底的对抗，但这种自由的边界是最确切和安全的，因此，人们得以与他人的自由共存。”（AA viii：22；AHE：112）这种对公民社会的描述表明，一方面，在社会状态下，社会成员之间的对抗保持在一定范围内，可以确保一个人行使自由时不会侵犯另一个人行使其自由的权利。另一方面，这些对人身自由的限制必须被精确地确定，以免侵犯其旨在保护的公民自由，而公民自由为人的能力和才能提供适当的发展机会。对康德来说，贸易自由似乎要在这些限制内进行。因此，它不应受到国家的干预。这由他的观点表现了出来，他声称，侵犯公民自由将对所有贸易、商业和人的自由产生不利影响，因为通过阻碍“公民以能够与别人的自由共存的任意方式去寻求他的福祉……那么，人们也就抑制了所有企业的活力，进而抑制了整体的力量”（AA viii：28；AHE：117）。除非与贸易和商业相关的活动本身属于不应受到外部干扰的人类活动领域，不然我们为什么要认为侵犯公民自由对贸易和商业不利呢？这种对公民自由的看法表明，即使自由市场的对立产生了经济和社会不平等，这种不平等的存在本身并不能为国家干预（作为控制这些对立的手段）提供充分的理由。[22]同时，个人对平等的自我价值感的渴望可以通过他在法律面前的平等地位以及作为特定国家公民的地位来满足。这种认识并不意味着将野心、贪婪甚至暴政等恶习排除在公民社会之外，只要它们采取特定的形式，对其他人的经济支配可以作为一个例子。在任何情况下，只要它们不采取直接胁迫他人的形式，这些恶习似乎不可能在不缩小公民自由的界限的情况下受到法律的约束，这与康德的公民社会概念相冲突，即公民社会是一个自由的界限必须通过法律明确规定的社会。

因此，康德的立场可以被描述为一种自由主义立场，自由主义认为国家和政府是从属于社会的，其权力是为了人类自由的利益而必须加以控制和严格限制的东西。与此同时，康德的立场为人类免除普遍规律约束的倾向提供了一些表达自己的空间，因为野心、贪婪和暴政都涉及侵犯人类作为道德人的平等性，即，由于人有能力使自己服从纯粹的实践理性的法律，因此本质上具有相同的地位。野心意味着想要表现得比别人更好，贪婪意味着想要拥有比他人更多的东西，而暴政意味着想要比他人行使更大的权力。允许文化的恶习在社会中自由发展，同时防止人性中的极端恶导致社会个体成员的相互毁灭，康德的自由主义可以说是一个即使是一个聪明的魔鬼的民族也会支持的自由主义思想。

特别是在经济领域，这种观点与康德的人类社会观中的非社会的社会性观念相容。首先，我们可以设想每一个个人与他人一起进入社会，他们对其他人没有任何自然的情感，因为他们只想要满足自己的需要，而这只能通过各种交换行为来实现。换言之，人类进入社会是一种必然性，这种必然性基于他们认识到自己依赖于他人来满足自己的需要。在从事经济交换行为时，个人可能会受到他人的抵制，因为其他人对生产什么商品以及对这些商品的市场价值的估计等问题的意见可能与自己的不同。尽管如此，他们必须学会适应这种阻力或发展克服这种阻力的方法。因此，人类再一次被证明是受制于必然性的，这一次，这种必然性采取了某些实际限制的形式，这些限制是由他们的需要和他们寻求满足这些需要的市场强加给他们的。

此外，经济领域是我们可能遇到文化恶习的环境类型，因为它以竞争和获取利益为特征。由此，野心和贪婪的恶习得以显现，并在一定程度上自由发展，而暴政可能以支配他人（经济独立的人）的形式出现。在这种程度上，康德的人类学“建立在对人们是如何在社会中——尤其是在现代资本主义社会中——成就自己的敏锐感知”[23]这一说法似乎是正确的，因为它暗示了一个由经济和政治自由主义原则决定的社会与康德人类学的一个中心特征，即他的极端恶理论，之间存在着本质联系。然而，关于人们如何在社会中塑造自己的观点发现人类的恶本身完全取决于社会关系，而康德的极端恶理论对其自由主义的重要性表明，这一观点必须有一个重要的限定。这种限定是康德假定个人在进入社会之前是恶的，即使他们的恶倾向只能在社会中充分表现出来。康德的自由主义以这样一种假设为基础，当人类的自爱要求他们这样做时，他们会寻求将自己从普遍规律中脱离出来，与此同时，希望其他人恪守普遍规律。因此，人们进入政治社会必须被解释为（非道德的）现实必然性。康德的自由主义以这种方式预设了一种独立于社会关系的个人主义的恶，这意味着恶存在于一种倾向中，这种倾向的存在无法用社会术语来解释，虽然这种倾向的实际表现方式可以用社会术语来解释。为了充分说明康德的自由主义在多大程度上是由他对人类的恶的观点决定的，我现在将回到这样一个问题，即人类如何从一种病态条件下的协议形式（即使是一个聪明的魔鬼民族也能做到这一点）过渡到一种通过道德法则建立的基于目的的和谐的协议形式，而道德法则刻画了由道德整体的理念所暗示的共同体真正的伦理形式。在这里，康德的道德目的论以及他对卢梭著作意义的解释，将向我们展示卢梭对作为社会关系产物的恶的描述。

四、文化与伦理共同体

文化的恶习在社会和文化发展中所起的作用，与康德对从即使是一个魔鬼民族也会实现的法治市民社会，向伦理共同体的转变的理解高度相关，解释这一转变具有极大的困难。康德宣称："因此，感谢大自然，感谢它的不相容，感谢它嫉妒地进行竞争的虚荣，感谢它对占有甚至支配的永不满足的欲望！因为如果没有这些东西，人性中的一切优秀的自然禀赋将会永远沉睡。"（AA viii：21；AHE：112）他对文化的恶习采取了积极的态度，其中包括虚荣的恶习。这一声明意味着，文化的恶习应该受到欢迎，因为它们有助于加剧市民社会的对抗，从而促进文化的发展。那么，这些恶习似乎只有在完成了它们在自然计划中的功能后，才能从道德角度予以谴责。

尽管这一计划包括最终让社会形成为一个道德整体，这些理性人出于尊重这一法律的动机，自愿根据道德法则行使完全自主权。但由理性人组成的伦理共同体的理念显然与康德所描述的法律和政治共同体有着本质的区别。可以说，康德认为后者是建立真正的伦理共同体的初步阶段，因为权利涉及某些道德目的的法律执行，这些道德目的来源于人本身作为目的的地位（例如，不杀人的义务），而在缺乏遵守这些义务的良好意愿时，它也有助于通过消除可能导致个人不道德行为的因素，如恐惧，为行使善意创造条件。[24] 他们的政治社会成员身份也使人们习惯于生活在他们自己是制定者的法律之下，只要他们能够认识到能动者代表他们制定的法律的合理性。然而，尽管权利可能被认为在道德方面发挥着重要的工具性作用，但从社会状态向真正的伦理共同体形式过渡的必然性仍然很不明显，在第二种社会中，从道德命运的角度理解，人类实现了可完善性。

康德指出，将一个天生恶的人，尽管其行为符合法律规范，转变为一个道德高尚的人，这不仅关乎改良，还需要“人的倾向的革命”，在这场革命中必须承认人是有能力的，但人的可能性是很难理解的（AA vi：47；RRT：92）。如果很难理解个体倾向中发生这种革命的可能性，那么，在集体层面理解这场革命如何发生就更困难了。因此，早期的《关于一种世界公民观点的普遍历史的理念》中的乐观主义与后来的《单纯理性限度内的宗教》对人性的更悲观看法之间似乎存在着某种紧张。在后一部著作中，康德明确指出，伦理共同体作为人类在道德法律下而非强制性法律下的联合体，在本质上不同于任何现有的法律和政治共同体（AA vi：95f.；RRT：130f.）。

当我们将康德的公民社会与他对从病态条件的协议形式为基础的社会向伦理共同体的社会转变的描述相联系时，公民社会必须被认为是属于以病态条件形式的协议为基础的社会。事实上，公民社会看起来很像是一个被抛弃在人类极端恶倾向中的社会，这些倾向的相互破坏的可能性需要通过法律和国家的强制加以控制，国家的权力必须明确界定和限制，以维护公民自由。因此，我们很难知道，公民社会作为一种状态，在这种状态下，有点不合群又有点社会化的人与文化恶习之间的对立在多大程度上可以自由发挥，并且可以最终建立一个真正的道德状态。毕竟，声称这些对立和罪恶会在促进文化的同时会导致整个人类的道德败坏，这一说法即使不是更合理，也同样有道理。事实上，康德对“文化”一词的使用本身就存在含混之处。

一方面，文化可以仅指艺术和科学。康德可能会认为，虽然文化的发展伴随着道德腐败，但这是人类进步需要付出的代价，在这种情况下，他赋予了文化一种独立于道德关系的价值。康德的主张并不排除这种解释，“所有装饰人类的文化和艺术，以及最美好的社会秩序，都是非社会性的结果，非社会性被自身逼迫而管束自己，并这样通过被迫采用的艺术，来完全地发展自然的胚芽”（AA viii：22；AHE：113）。我们可以认为，这里讨论的准则是由相互依存的制度产生的实际制约产生的，在这种制度中，个人必须在一定程度上限制自己的自爱和活动，以便能够与他人和平相处，并在有效追求自身利益所需的范围内与他人合作。然而，这种解释与康德伦理思想的一些核心特征格格不入，以下观点尤其反对这种解释：“一切美好的事物，如果没有嫁接到道德高尚的倾向上，只不过是表象和假装的体面。”（AA viii：26；AHE：116）这表明了一种道德化的文化概念，不认为文化具有独立于道德的任何价值，而是认为它的价值依赖于道德。在此基础上，康德区分了道德和文明（AA viii：26；AHE：116）。因此，为了使艺术和科学成为文化和文明的真正果实，它们必须符合道德的要求。

这种区别又将我们带回了如何解释从以成员的文明和修养为特征的公民社会到以成员道德为特征的真正道德状态的过渡这个问题上。[25] 这个问题的全部力量可以通过以下段落来说明，卢梭在段落中强调了道德腐败，这种腐败表现在个人利用各种手段来促进自己的利益，而牺牲他人的利益。

> 那么，让人们处于一种只有相互防范，相互排挤，相互取代，相互欺骗，相互背叛，相互毁灭才能共同生活的境地，这是多么美妙的事情啊！从现在起，我们必须小心，不要让别人看到我们的样子：因为对两个利益一致的人来说，可能就有数万人与他们相互冲突，而成功的唯一途径是欺骗或毁灭所有这

> 些人。这是一切暴力、背叛、忘恩负义和所有恐怖的事情的可怕来源，在这种情况下，每个人都假装为其他人的利益或荣誉而工作，而实际上只想让自己凌驾于他们之上，牺牲他们的利益。（OC ii: 968f.; PW1: 100）

这个段落以更激进的形式抓住了康德描述的社会关系中的对抗性特征。然而，这一次，重点被放在了这种对抗关系的有害影响上，目的是表明这种对抗不能因为可以帮助实现某种更高目标而被合理化。相反，卢梭以一种非常不同的假设来解释，即在一个社会中，个人通过他们的需要而聚集在一起——无论这与他们的物质需要有关，还是与获得他人认可的需要有关——以便构建和加强他们自己的自我价值观。

这里讨论的假设是，个人的自私利益往往会损害他们的竞争对手的物质利益或认同，尽管为了促进他们的利益，人们可能不得不隐瞒他们的真实意图。自我利益和道德在社会中显得水火不容，因此，一个自我利益得到高度自由发展的社会，就像康德的公民社会一样，将是一个几乎不可能实现真正的道德的社会。然而，伤害他人的倾向并不是人性恶的结果；相反，这是发现有效的追求自己的利益不能与他人的利益协调一致的经验的结果。然而，这并不意味着伤害他人的倾向不会在一段时间之后成为习惯，因此，这是人类社会的一个不变的特征。事实上，卢梭认为，自爱导致的伤害他人的倾向与某些经济和社会关系有关，呈现为以下段落中谈到的某种宇宙原则：

> 宇宙的法则不允许所有有意识的存在同时感受他们共同的幸福。因为一个有知觉的人的福祉会导致另一个有意识的人的

恶，所以根据自然法则，每个人都会优先考虑自己，无论是为了自己的利益还是为了他人的偏见。（OC iii：1902；PW2：173）

卢梭在这里假设，共同幸福是不可能的，因为这是宇宙的本质决定的，获得个人幸福的手段是有限的，因此，这些手段不能以满足每个人利益的方式分配。相反，一些人的利益只能通过损害他人的利益来实现，无论是直接的还是间接的。一个直接伤害的例子是，一个商人使用无情但完全合法的方法来消灭他的对手。间接伤害的一个例子是，一位富有的父母雇用了一位顶级律师，利用法律漏洞，让他的孩子能够就读一所声誉良好的公立学校，尽管这所学校不是孩子的本地学校，这样做剥夺了当地贫困家庭的孩子在同一所学校就读的机会。

这两个例子都表明，在国家保障公民自由的法治条件下，损害他人利益很容易发生。因此，卢梭的观点并不是说利益冲突使政治社会本身不可能。相反，他的观点似乎是，驱使个人必然进入政治社会的利益，例如个人安全利益，本身无法产生真正的社会纽带。相反，真正的社会纽带需要有意识地认同自己的共同利益，并相应地愿意将自己的特定利益服从于这一共同利益。在社会纽带不存在的情况下，我们可以假设康德的魔鬼民族是这样的：人类只要有机会，就会不断地试图从普遍规律中解脱出来，以牺牲共同利益为代价追求自己的特殊利益。

假设习惯性的伤害他人的欲望是社会，特别是一个竞争激烈的社会的普遍特征。在这个社会中，最大的奖赏是财富和物质福祉，而不是荣誉，这就使得所有利益和谐一致的信念都成了问题。[26]同时，这当然不亚于康德的历史哲学所依据的假设，当它以一种隐蔽的自然计划来解释人类的进步时，这种进步被视为基本上自发产生的，而不是有意识的，自我利益得到高度自由发挥的过程的有益结果。法治社会本身并不排除个人为了自身利益而伤害他人的可能性，这一事实表明，人类集体超越社会状态进入真正的道德状态的想法在现实中极难与康德对公民社会的描述相一致，即使他成功地解释了为什么被认为是天生恶的人会被迫放弃自然自由，让自己服从法律和国家权威。

康德之所以未能解释这种转变，可以看作是他试图始终贯彻其极端恶理论的法律和政治意义的结果。康德还发展了自由理念禁止强迫人类有道德的含义，他声称，这种努力将剥夺人类道德能动性所依赖的自由（AA vi：95；RRT：131）。这一说法可以溯源到卢梭的观点，即在一个邪恶的民族中，真正的自由是不可能的，因为他们的自由必须被剥夺。正如卢梭认识到的那样，这种担忧提出了一个问题，即在建立和维护公正的社会和政治秩序时，一个民族的道德倾向和风俗是否真的可以被视为无关紧要的问题。[27] 康德通过限制国家干预来回应这种担忧。然而，这一解决方案的代价是允许人性中的恶的倾向在公民社会中高度自由发展，并接受基于经济和社会权力的某些形式的支配的合法性。在这一点上，康德对卢梭著作的神义论解读显得非常可疑。首先，卢梭提到的与依赖他人有关的罪恶远未被克服。因此，尽管康德将一个魔鬼民族也可以同意的宪法描述为共和宪法，并且将公民社会描述或受法律主导的状态，这与卢梭将共和国定义为"所有受法律统治的国家，无论其行政形式如何"一致，康德的共和精神必须被认为与卢梭的共和精神有很大的不同，因为"由公共利益主导"是他对共和国定义的另一个重要组成部分（OC iii：379；PW2：67）。其次，鉴于康德共和国的性质，人类的进步最终被简化为公民和政治自由形式的出现，因为这些自由形式无法超越自身最终指向道德自由的出现，而道德自由对康德本人来说是最高形式的自由。

事实上，我们所处的社会在很大程度上已经陷入人类本性中的极端恶倾向中，这些倾向以公民自由和人类文明的利益为名义被允许自由发展，而这些倾向的破坏潜力则通过法律和强制国家得以遏制。正如我们所看到的，在这个社会，渴望自我保护并寻求满足自己需要的人被迫接受对自己行动的某些限制，以实现这些目的。以这种方式，康德的自由主义为施密特提供了一个明确的例子，即"自由主义社会决定了自己的秩序……国家和政府是从属的，必须受到不信任的控制，并受到严格的限制"。因为这意味着国家的作用被限制在遏制决定社会力量的破坏性潜力，而为了人类的进步，这些力量应该被允许自由发展。

因此，对于康德来说，极端恶是社会的产物，这一说法必须受到一个重要的限制，正是这一点将康德与卢梭关于恶的根源的立场区分开了。康德的极端恶理论影响其自由主义的方式表明，人类生活在一种最适合其极端恶本性的社会和宪法之下，这样的社会和宪法被认为是独立于其邪恶倾向所体现的社会关系的。这些恶的倾向只能在社会中表现出来，因为文化的恶习本质上是关系性的。生活在孤立中的自然人不能被称为真正的贪婪，因为贪婪意味着一个人将他为自己所获得的东西与其他人从一般供应物（common stock）中获得的东西进行比较，而野心需要比较一个人与他人的关系，暴政需要一个恰好处于比自己弱得多的地位的人的存在，因此他们很容易被支配。然而，康德的极端恶理论暗示，从某种重要意义上来说，人类倾向于发展并表现文化的恶习，因为他们倾向于寻求将自己从普遍规律中解放出来，同时希望其他人遵守普遍规律。

因此，"在康德对人性的描绘中，我们很容易就认识到自己是现代资本主义社会造就的"[28]，这一说法并不完全正确。与其说是现代资本主义造就了我们，不如说是我们造就了它，因为资本主义社会是最适合极端恶的人的社会，这就是康德所设想的人类。在这种程度上，我们塑造社会的责任和社会塑造我们的责任是一样大的，如果不是更大的话。这个观点与卢梭的论点有本质上的不同，卢梭认为人类天生是善良的，但在社会中，他们通过发展伤害他人的倾向而变得邪恶，因为伤害他人是他们有效追求自身利益和满足自身需要的唯一途径。现在我将强调另一个主要区别。这种差异与康德未能充分理解卢梭的核心关切，即为依赖他人带来的恶提供政治解决方案有关，这表明，从政治上解决这些罪恶可能需要在社会上施加比康德愿意允许的更多的秩序。

五、规范性与历史

我们已经看到，卢梭在《二论》中描述了一个盲目的、自发的过程，即在物质不平等的基础上产生不平等的依赖关系。依赖于人以依赖于物为中介，在这里成为一个根本问题，如果要克服卢梭提到的与人类相互依赖相关的罪恶，就需要一个具体的政治解决方案。与之相对，尽管康德的自由主义明确承诺平等原则，但康德并不认为物质不平等不符合公正的法律和政治秩序的原则，即使这种不平等导致不平等的依赖关系，允许一个人被另一个人支配。这一观点在以下段落中显而易见：

> 但是，在一个国家内，作为其主体的个人之间的普遍平等却与他们的财产在数量和程度上的极大不平等共存，无论是在身体上还是精神上优于他人，抑或是在外部财物上，在相对于

他人的一般权利（可能有很多）上，以至于一个人的福利在很大程度上取决于另一个人的意志（穷人依赖于富人）。因此，一个人必须服从（如孩子服从父母，或者妻子服从丈夫），而另一个人必须命令，这样一来，一个服劳役（打短工），另一个付报酬等等。（AA viii：291f.；PP：292）

这个段落中提到的外部财物表明康德接受了物质不平等，对权利的提及则涉及他如何允许物质不平等——甚至通过区分积极和消极公民身份来决定一个人的政治地位。这种区别基于保持独立的品质。这里讨论的独立性在某种意义上在于物质上是自己的主人，就比如一个人拥有工作的工具以及通过这些工具生产的东西。在这方面，独立性以合法拥有财产为条件。相反，一个人缺乏独立性的主要方式是他只拥有自己的劳动力可以出售，从而使他依赖于购买劳动力的人。一个积极公民有投票权，而一个消极公民在享有平等的法律地位的同时缺乏这一权利，但他们也有权努力达到积极公民的地位（AA vi：314f.；PP：457ff.）。康德对积极和消极公民身份的区分假定了物质不平等的存在和某些不平等的依赖关系。从权利的角度来看，这些依赖关系被视为完全合法的关系，尽管它们具有产生支配的潜力。尽管如此，康德和卢梭一样，仍然采用原始契约的概念作为判断法律和宪法合法性的手段。康德将这份原始契约描述为：

这只是一种理性的纯然理念，然而，这个理念有其毋庸置疑的实践现实性，即约束每一位立法者以一种本应产生于全体人民的统一意志的方式制定法律，并且视每一个主体为一名公民，只要他意愿如此，仿佛他参与到这一意志的表决中。因为这是检验所有公民法是否符合权利的试金石。（AA viii：297；PP：296f.）

尽管康德否认原始契约的真实性，但即使作为一种调节性的理念，它也不能完全脱离事实的范畴。这是因为这样一个契约的概念具有追溯性和前瞻性。后一种功能在于立法者使用原始契约概念来制定不存在的法律和宪法；前一种的功能在于原始契约概念被用来判断现行法律和宪法是否有效。显然，人们无法保证这些法律和宪法会符合原始契约的理念。换言之，规范和事实可能存在分歧。

用原始契约的追溯性评判法律和宪法，是一个历史过程的产物。这一过程可以被视为类似于盲目的、自发的依赖产生过程，这个过程将物质不平等作为其主要的意外结果之一，并通过卢梭在《二论》中描述的一套有利于拥有财产的富人的法律稳定了下来。这个过程可以说与康德本人在《关于一种世界公民观点的普遍历史的理念》中描述的过程类似，在这个过程中，文化的恶习被允许在社会中自由发展，产生意料不到但据称有益的后果。如果我们将康德的自然天意计划停在这一点上，正如我认为的那样，我们应该考虑解释从市民社会向真正伦理共同体形式过渡所涉及的困难，原始契约这一调节性概念将被用来确定，在历史进程中产生的现行法律和宪法是否就是，极端恶的人类，可能会同意的法律和宪法。

考虑到原始契约这一调节性概念的追溯功能，人们可能会发现，例如，极端恶的人会认可现有条件，因为这些条件给了他们支配他人的机会，同时也将这样做所涉及的风险降至最低。因此，这些极端恶的人可能会赞同这样的想法，即在正式层面，让自己受到与其他人相同的条件的约束，但同时希望这些条件能够提供足够的余地，让他们支配其他人，即使只是间接地支配他人，而不被其他人支配，或至少那种支配不达到他们支配其他人的程度。正如我们所看到的，康德描述的公民社会提供了支配他人的机会，因为一方面个人在法律上受到保护，不受任何直接形式的胁迫，另一方面他们有机会获得财富并在经济社会领域支配他人，因为公民社会允许发展物质不平等，他们作为物质不平等的受益者可能享有的更大权力。相比之下，卢梭关注的是对其他人的依赖所带来的对自由的威胁，而这种依赖是以对事物的依赖为中介的，这意味着他不能轻易地接受物质不平等，因为人们在坚持平等和自由原则的同时，也会同意物质不平等。这让我回到了康德是“卢梭的最佳诠释者”的说法，因为他清楚地区分了自尊的自然形式，即渴望与他人获得平等的地位，和变态的、非自然的形式，即想要比他人优越。

这一主张引发了一个问题，即如何才能确保与他人平等的自然愿望。可以说，确保这种平等地位主要包括建立一种法律和政治制度来承认一个人相对于其他所有人的平等地位。下面两个“理想化”社会的假设模型表明了这种观点。在第一种社会，即“公共平等的世界”中，在将主权交给作为主体的人民整体的政治秩序中，人民作为公民享有平等地位。换言之，平等体现在人类作为政治国家的公民所享有的平等权利上，政治秩序的法律和制度体现并保护了这些权利，而这些法律和制度本身就是人民意志的表达。尽管存在社会经济上的不平等，但这种平等仍然存在，因为前者不会损害人类彼此享有的平等价值。相比之下，在第二种社会中，则没有公共平等，也就是说，没有制度上承认的平等去抵消社会经济形式的不平等。[29]

以这种方式来解决这个问题，似乎最重要的是人们以平等的法律和政治地位的形式得到平等的承认，因此，他们对自我价值的感觉得到了肯定，但同时认为自己较他人优越的倾向被要求与他人平等的状况抵消，而其他人也承认自己与他们的平等。这种对平等的承认并不排除严重的社会经济不平等。有人认为，卢梭试图解释这个社会的可能性，在这个社会中，人们获得了法律和政治上的平等，而不是社会经济上的平等。然而，尽管平等的法律和政治承认可能很重要，但它本身可以以卢梭接受的方式抵消社会经济不平等这一观点似乎是错误的。因为他关注的问题是，依赖他人以依赖于事物为中介往往会产生某种形式的支配，这种支配可能会被某些法律和政治形式的认可所掩盖，但不会被消除。简言之，上文描绘的那种明显带有康德式色彩的社会世界与卢梭描述的公民自由和民主自由观点一致，卢梭关注的问题是，依赖他人的方式往往会产生某种形式的支配，这意味着，任何法律和制度上承认的有限度的正式平等实际上都可以抵消社会经济不平等。[30] 因此，需要对能够允许的社会经济不平等的程度作出更有力的说明。考虑到卢梭将以事物为中介的对他人的依赖视为支配的主要来源之一，那么产权理论将是更充分讨论这个问题的出发点。但是，卢梭并没有对财产权作出明确的解释，也没有讨论为了平等和自由应该在多大程度上限制财产权这一具体问题。

在下一章中，我认为费希特提供了卢梭可能坚持的财产理论。此外，通过将财产的概念与平等和自由的原则联系起来，这一理论有助于解释卢梭关于财产权的一些观点。在这方面，事实证明是费希特而不是康德是“卢梭的最佳诠释者”。费希特的财产理论意味着，以平等和自由的名义，必须对财产权施加广泛的限制，这种限制是在自由主义意义上理解的，即排除他人使用或受益于某事物并随心所欲地处置该事物的权利。在自由主义意义上对产权施加这种限制的必要性产生了费希特财产理论的规范方面与现有条件之间的关系问题，这可以被视为一个很大程度上盲目的、自发的依赖产生过程的结果，这一过程将物质不平等作为其意外结果之一。然后，通过有利于现有财产所有者的法律，这一结果得以保存和延续，进而使原本可能无意的结果变成有意识的预期结果。

正如我们所看到的，卢梭建议改变现有条件以消除对其他人的依赖对自由造成的威胁，这可能最终需要存在一个独特的个人能够对人类历史过程中自发产生的特定利益和社会力量施加秩序。当然，卢梭并不相信合法的社会和政治秩序可以自发产生，他说："正是因为事物的力量总是倾向于破坏平等，所以立法的力量应该总是倾向于维护平等。"（OC iii：392；PW2：79）费希特的财产理论也提出了对社会施加秩序以实现平等和自由理想的类似需求。在这里，社会契约概念的前瞻功能脱颖而出，因为它更多的是根据特定原则改变现有条件，而不是询问这些条件在多大程度上已经反映了这些原则。然而，这并不是说这两种功能是互斥的：当你问到现有条件在多大程度上体现了某些规范性原则时，紧接着便可以问，根据这些相同的原则这些条件需要进行多大程度的改变。然而，这种对以依赖于事物为中介的对他人的依赖带来的对自由的威胁的政治解决方式也产生了自己的问题。它强调人类意识和意志对盲目自发力量和个人利益施加秩序的作用，否则这些力量和利益就将支配、影响社会。

注释

1. Cf. Wood, *Kant's Ethical Thought*, 286ff. 康德将恶理解为一种社会产物的观点也见于 Anderson-Gold, *Unnecessary Evil*, 36ff.。

2. 对伍德这些立场的批评，见 Grimm, *Kant's Argument for Radical Evil*; Jeanine M. Grenberg, 'Social Dimensions of Kant's Conception of Radical Evil', in Anderson-Gold and Muchnik, *Kant's Anatomy of Evil*。伍德对一些批评的回应，见 Allen W. Wood, 'Kant and the Intelligibility of Evil', in Anderson-Gold and Muchnik, *Kant's Anatomy of Evil*, 144ff.。

3. Cf. Allen W. Wood, 'Kant's Fourth Proposition: The Unsociable Sociability of Human Nature', in Rorty and Schmidt, *Kant's Idea for a Universal History with a Cosmopolitan Aim*, 127f.

4. Schmitt, *The Concept of the Political*, 58.

5. Ibid., 60f.

6. 康德可以被视为一个自由主义者，尽管是在他那个时代的德国的自由主义者，这一观点参见 Williams, *Kant's Political Philosophy*, 125ff.。

7. Schmitt, *The Concept of the Political*, 60f.

8. 一方面，康德谈到了："不按照道德准绳把各种动机（甚至包括那些善意的行为动机）相互区分开来所涉及的不诚实。"（AA vi：37；RRT：84）区分的概念表明，如果我们对自己足够诚实，我们就能知道是哪些动机因素决定了我们采取某种特定行动。另一方面，当讨论到人拥有善良的倾向意味着什么时，康德认为这就要求将尊重道德律作为我们行动的基本准则，并以此作为激励这些行动的准则。康德声称，任何关于这样做的保证"当然不能由人类自然地获得，既不能通过直接的意识，也不能通过他迄今为止所经历的人生来达到，因为他的准则的主观基础是无法理解的"（AA vi：51；RRT：95）。

9. 康德对经验的诉诸似乎没有达到以下严格的条件，他声称必须满足这些条件才能称人天生恶。"从一系列有意识的邪恶行为中，甚至从一个单独的行为中，先验地推断出一条潜在的恶的准则，并由此推断出所有道德恶的准则的共同根据，这本身就是一条准则。"（AA vi：20；RRT：70）然而，这并不是说，根据经验所作的观察不能形成某些可以被赋予系统的形式的概括。康德声称，决定人类本质上是善还是恶将取决于人类学研究的结果（AA vi：25；RRT：74）。然而，问题仍然在于，鉴于他自己暗示的不透明性，我们无法知道自己的准则到底是什么，更不用说其他人的准则了，我们如何才能做出可靠的概括呢。

10. Machiavelli, *The Discourses*, 111f.

11. Cf. Anderson-Gold, *Unnecessary Evil*, 82.

12. 这种受法律约束的状态本身可能要求至少某些成员拥有道德。例如，可以说，制定和执行法律的人必须为道德而不是仅仅为谨慎驱使。关于这个问题的讨论，既与康德提到的"道德政治家"的需要有关，也与他的极端恶理论有关。参见 Paul Guyer, 'The Crooked Timber of Mankind', in Rorty and Schmidt, *Kant's Idea for a Universal History with a Cosmopolitan Aim*。

在这种程度上，建立一个国家的问题是一个魔鬼民族能够解决的问题，这一说法需要一些限定条件，尽管只是为了维持一个合法国家的美好愿景。

13. 关于费希特将权利与道德分离的解释，参见 James，*Fichte's Social and Political Philosophy*，112ff.；Kersting，'Die Unabhängigkeit des Rechts von der Moral'；Neuhouser，'Fichte and the Relationship between Right and Morality'。

14. 有学者认为康德持有这样一种强有力的观点，即人类有义务建立公民社会，在公民社会中进行合作，并遵守和支持某种法治，参见 Pippin，'On the Moral Foundations of Kant's Rechtslehre'。康德很可能说了一些表明这种立场的话。然而，他的极端恶理论对人类为什么选择建立一个国家提出了一个非常值得怀疑的基于责任的解释，然而我们还远不清楚，当人类倾向于将自己从普遍的道德原则中解脱出来时，自然恶的人类如何在道德上受到激励，从而建立一个受法律约束的社会。

对我使用的方法的另一个反对意见可能是认为康德热衷于强调权利的规范性基础。这些基础在于为一个似乎不依赖任何人类学假设的问题，即人类本质上是善还是恶，提供解决方案。这个问题是，即使我们想象人类是善良的、遵纪守法的，但是自然状态下的每个人都有权做他认为正确和善良的事情。因此，处于这种状况下的人类仍然无法安全地对抗彼此的暴力行为。简而言之，当涉及如何最好地保护自己的利益时，每个人都是自己的法官（AA vi：312；PP：455f.）。根据康德的极端恶理论，正如我们所预料的那样，康德承担了一个严肃的任务，即解释一个理性魔鬼的民族如何在人们之间达成一致，进入一个受法律约束的状态。就他所做而言，他揭示了他的自由主义在多大程度上是由他对人性中极端恶的看法所塑造的。

15. Cf. Wood，'Kant and the Intelligibility of Evil'，164；Wood，'Kant's Fourth Proposition：The Unsociable Sociability of Human Nature'，117.

16. 探讨自尊积极方面的尝试，见 Neuhouser，*Rousseau's Theodicy of Self-Love*。

17. Cf. Allison，*Idealism and Freedom*，175.

18. Rawls，*Lectures on the History of Political Philosophy*，198ff.

19. 这是卢梭反对霍布斯主张的一个主要原因，"由于自然状态是这样一种状态，在这种状态下，我们对自身保护的关注不会对他人的自我保护造成伤害，因此，这种状态最有利于和平，最适合于人类"（OC iii：153；PW1：151）。

20. 卢梭似乎对这样一种观点相当执著，即在人类相互依存的条件下，促进一个人的利益意味着伤害其他人（即使他关心和尊重这些人）。这成为他的个人格言，他想要避免任何追求自己的利益导致损害他人利益，从而使自己的利益与义务对立起来的情况。

21. 在康德关于个人如何按照自身利益行事无意中促进了文化的进步的论述中，我们可以看出这种“看不见的手”学说与最著名的理论家之一，亚当·斯密有关。关于斯密对康德思想的可能影响，参见 Fleischacker，‘Values behind the Market：Kant’s Response to the Wealth of Nations’。然而，文章也指出，按照他解读《国富论》的方法解释看不见的手的社会现象是需要谨慎的。斯密自己对“看不见的手”这一说法的使用可以在他早期的《道德情操论》中找到，在该理论中，“看不到的手”不仅与人类工业发展的意外利益有关，而且与人类生存手段的意外但据称公平的分配有关。Cf. Smith，*The Theory of Moral Sentiments*，183ff.

22. 康德赋予了国家一些与福利供给有关的再分配权力，他声称：“普遍的人民意志已经将自己团结成一个不断维持下去的社会，并且，为了这个目的服从国家的内部权威，以维持那些无法维持自己生活的社会成员。”（AA vi：326；PP：468）这一主张并不意味着接受对财富的再分配，除非是在极端情况下，并且是出于工具性的原因，例如，普遍性的贫困造成了社会动荡，可能会导致国家解体。尽管如此，康德在伦理学演讲中关于慈善义务的一段话被引用为他认为物质不平等是社会不公正的证据。Cf. Wood，*Kant's Ethical Thought*，7. 这段话如下：

> 由于尊重权利是原则的结果，而人类缺乏原则，因此，上天给了我们另一种本能，即仁爱的本能，我们通过这种本能对我们不公正地获得的东西进行补偿。因此，我们有仁爱的本能，但没有正义的本能。由于这种冲动，人们会同情他人，并归还他们之前所攫取的利益，尽管他们不知道任何不公正。原因是，他们没有正确地审查这件事。人们可能会参与到普遍的不公正中，尽管**在法律和实践上没有任何错误**。所以，如果我们现在对一个不幸的人做了一件好事，我们并没有给他免费的礼物，而是补偿了他我们之前通过普遍的不公正带走的东西。因为如果没有人能比他的邻居占有更多的物品，那么社会上就不会有富人，也不会有穷人。因此，善意的行为是出于责任和债务的行为，这都源自于他人的权利。（AA xxvii：415f.；LE：179）

正如上面段落所表明的那样，康德将这种不公正视为一种道德问题，而不是一种权利问题。他声称根据法律和制度，一个人可能参与到普遍的不公正当中，但是却不承认不公正。尽管有可能发展出一种解释，认为康德在福利供给方面为国家干预提供了比最初看起来更大的空间，在确定这种干预的限度时，这种尝试是有指导意义的。我将集中讨论这样一个观点，即，反对将对国家功能的最低限度的解释归于康德。这一论点基于这样一种说法，即国家本身对其成员负有慈善的道德义务，即确保其物质福祉的道德责任。在此基础上，有人认为，国家有义务首先保护个人权利，然后促进其成员的幸福。虽然国家的第一个职能优先于第二个职能，但这些职能并不必然相互冲突。Cf. Rosen, *Kant's Theory of Justice*, 173ff.

关于本章讨论的主题，我将作出回应，即使康德接受了这种国家干预，他仍然为文化的恶习留下了自由发展的空间，这对于文化的发展来说是必须的，因为这里所说的国家干预与试图根除这种恶习的国家干预（例如，通过教育）完全不同。因此，至少在第二个意义上，康德仍然可以说是敌视国家干预的。更重要的是，虽然国家保护个人权利的义务可能与通过某些再分配措施促进成员幸福的义务相容，比如，当所有成员，甚至大多数成员的福利只能通过彻底的资源再分配来保障时。但是，有些人仍然会认为这侵犯了个人的财产权。换言之，考虑到个人权利（包括财产权）的首要地位，以物质福祉和获得资源的方式促进幸福的任务不应超越这一极限。因此，推论似乎是，应尽可能避免国家干预，以防止对促进幸福的义务的限定的破坏。在这方面，我们可以看到对国家干预的敌意，尽管这种敌意是由于认识到国家干预对福利供给的道德（而不仅仅是政治）必要性而减弱的。

23. Wood, *Kant's Ethical Thought*, 291.

24. Cf. Riley, *Kant's Political Philosophy*, 15.

25. 康德似乎承认，无法解释人类从一个只有文明和修养的状态向一个只有道德的状态的转变，这在很大程度上证明了卢梭倾向于野蛮状态的合理性。（AA viii：26；AHE：116）

26. 这并不是说这种利益冲突不能在某些共同利益的背景下发生，例如安全的需要。卢梭指出："虽然特定利益的对立使社会的建立成为必要，但正是这些利益的一致使之成为可能。"这些不同利益的共同点是形成了社会纽带，如果所有利益没有都达成一致，任何社会都不可能存在。现在，社会应该完全按照这种共同利益来治理。（OC iii：368；PW2：57）然而，卢梭暗示，正确识别这种共同利益取决于真正的社会纽带的存在，他声称"当所有人的社会纽带都被打破时，当最低级的利益厚颜无耻地披上公共利益的外衣时；公共意志就沉默了，每个人都受秘密动机的驱使，谁也不像公民那样发表意见了，就像国家从未存在过一样，没有其他目标，只有以法律之名存在的个人私利"（OC iii：438；PW2：122）。

27. 这就是为什么卢梭，尽管他自己经常援引法律的神圣性，但他认为教育是在人们身上创造正确倾向的手段，同时他表现出对法律的不信任。这种不信任可以用《二论》中指出的问题来解释，即法律可能会成为私利的工具，当面对日益愤懑不平的穷人的要求时，保护那些碰巧拥有财产和财富的人的财产权。卢梭对防止法律成为私利工具的可能性持怀疑态度，这一点从以下声明中可以明显看出："把法律凌驾于人之上是政治中的一个问题，我把它比作几何中的圆的平方。"（OC iii：955，PW2：179）他还谈到，当人们缺乏遵守法律的意愿时，期望他们遵守法律是徒劳的："禁止人们做不应该做的事情是一件笨拙而徒劳的事情，除非人们一开始就让这些事情受到憎恨和蔑视，而法律的反对只有在证实了自己的判断时才有效。无论谁着手建立一个民族，都必须能够统治人们的意见，并通过它们来控制他们的激情。"（OC iii：965f.；PW2：189）因此，他给波兰人的建议是，引入一种教育，以培养个人，使他们"出于倾向、激情和必然性而爱国"（OC iii：966；PW2：189）。换言之，爱国主义教育必须培养出这样的人，他们蔑视违背公共利益和国家利益并因此被法律禁止的人。然后，他们将"遵守法律，而不是逃避法律，因为法律会适合他们，并会得到他们意志的内在的同意"（OC iii：961；PW2：184）。

28. Wood，*Kant's Ethical Thought*，334f.

29. Cf. Cohen，*Rousseau*，117.

30. 康德对卢梭的解释并没有充分认识到这个问题的全部力量，这些解释试图表明他是某种"法治国"（Rechtsstaat）思想的支持者。恩斯特·卡西尔（Ernst Cassirer）在《卢梭问题》（*The Question of Jean-Jacques Rousseau*）中认为，财产权的物质不平等对卢梭来说并不重要，因为它和物质不平等一样，是不可避免的，因此在这里"自由的领域结束了，命运的领域开始了"，而国家"只关心确保平等的权利和义务"（60）。但是，卡西尔也允许国家干预产权，"只要财产的不平等危及法律规定的主体的道德平等——例如，当这种不平等迫使特定阶层的公民完全处于经济依赖地位，并可能使他们成为富人和权贵手中的玩物时"。在这种情况下，"国家可能也必须进行干预"（60）。这里的问题是，卡西尔认识到在这种情况下需要国家干预，这不仅意味着物质不平等对卢梭来说是重要的，而且意味着确保人们的道德平等的任务，即通过国家干预使他们独立于他人的任意意志，实际上，这与康德意义上的"法治国"旨在保护的财产权利是不相容的。根据卢梭本可以贯彻发展的产权理论——尽管他实际上没有这样做——在下一章中，我将表明我们必须认为这种不相容确实存在。

第三章　施加秩序：卢梭、费希特论财产

一、政治建筑师

在《社会契约论》中，卢梭描述了以下建筑师的形象：

> 正如建筑师在建造一座大厦之前，先要观察并测试地面以确定其是否能够承受重量一样，明智的创制者不会从制定良好的法律着手，而是首先考察他打算为之制定法律的人是否适合接受这些法律。（OC iii：384f.；PW2：72）

在这篇文章中，卢梭建议，只有制定一个充分考虑到现有条件和人民性质的计划，被交予建立国家任务的个人才能期望为一个持久的政治共同体奠定基础。他甚至可能考虑以务实的方式引入法律和制度。考虑到“明智的立法者”要加工的材料的潜在顽固性，他可能不得不避免引入他认为客观上是好的法律，而是引入适合受其

约束的人的性质和条件的法律。如果人的意志想要在《二论》中描述的这一盲目自发的依赖产生过程中获得任何东西，这种妥协似乎是必须付出的代价。卢梭对建筑师形象的使用使他置身一种传统之中，这其中包括霍布斯，他也采用了这样的形象，同时表达了一些对法律和制度的长久性的怀疑，这些法律和制度是为了将秩序强加给不守规矩的人：

> 对于人们来说，当他们终于厌倦了不规则的调整和相互切割，因此，他们全心全意地希望将自己打造成一座坚固而持久的大厦。因此，这两种艺术，一种是让法律变得合适，让他们的行为变得公正，另一种是谦逊和耐心，让他们现在的粗鲁和令人厌恶的部分被取消，如果没有一位非常能干的建筑师的帮助，他们将无法被建造成一座疯狂的建筑之外的任何建筑，这样的建筑自己不能延续很长时间，他们的后代一定会遭殃。[1]

霍布斯对“一位非常能干的建筑师”的成功表示怀疑，这与卢梭说的一种膨胀的自尊有关，这种自尊要求对自己的高度评价，无论是真实的还是虚假的，因为被要求承认自己与他人的平等地位而受到削弱。这种地位意味着他们的利益与自己的利益同等重要，因此，一个人应该以与他人利益一致的方式追求自己的利益。这种道德上的失败表明政治建筑师使命的完成需要对潜在的顽固材料施加秩序。然而，这种方法引发了一个问题，亚当·斯密将其描述为“系统中的人”。

系统中的人制定了一个理想的计划，在执行计划时，他一点也不能偏离这个计划。这需要将社会成员视为棋盘上的不同棋子，他可以根据计划的细节随意排列；而实际上，这些人有自己的运动原则，表现为他们的利益和偏见，这些运动原则可能不同于系统中的人希望传授给他们的原则。[2] 因此，系统中的人不得不将原则强加给社会的个体成员，而这些原则与实际激励他们的原则本质上不同，因此这些原则将呈现出一种异化的外观。在这种情况下，个人可能受制于必然性，因为他们迫于武力，可能是武力的某种威胁也可能是其实际使用，而采取某种行动。在这种情况下，系统中的人的计划的成功将不仅取决于一些非常不确定的手段，即他（或国家）在人们不愿意以某种方式行事时强迫他们以某种方式行动的能力，而且还在于忽视这些能动者的道德自主权，道德自主权指在某种意义上受到自己施加给自己的约束，而不是外部施加的约束。

我们已经看到，卢梭也表达了类似的担忧，他认为，只有国家的成员已经拥有正确的性格并拥有相同的基本价值观时，才有可能形成一个法律符合公意的政体。鉴于这个问题，以及卢梭赋予道德自由的角色，即确保个人在进入社会状态时保持与以前一样的自由，我们可以理解为什么卢梭的政治建筑师必须考虑他所寻求适用于所有计划的材料。然而，在财产权问题上，我认为，卢梭一贯主张的务实方法存在一些明确的限制。他必须考虑让政治建筑师负责引入一套基本法律和制度，这些法律和制度必须受到某些规范性约束，因为它们的目的是防止支配的产生，而这种支配形式的基础是对其他人的不平等依赖关系，而这种依赖关系本身是由物质不平等造成的。

卢梭曾被指控在财产问题上表达了矛盾的观点。[3] 我认为，他关于财产观点的明显不一致可以解释为未能更仔细地区分财产权概念相对于国家概念的概念上以及时间上的优先权。卢梭确实做出了这样的区分，但他并没有充分阐述其含义。在时间优先权方面，财产权被理解为先于国家存在，即使只是暂时的话。在概念优先权方面，财产权的规范性地位决定了国家的一些主要职能，也决定了什么可以算作或不算作合法的财产权要求，这里不涉及考虑时间优先权概念。如果我们比卢梭更清楚地描绘这一区别，就有可能理解他的财产概念的基本性质以及国家一旦缔结社会契约就成为其所有成员财产的主人的观点。[4] 然而，卢梭立场的一致性只有在费希特的财产理论的基础上才能显现出来，费希特以自己的方式引入了政治建筑师的观点。

考虑到需要一位政治建筑师，以及财产理论可能对这位政治建筑师建立公正的法律和政治秩序的努力起到约束的方式，我不禁要问，费希特明确提出的，也是卢梭本可以提出的财产理论，最终是否需要一个更符合霍布斯构想，而非卢梭式务实的政治建筑师形象的专制主义解决方案。对潜在的顽固材料施加秩序，这种解决方案表明，至少一些个体的道德自由将受到损害，因为他们将被迫按照自己不认同的原则行事。避免这种结论的一种方法可能是区分个人的实际意愿和他们的应该意愿，在这种情况下，让他们遵守他们的应该意愿而不是实际意愿的原则本身不会侵犯他们的道德自由。

在卢梭对这个问题的描述中，可以看出个人实际意愿和他们应该意愿之间的区别：某些情况下，个人的意志恰好与他作为公民应有的公意相违背，即他的特殊利益与共同利益相背离，导致他违背公意行事。在这种情况下，如果有关个人拒绝服从公意，则必须强制其服从。卢梭声称，这种强制意味着他“将被迫自由”，因为服从公意是防止一切个人依赖的保证（OC iii：364；PW2：53）。换言之，在自愿做出与公意相反的行为时，个人的行为违背了其自身的根本利益，即确保其独立于他人任意意志的条件得到保障。因此，在约束一个人服从公意的过程中，国家在不受他人实际或潜在支配的消极意义上保证了个人的自由。

当卢梭考虑一个人如何既自由又受制于他未亲自同意的法律时，他又回到了这个问题上，就像主权议会通过了一项有关人士反对的法律时可能发生的那样。卢梭暗示，这个人一定是对公意有误解，而大多数公民都批准了这项法律表明了他的错误。如果这个人的个人意见被采纳，替代了公意，他实际上可能会做一些他原本不打算做的事情，因此他也不会自由（OC iii：440f.；PW2：124）。换言之，这个人要么使自己受到可能危及自由的法律的约束，要么未能确保旨在保障自己和他人自由的法律安全通过。从这个角度来看，当同意社会契约的条款中包括承认多数决定的权威时，一个人受到可以被视为自己施加的法律的约束是符合道德自由理念的，即使事实上他反对这样的法律。一个人在道德上仍然是自由的，因为他最初同意了一些程序，通过这些程序可以最可靠地确定公意的内容。然而，关于人服从他们没有直接同意的法律的约束如何保持自由的解释，卢梭再次提出了个人的倾向和习俗的问题。这一次，这个问题与决定公意的程序本身的效力所依赖的倾向和习俗有关，因为卢梭指出，这一程序“预设……公意的一切特征仍然存在于多数之中：一旦它们不再，那么无论你站在哪一边，都不再有任何自由可言”（OC iii：441；PW2：124）。这一声明让我们回到一个问题，即当个体本身不直接认可这些原则或法律制度时，使个体服从原则或服从其法律和制度体现的行为是否符合其道德自主性。这些原则中也包括财产制度。

在声称个人可以被迫自由时，卢梭暗示，在某些情况下，个体合法受到的约束可能确实会被视为外来的、外在的约束，因为他们只是被迫服从这些约束，从而将他们对这些约束的接受变成一种必然而非自由的问题。此外，在缺乏正确的倾向和风俗习惯的情况下，甚至大多数公民也可能无法承认公意，因此，任何试图使人们服从公意真正表达的原则或法律制度的尝试都可能遭到抵制，或者充其量只能勉强接受。相反，最理想的情况是受到客观有效约束的同时伴随着相应的主观因素，即不将这些约束视为外来的、外部的约束。因此，在某些情况下，立法者似乎面临着一个艰难的选择，如果采取务实的方法，这可能需要公共意志真正原则的妥协，或者他可以采取一种更专制的方法，但这仍然要与道德自由的理念相兼容。

立法者的概念本身就与道德自由的概念有关，因为正如我们所看到的，卢梭支持的那种民主自由代表了这种自由形式的一个亚种。此外，正是作为一个主权议会的成员，个人才能真正行使道德自由的能力，从而将自己发展为自主的人。从这方面来看，霍布斯使用建筑师形象提出的那种专制的解决方案对自主概念构成双重威胁。因此，如果有任何充分的理由认为卢梭最终致力于这类解决方案——我认为这样的理由是存在的——那么人类可完善性的想法将再次受到某些潜在的不可逾越的障碍的影响。由于费希特的财产理论代表了一个机构如何体现公意原则的合理解释，它为更深入地探讨这个问题提供了完美的基础。同时，它让我们很好地了解了一个完全发展的卢梭财产理论可能是什么样子的。因此，我将首先介绍卢梭的财产观，然后转向费希特的财产理论。

二、卢梭的财产观

卢梭似乎在财产权问题上给出了一些矛盾的观点。他在《政治经济学》中声称："财产是政治社会的真正基础，是公民订约的真正保障。"（OC iii：263；PW2：23）在这部著作中，他明确表示，财产是基础性的，因为如果个人缺乏可以丧失的任何作为惩罚的东西，他们就没有什么可担心的，因此，他们可以自由地逃避自己的职责，“蔑视法律”（OC iii：263；PW2：23）。因此，财产是基础，因为它保证公民履行对其他公民和国家本身的义务。卢梭还称：“社会契约的基础是财产，其首要条件是每个人都能和平享受属于他的东西。”（OC iii：269f.；PW2：29f.）这一主张听起来好像是国家的主要职能是保护私有财产，财产优先于国家。事实上，卢梭认为：“行政管理的建立仅仅是为了保障私人财产，而私人财产在它之前。”（OC iii：242；PW2：4）国家在保护财产权方面的作用甚至被认为构成了政治权力的合法性与专制之间，以及基于同意的义务与通过武力手段实现的一致性的义务之间的本质区别：

> 因为所有的公民权利都建立在财产的基础上的，一旦财产被废除，其他权利就不可能存在。正义只是幻想，政府只是暴政。由于公共权力机构没有任何合法的基础，任何人都没有义务承认它，除非他受到武力的约束被迫承认它。（OC iii：483；PF：22）

然而，卢梭在《社会契约论》中声称：“就其成员而言，根据社会契约，国家是所有财富的主人，社会契约是国家内所有权利的基础。”（OC iii：365；PW2：54）这里的财产权似乎完全取决于国家，国家必须被假定拥有决定财产分配方式的权利和权力，无论人们在社会契约之前都拥有什么。卢梭甚至将这种对国家有效的政治控制手段的依赖表述为：“因为私有财产如此脆弱，如此易受影响，以至于政府只需要一点力量，可以说，动动手指就能领导人民。”（OC iii：949；CC：164）

这些关于财产的声明中，其中一些声明表明财产权优先于国家，并独立于国家，而另一些声明则表明国家对其公民的财产拥有绝对控制权，是财产权的来源。如果我们对国家保障的财产权的时间和概念上的优先权形式作出明确区分，这些显然相互冲突的财产声明就可以得到调和。关于时间上的优先性，卢梭对第一占有人权利的陈述尤其与之相关，因为呼吁这一权利是证明财产权利合法性的一种明显手段，这些财产权利在时间上先于国家，并且独立于国家。卢梭声称，这项权利只是“在自然状态下很弱”，但“受到公民社会中每个人的尊重”。（OC iii：365；PW2：55）这一主张表明，国家的任务是保障自然状态下已经存在的财产权，但由于这种状态的普遍不安全性而变得高度不确定。

关于产权相对于国家的这种明显的时间上的优先性，卢梭谈到了一种“积极”行为，这种行为使一个人成为某些财富的所有者，从而将他排除在所有其他人之外。他认为这种积极行为是指只有在财产权确立之后，第一占有人的权利才成为“真正的权利”行为（OC iii：365；PW2：54）。这些文字意味着，这一行为将与一个能够判断所有有关产权的争端并执行其决定的权力机构相关联。在这方面，财产权本身取决于这种权力的存在，因此，是与它一起确立的。

尽管对所述行为的这种解释并不排除从第一占有人的权利和个人凭借该权利拥有的所有权利无缝过渡到财产权的可能性，由权力来决定什么可以被合法地视为一个人的财产的观念意味着，一些基于对第一占有人权利的呼吁的主张可以被视为虚假主张。这就提出了一个问题，即负责确定这一问题的机构如何区分基于第一占有人所声称权利的关于财产权的合法的主张和虚假的主张。

卢梭规定了第一占有人的权利的三个条件。任何基于第一占有人权利的主张想要获得合法性都必须满足这三个条件。首先，任何被占用的土地都不应该有人居住。这一条件基本上没有表达什么新内容，因为它所表达的需求包含在第一占有人权利的概念中。然而，它确实提供了证据，表明卢梭倾向于从土地权的角度来理解财产权。第二个条件是，一个人应该只占有自己生存所需的土地。这一条件意味着其他人也有获得生存手段的权利，因此，在要求获得一块土地的权利时，应考虑到这一权利，即使一个人第一个占有这块土地上并在这块土地上工作。

卢梭在这里对财产权施加了严格的约束。这种约束可以追溯到他的主张："人的第一法则是维护自己生存，他的第一关怀是对于其自身的关怀"，以及另一主张，由于他们生来都是平等和自由的，人类"仅仅为了利益而转让他们自己的自由"(OC iii：352；PW2：42)。第二种主张表明卢梭的平等和自由思想在多大程度上影响了他的财产观念，他将平等和自由视为每一项立法制度的主要目的，旨在实现所有人的最大利益（OC iii：391；PW2：78)。它还表明，只有在符合个人利益的情况下，才能合法放弃自由（即自然自由）。综合起来，第二种主张的这两个特征意味着，任何人都不能合理地期望放弃自己的自然自由，自然自由意味着在无法确保自己的安全的情况下，拥有自己身体力量所能支配的一切的权利能够获得生存的手段。下面我将指出，这种对人的自然自由和与之相关的一切权利的转让的限制是如此强烈，以至于在根据社会契约旨在消除不平等的依赖关系的观点来解释卢梭的财产理论时，它产生了一些重大的影响。

第一占有人的权利的第三个条件是，一个人应该"不是通过空洞的仪式，而是通过劳动和耕种"来占有土地(OC iii：366；PW2：55)。卢梭自己承认，判断是否满足这一条件，是一个很大的难题。正如我们看到的，卢梭在《二论》中指出，尽管土地的耕种最初可能是基于大致平等的土地分割，但一些人最终可能会比其他人占有更多的土地份额，因为强壮的人可以做更多的工作，熟练的人可以比其他人更有效地工作，而更聪明的人可以找到减少劳动份额的方法。这三个不平等的来源解释了为什么必须援引第二个条件，即一个人只应占用与生存所需的土地一样多的土地。第三个例子说明了一个人可能会要求更多的土地份额，这一点特别重要，因为它指出了第一占有人的权利存在的一个特殊问题。

找到减少劳动力份额的方法的个人的聪明才智可以等同于有能力、乐于去开发新方法或工具，这些方法或工具可以用更少的努力和更快的速度来耕种一块土地。在这方面，物质不平等被合法化了。然而，这种聪明才智也可以被认为是欺骗他人并使他人有利于自己。例如，设法减少劳动力份额的个人只不过提供了他偶然遇到，但其他人缺乏的粗糙的现成的工具，这可能是因为其他人没有认识到这些物体作为工具的潜力，或者是因为他们根本没有遇到所讨论的物体。在这里，运气可能比勤劳或才能发挥更大的作用。然后，作为使用这些工具的一个条件，相关个人会让其他人同意将通过这些工具耕种的土地产出粮食的一部分给他，并在提供这些工具相当于间接耕种更大部分土地的虚假主张之上，试图建立获得更大份额土地的合法性。

这一情景符合《二论》第二部分描述的欺骗和背信弃义的现象："第一个圈起了一块土地的人，当他某一天想到说**这是我的**，并发现一些头脑简单的人居然相信了他的话，他就成为公民社会的真正缔造者。"（OC iii：164；PW1：161）卢梭在这里预见了他后来引入的欺诈性的社会契约。有了这份合同，易受骗的穷人被迫服从有利于拥有财产的富人的法律，后者声称这些法律对结束自然状态下出现的战争状态是必要的，但是事实上，私有财产的引入首先导致了致命的冲突。卢梭在解释了第一占有者的权利可能导致不平等的一些原因之后，以这种方式谈到了表象对现实的支配。他举了一个例子来说明这一现象，他让别人“真的或明显地从为他工作中找到自己的利益”，把他置于“当他不能使一些人畏惧自己，或者不觉得自己对他们有用，那么他就必须欺骗他所需要的一切人”（OC iii：175；PW1：170f.）。鉴于这一背景以及个人通过更大的创造力和意愿欺骗他人来减少其劳动份额的具体例子，似乎确实很难确定卢梭订立的第三个条件，也就是一个人应该通过在土地上劳动和耕种来占有土地，是否在原始积累的情况下也能真正得到满足，原始积累正是随后所有积累行为的基础。[5]

第一占有人的权利意味着一种情况，即个人同意建立国家以确保对其已经拥有的财产的法律保护，任何进一步的财产获取或转让行为都受法律管辖。在这种模式下，财产权基于时间优先权，因为它们最初源自关于第一占有人权利的一系列历史主张，尽管在缺乏法律保护的情况下，这一权利本身并不构成实际的财产权。然而，即使是关于土地的占领，卢梭也指出了一种完全不同的方案，他声称：“无论这种占领以什么方式进行，每个人对自己土地的权利总是服从于共同体对每个人的权利，没有这种权利，社会纽带就不会牢固，主权的行使也就没有实际的力量。”（OC iii：367；PW2：56）在这里，任何基于第一占有人权利的主张，既要满足卢梭提出的条件，也要服从于共同体的集体要求，包括促进社会凝聚力的需要，财产权的集体决定被认为是人民主权和共同体对其个人成员的绝对权威的真正表达。

这种财产权与国家关系的观点意味着，这些权利并非无条件地以任何形式的时间优先权为基础。由国家决定在通过社会契约建立的政治共同体中存在什么样的财产权，而不考虑任何特定的土地或货物在某个时刻，包括在社会契约缔结**之前**的任何时间点，如何分配。卢梭关于财产的描述的这一特点引发了一个问题，即财产权是由国家以纯粹任意的方式建立的，还是根据某些规范建立的。鉴于卢梭政治思想的特征是对平等、自由和避免不平等依赖关系的承诺，因此，我将支持第二种情况。

卢梭的社会契约要求建立一种政治形式的平等，这意味着必须遵守平等适用于通过该契约建立的政治共同体所有成员的条件。对于卢梭来说，实现这种平等需要消除基于物质不平等而产生的人类之间的不平等依赖关系，因为这种依赖关系允许一些人支配其他人，从而对自由构成重大威胁，因此，集体控制财产很可能是实现这一目标的一个条件。在费希特的财产理论中，他正是基于这样的理由主张集体控制财产的。此外，对他来说，财产权绝对不是基于任何形式的时间优先权。然而，它们确实表现出概念上的优先权，因为财产权决定了任何合法国家的一些主要功能，从而决定了其基本结构。在这方面，费希特提供了一个更清晰、更严谨，但仍能被识别出的卢梭式的财产理论，该理论解释了财产权如何被视为公意的真实表达，以及财产本身如何构成平等和自由原则的制度体现。同时，如卢梭所说的那样，在费希特的财产理论中，财产在国家中具有基础性作用。

费希特在《自然法权基础》中发展了他的财产理论，并试图在《封闭的商业国家》中进一步发展其含义。虽然权利的概念构成了《自然法权基础》的核心概念，但财产概念在这一作品中发挥着越来越明确的作用，因为费希特将财产概念视为权利概念的进一步延伸。因此，为了理解费希特的财产理论及其与卢梭对平等和自由原则的承诺的兼容性，我们必须首先研究财产概念是如何从权利概念中发展出来的，以及它如何体现平等和自由的原则。

三、费希特法权理论中的平等与自由

在《自然法权基础》一书中，费希特试图证明权利的概念是自我意识的一种条件，因为后者预设了将自己与其他个体区分开来的能力，尽管这些个体与自己是同类。这种类是具有有限理性的存在，在面对物质世界时，能够形成自己的目的，并根据这些自由选择的目的行动。权利是个体性的一种条件，因为行使自由选择代表了一种行为，通过这种行为，有限的理性的存在通过其自身的活动将自己与其他同类区分开来，而这种行为要求存在一个不受其他人的外部干扰的活动范围。证明权利概念是自我意识的一个条件的任务是在《自然法权基础》的第一个部分中完成的。但是在这一阶段，权利的概念似乎倾向于将世界划分为单独的、排他性的领域的形式来解释财产权。[6]在下面的陈述中，为了使一个人的自由与其他人的自由共存，这种划分与效力概念（即，根据自己自由形成的目的行动的能力）以及一个必须约束这种效力的世界概念关联起来了。

> 现在，如果理性存在物的作用都属于同一个世界，能够相互影响、相互阻碍，那么，在这种相互影响的状态下，只有在所有人的效力都被限制在一定范围内，并且世界，作为他们的自由范围，被他们划分的情况下，自由才有可能实现。（GA I/3：320；FNR：9f.）

将世界划分为不同的自由领域，以防止人与人之间的冲突，这意味着对自由的一些限制，但在某种意义上，这些限制必须是自我施加的，否则，受其约束的个人将无法认为自己是自由的。换言之，广义上来说，他们的道德自由将受到损害。正如费希特所言：

> 既然这些存在被假定为是自由的，那么这种限制就不能存在于自由之外，因为自由将因此而被取消，而不是成为被限制的自由；相反，所有人都必须通过自由本身为自己设定这种限制，也就是说，所有人都必须把不干扰与他们处于相互作用中的人的自由确立为自己的法律。（GA I/3：320；FNR：10）

换言之，必须将一个人所受的约束视为**自我**限制，而不是武力或其他外部力量的结果。正如我们看到的，费希特最终将这种自我限制行为等同于个人自由进入契约，以便在国家——既有权利也有权力胁迫个人——的法律和政治共同体中保护自己以及财产。然而，这并不意味着财产权以某种方式先于国家存在。以这种方式，费希特的权利学说（“权利科学”）含蓄地使用了卢梭的概念，“一种联合形式，它将以全部共同的力量捍卫和保障每一个成员的人身和财产”，在这种联合形式中，每个成员在与所有其他成员联合时，仍然只服从自己，因此仍然“像以前一样自由”（OC iii：360；PW2：49f.）。费希特立场的独创之处在于国家必须保护财产权。这一理论使卢梭对财产的描述比最初看起来更一致了，因此，也可以说，费希特和卢梭在上述联合形式旨在保护财产方面达成了广泛一致。

费希特的权利理论与卢梭的社会契约理论有许多共同之处。进入权利状态的个人必须遵守普遍适用的法律。因此，他们不会使自己受制于只适用于自己而不适用于他人的限制，也不会使他人受制于不同样适用于自己的限制。在这方面，权利状态下的个人不会使自己或他人遭受另一个人的任意意志和这种不平等的依赖关系可能产生的支配的危险。事实上，由于费希特承认个人与其他个人的关系不可避免地导致他们对彼此施加某种影响，因此权利理论的主要任务之一就是必须解释个人在这种情况下是如何保持独立的。下面这个段落确定了这个任务：

> 这样的人是绝对自由的，完全依赖于他们自己的意志。让人之为人却又必须在相互影响的状态下相处，因此不能仅仅依赖于自己。权利科学的任务是发现这两种说法是如何共同存在的，这门科学的基础问题是：**这样的自由存在物，自由存在物的共同体，是如何可能的**？（GA I/3：383；FNR：79）

这段话表明，尽管费希特将权利视为确定个人和平共处条件的问题，但他也承认人类相互依存的现实。正如我们看到的，从单纯的共存到相互依存的转变在《封闭的商业国家》中变得十分明显，在这部著作中，费希特试图发展其权利理论的经济含义。

事实上，费希特和卢梭一样，特别倾向于这样一种观点，即在使自己服从某种法律时，个体同时保留了进入社会状态的自由，这从以下段落中可以看出：

> 我不是让自己服从于一个人的多变的、任意的意志，而是服从于一种不可改变的、固定的意志。事实上，由于法律是我自己制定的，根据权利规则，我将自己置于我的不可改变的意志之下，如果我的行为是正当的，我必然会拥有这种意志，那么我完全应该具有任何权利。我服从的也就是我自己的意志，这是我拥有获得权利的能力的条件。（GA I/3：398；FNR：95f.）

在这个段落中，费希特声称，一个人在服从上面提到的那种“不可改变的、固定的”意志以及具体表达这种意志的法律时，不会失去自由，因为他获得了这样一种自由：他得到了一个确定的范围，在这个范围内，他可以有效地行使自由选择权，而不受他人的不公正干涉。保证自己拥有这样一个领域，是每个理性的存在都可以期望达到的目的，因为这种存在的根本利益在于不仅能够形成自己的目的，而且能够在物质世界中寻求实现它们。因此，个人服从普遍有效的法律之前，不会受制于外来意志。相反，他服从于他自己的理性意志，从而保持自由，尽管这里的自由与以前的意义，也就是说，自由地享有一切权利，不同。使自己服从于一种普遍有效的意志，这种意志与自己的意志并不相悖，这与卢梭的社会契约理论中发现的从自然自由到公民自由的过渡相对应，卢梭将这种转变描述为：“人因社会契约而失去的是自然的自由和一切他企图的和他所能达到的东西的无限权利；而他所获得的是他所拥有的一切的公民自由和对他享有的一切东西的所有权。”（OC iii：364；PW2：53f.）这段话让我们回到了从自然自由向公民自由过渡过程中获得的财产的确切性质问题。费希特的权利理论代表了解决这一问题的持之以恒的、独创性的尝试。

在费希特的权利理论中，财产的概念与原始权利的概念相联系。这些原始权利“仅包含在人的概念中”（GA I/3：390；FNR：87）。换言之，原始权利通常与理性能动性的条件有关，并假设有限的理性存在并非孤立存在。在对原始权利的描述中，费希特介绍了财产权，如果一个理性的存在能够有效地实现其自由形成的目的，那么世界就需要表现出规律性和秩序。他并不否认世界和其中的物体根据自然规律发生变化。一个理性的人在形成自己的目标并寻求实现这些目标时，能够也应该预见到这些变化。费希特想到的是人为干涉可以阻止的变化

(GA I/3：406f.；FNR：105f.)。因此，尊重他人的财产权将意味着限制自己的自由的行使，这样就不会妨碍他人自由的行使，这依赖于对外部世界的某些部分和这个世界的某些对象的控制。

事实上，费希特关于产权的最初陈述相当于重申了他将权利视为一种关系的观点，它允许有限的理性存在以这样一种方式共存，即他们每个人都有一个个人领域去实践自由选择权。然而，这一次所讨论的关系被认为涉及与物质对象的明确关系。因此，它比有限的理性存在之间的任何纯粹直接的人际关系都更为复杂。然而，财产权是理性世界中能动性因果关系的条件这一观点本身并不能解释每个人的财产权可以合法延伸多远。正如费希特所认识到的，他的权利理论要求对财产权的限制进行解释，因为权利旨在防止人与人之间的冲突，正如他先前指出的，只有“如果另一个人与我在同一时间与同一个东西相关，才会出现**对某个东西的权利**的问题，这其实是下述问题更简明扼要的说法——这个问题的真正说法是——**一种与其他人有关的权利**，即排除另一个人使用这个东西的权利”(GA I/3：360；FNR：51)。

费希特在这里指出，只有当与可能发生冲突的其他人的关系被认为存在时，谈论权利才有意义，然而，一个人可以对一件事拥有权力，但不能对其拥有权利，因为权利意味着义务的存在，而把一件事说成必须尊重自己的所有权是毫无意义的。正如我们看到的，在深入发展权利本质上涉及人与人之间的关系这一观点的含义时，费希特被引导去质疑原始权利的可能性，而原始权利的概念需要从人与人之间存在的实际的、确定的物质关系中抽象出来。此外，我们将看到，他在上面引文中只谈到使用权（“排除另一个人使用这个东西的权利”）也并非偶然。

费希特在他对原始权利概念的推演中指出，理智世界中的人被认为是孤立的，因此他“有权尽其所愿和所能地扩展其自由，如果他愿意的话，还有权拥有整个理智世界”(GA I/3：412；FNR：111)。这项权利是“无限的”，因为不存在要求其限制权利的状况（即，与第一人可能处于相互影响关系中的其他人是不存在的)。简而言之，一个人完全孤立地存在的状态甚至不需要权利理论。只有当与他人共存时，这种理论才变得必要，因为如果“这种自由是无限的。那么，所有人的自由——除了一个人的自由——都将被取消”(GA I/3：411；FNR：109)。因此，解释每个人相对于他人自由的实际自由程度是真正的权利理论必须承担和完成的任务。

> 如果上百万人生活在一起，每个人都会希望自己得到尽可能多的自由。但是，如果所有人的意志都被统一在一个意志中，那么这个意志将把所有可能的自由分成许多平等的部分，而目的在于，所有人都一起自由，因此每个人的自由都将受到所有其他人的自由的限制。(GA I/3：400；FNR：98)

在这一阶段，将自由划分为“平等”部分的确切意义仍不清楚。尽管如此，费希特仍然表明，在他心目中，平等的概念和权利概念所要求的相互限制行为之间存在着一种本质联系，他认为，“由于所有人都是平等的，每个人都有权利限制其他人的自由，就像其他人限制他的自由一样”(GA I/7：88)。因此，与权利概念相联系的自由划分必须涉及限制自由，从而使**所有人**的自由成为可能，因为每个人都有平等的自由权利。如果一个人的自由权得不到尊重，那么这个人就没有任何真正的理由放弃除了保护自己的生命的基本愿望之外他在自然状态下享有的一切权利。这样，平等和自由就成为权利的主要目标。

自由作为一项法律和政治原则的首要地位可以参考费希特关于自我保护的地位的观点。费希特声称：

> 自我保护的特殊权利是不存在的。因为这仅仅是偶然的，在特定的情况下，我们碰巧将我们的身体作为一种工具，或将事物作为一种手段，以确保我们的身体继续存在。即使我们的目的比自我保护更温和，其他人也不可打扰我们的自由，因为他们不可干扰自由。（GA I/3：409；FNR：108）

这一主张背后的理念是，我们想要我们的身体存在，因为身体构成了我们与他人和物质世界互动的直接工具，目的是实现我们自由地形成的目的，无论这些目的是什么。因此，我们真正愿意的是实现这些目的，而意欲确保我们自己的身体继续存在，则基于这一更根本的目的。换句话说，自我保护只是作为“所有其他行动和自由表达的条件”(GA I/3：408f.；FNR：107)。因此，它本身并不是放弃在自然状态下享有的一切权利的充分理由，至少在一个人将自己想象成一个自由的主体，试图在面对它的物质世界中实现自己的目的的时候，这是不可能的。毕竟，保护自己的生命可以通过放弃自己的自由来实现，就像一个人同意成为有权杀死自己的人的奴隶一样。

平等和自由成为其权利理论的核心，意味着费希特将卢梭的两个目标纳入了这一理论，这两个目标是每一个立法体系的主要目标，旨在实现所有人的最大利益。然而，费希特比卢梭更有力地阐述了这一主张对财产权的影响。在这方面，他的财产理论提供了一个模型，说明卢梭可能会如何对建立在平等和自由原则基础上的财产权利进行更全面的解释，从而使财产权成为一个体现“什么是或不算是真正的公共意志的表达”原则的制度的典型例子。费希特的财产理论如何准确地解释财产制度，如他所设想的那样体现平等和自由的原则，这一点仍有待证明。

四、费希特论财产

费希特暗示，如果人类要和平共处，就必须达成某种协议，他说：“所有财产都以相互**承认**为基础，这种相互承认以**相互公布**财产为条件。”(GA I/3：418；FNR：117）目前，这一主张与第一占有人的权利作为财产权利基础的想法并不矛盾，因为这种承认可以基于一个人宣布已经拥有的财产为自己的合法财产，其他人接受这一声明，或者，如果存在任何异议，有关各方修改其主张，直至就其各自的产权达成一致。事实上，费希特仍然认为可以使用时间优先权确立财产权，只要确定这种权利的手段已经达成一致（GA I/3：420；FNR：120)。然而，我们需要记住提出这一主张的背景。

在“原始权利概念”这一节之后是费希特所谓的“胁迫权”一节。这里提出了一个问题，即如何以及在多大程度上可以对违反“权利法”的个人进行正当的胁迫。费希特在这类问题上提出了在自己的事务中担任法官的问题。考虑到在没有被赋予公正判断的任务和执行其决定的权力的独立权力的情况下，任何合法行使强制的行为都是有问题的，费希特认为，必须有第三方，而第三方不是特定的个人，而是由所有个人意志联合而成的联邦。因此，原始权利的概念预设了其他权利要素，导致费希特将原始权利的想法称为“纯粹的**虚构**”，并声称“不存在原始权利存在的条件；没有人的原始权利”(GA I/3：403f.；FNR：102)。简言之，在没有国家权威的情况下行使权利的可能性被否定了。正如费希特所言："在这个术语经常被赋予的意义上，根本就不存在什么**自然权利**，即除了在一个共同体里，有实定法的情况下，人类之间不可能有合法的关系。"(GA I/3：432；FNR：132）尽管该主张明确指出，包括财产权在内的所有权利都取决于国家权力的存在，但该主张本身并不排除将财产权建立在第一占有人的权利或该权利的修改版本之上的可能性。例如，国家可以只扮演决定的角色，确定在特定情况下对这一权利的呼吁是否有效。然而，我们将适时看到，费希特采取的立场是，国家决定产权分配的方式，对个人在任何给定时间点碰巧拥有的财产没有任何吸引力。

费希特从个人成为自己的法官的问题上解释了联合体的必要性，这使他的权利理论再一次看起来像是卢梭的社会契约理论。这一次，这种联系与卢梭的解释有关，即为什么每个人在加入社会契约时的权利必须是绝对的：

> 既然这种转让是毫无保留地进行的，那么这个联合就是尽可能完美的，而每个结合者就不会再有什么要求了：因为如果个人被赋予了一些权利，那么，由于没有共同的上级可以在他们和公众之间作出裁决，每个人在某些问题上又是自己的事务的裁判者，那么他很快就会要求事事都如此，于是自然状态将继续存在，这种联合形式必然会变得暴政或空话。（OC iii：361；PW2：50）

此外，如果个人保留某些权利而不是放弃其所有权利，则会出现无法解决的问题，尤其是判断何时以及在多大程度上对其他个人实施胁迫的权利。在财产权的例子中，卢梭主张完全让渡权利，他还有另一个更为有趣的理由。这个理由是，社会契约旨在防止建立不平等的依赖关系，这种依赖关系可能会让一方支配另一方，同时，也克服了自然状态的不便。卢梭声称，社会契约的条款

> 正确地理解，一切都可以归结为一句话：那就是，每个人都将自己的所有权利完全让渡给整个社会：因为，首先，由于每个人都把自己完全地奉献出来，所以所有人的条件都是平等的，而且由于条件对所有人的情况都平等，因此没有人有任何兴趣使其成为其他人的负担。（OC iii：360f.；PW2：50）

显然，卢梭认为，一个人所有权利的转让与创造一种条件密切相关，在这种条件下，所有人都受到相同的约束。但是，如果一个人片面地依赖于其他个人，而其他个人的更大财富来源于基于第一占有人权利的财产权，那么他会发现自己处于这样一种境地：这些其他人可以任意地强加给他义务，而他们自己不受这些义务的约束。因此，卢梭规定："就财富而言，没有一个公民是如此富有以至于可以购买另一个人，也没有一个是如此贫穷以至于被迫出卖自己。"[7]（OC iii：391f.；PW2：78）举例来说，这种义务可能包括以最低成本和尽量不造成自己的不便的方式满足他人需要的义务，而不管他人的成本和不便，这些人因对他人的依赖所产生的不平等权力关系而被迫履行这一义务。

防止不平等的依赖关系产生的任务使第一占有人的权利的概念成为问题，因为在《二论》中，卢梭描绘了一幅基于这一权利的极大程度的物质不平等的图景，之后他在这部作品中引入了欺诈性的社会契约。因此，这项契约的一个根本问题是，它准许并帮助维持一种基于物质不平等并且存在单方面依赖的状况。这表明，卢梭

并不认为个人拥有的土地和货物的数量会奇迹般地与建立人类之间相互依赖关系而不是片面依赖关系所需的数量相对应，因此，占有权只需要通过以武力的威胁或实际使用为后盾的法律制裁转化为财产权。因此，除了担心第一占有人的权利可能基于虚假的主张之外，还有一个问题，即承认这一权利的有效性可能会破坏真正的社会契约的主要目的，即为了克服自然状态的缺点，使任何人都不会因依赖他人的任意意志而失去独立性。正如我们看到的那样，费希特引用了与产权相关的时间优先权的概念，然而在权利理论后期出于同样的原因费希特又放弃了这一概念。在这样做的过程中，费希特拒绝了这样一种观点，即财产权可以预先存在于产生共同意志（common will）的契约中，而在一个注释中，他将这种基于对象形成的权利的观点归因于卢梭（在我看来是错误的），尽管卢梭断言个人在加入社会契约时会转让他的所有权利（GA I/4：15；FNR：177）。

到此为止，似乎人们对自由的理解只是消极的，即不干涉和不依赖他人的主观意志。然而，费希特建议，自由也应该被更积极地理解为实现自己在世界上自由形成的目的的能力和力量。从这个角度看，独立是自由的一个条件，并且从消极的意义上来说，独立可以归类为自由的一种形式，但是它与自由的概念并不一致。相反，存在一种超越不干涉和独立这些消极条件的自由形式。这就是道德自由，它在于按照自我规定的原则行事。在其最充分发展的形式中，这种自由在于自主性，如前所述，费希特将其描述为自给自足。换言之，尽管费希特在其权利理论和伦理理论中协调了自由选择和道德自主这两种截然不同的自主形式，[8] 但权利已经通过保障道德能动性的条件而超越了自身。虽然这一能动性依赖于自由选择的能力，但能力的实际行使需要根据客观有效的道德原则行事，特别是按照这些原则产生的与自己的意愿相关的职责行事。[9]

费希特暗示了这一权利特征，他声称，尽管人类“将自己与公民身份分离，以便用绝对自由把自己提高到道德境界……，只有当人类首次生活于国家之内时，他才能做到这一点”(GA I/4：17；FNR：178f.)。考虑到费希特的财产理论超越了不干涉和独立这些消极条件，这有助于充实这样一种说法，即卢梭的财产理论与他对个人自主的根本关注比最初看起来更一致了。[10] 费希特的财产理论体现了同样的关注，正如我们看到的，它解释了卢梭的主张，即财产是政治社会的基础，在解释财产权与国家之间的关系时，不依赖任何时间优先权的概念。

为了解释个人如何在服从法律的同时保持自由，费希特使用了“公民契约”概念。[11] 签订这份契约代表了自我限制行为的更具体的表达，这对费希特的权利理论至关重要，因为它试图解释对自然自由的限制如何被视为自我施加的限制，而不是通过武力施加的限制。社会契约是由各种契约组成的：财产契约、保护契约、联合契约。在目前的背景下，费希特所说的关于财产合同的内容是最相关的。

财产契约是“确立每个人与国家内所有其他人之间法律关系”的契约，其对象被称为“一项特定活动”(GA I/4：20；FNR：183f.)。费希特指的是个人能够以此生存的活动。但是，这并不能被理解为为了自身的利益而呼吁自我保护。相反，如前所述，自由仍然是基本价值，自我保护只是有限的理性存在者实现这一价值的手段。费希特在这里求助于人类能动性的本质，他声称在物质世界中形成目的并寻求实现目的的行为本质上是面向未来的行为，这取决于一个人保存作为活的有机体的自己的能力。能动性和身体之间的基本联系可以在身体的感觉中立即表现出来，即饥饿或口渴引起的疼痛(GA I/4：21；FNR：185)。正是鉴于人类能动性与身体之间的这种本质联系，我们才能理解费希特的主张，即能够生存是“所有人的绝对的、不可剥夺的财产”（GA I/4：22；FNR：185）。

考虑到这种形式的财产来源于人类能动性的一般条件，它提供了一个更确定的表达，费希特称之为“世界上最广义的财产”，即“一个人在一般理性世界中自由行动的权利”（GA I/4：8；FNR：168）。既然费希特谈论的是自由但有限的理性存在者，那么这一权利不应该简单的以任何可能的方式得到保障；相反，它应该以这样一种方式得到保证，即它取决于个人自己的活动。[12] 因此，费希特断言，任何理性国家的制度原则都是“每个人都应该能够靠自己的劳动生存”（GA I/4：22；FNR：185）。他在这里将卢梭赋予第一占有人权利的苛刻条件纳入了他的财产理论：一个人只应占有与其生存所需的土地一样多的土地。费希特更笼统地表达了这一要求，将其与依靠劳动生存的权利联系起来，而不是与通过劳动获得生存手段的特定土地权利联系起来。

能够靠劳动生活的权利显然是一项权利，卢梭本可以将对这种权利的保护视为公共意志的真正要求，因为保证能够靠自己的劳动生活是防止个人依赖其他个人或团体的任意意志的一种方式。例如，这将防止人们不得不依赖他人的慈善而生活。这也将使他们独立于不断变化的政府福利政策，前提是工作权得到其他经济权利的补充，如获得体面工资的权利和免受剥削性劳动的权利。由于是国家保障了这一权利，个人仍然严重依赖非个人实体。然而，卢梭认为这种形式的依赖是可以接受的，甚至是必要的，他认为平等服从国家的法律是消除单方面依赖的关键，从而使每个公民“完全独立于其他一切人，并极大地依赖于城邦”（OC iii：394；PW2：80）。尽管这种方法在其他方面可能存在问题，但这并不意味着卢梭和费希特在如何最好地保障人类自由的问题上存在重大分歧。

因此，能够靠劳动生活的权利被证明是以自由原则为基础的，因为它是自由能动性的基本条件，这一权利同样以平等原则为基础，因为它承认人们在基本利益方面本质上是平等的。这些利益包括不受他人任意意志支配的利益，以及拥有在物质世界和人类社会中有效行动的能力和力量。此外，费希特认为，平等原则与自由能动性条件的关系要求的不仅仅是能够获得生存手段的简单保证：

> 每个人都希望生活得尽可能舒适。因为每个人都是作为一个人来要求这一点的，每个人在这方面都不高于或低于别人，所以所有人在这个要求上都有同样的权利。根据这种权利平等原则，划分必须以这样一种方式进行，即许多人必须在现有活动领域彼此共处时，每个人都应尽可能愉快地生活。因此，以这样一种方式，每个人都能大致活得同样愉快。（GA I/7: 55）

因此，如果某人并非因其自身过错而无法依靠劳动生活，并且没有办法在其所处的社会条件下尽可能舒适地生活，那么财产契约就会无效。[13] 然后，这个人将不再有义务尊重他人的财产，我们可以假设，他可以自由地做他认为必要的一切，以确保自己的生存。换句话说，处于这种情况下的个人重新获得了在签订社会契约时被放弃的自然自由。这样一来，费希特的权利理论主要关注的就是活动的分配，而不是商品和其他资源的分配。正是这些活动需要被划分为“平等”的部分，以保障每个人依靠自己的劳动生活的权利。货物和资源的任何实际分配都将取决于个人为了能够靠劳动生活而进行的活动的种类。这可能导致一些物质上的不平等，因为成功执行一项活动可能需要比成功执行另一项活动所需的资源更多。但是，由于这种活动的权利得到普遍保障，人们认为这种物质不平等不会产生不平等的依赖关系，致使社会中的一个人或一个群体支配另一个人或另一个群体。

费希特的财产理论显然符合卢梭将平等和自由视为基本政治价值观的观点，也符合他关注的防止以依赖事物为中介的依赖于他人产生的不平等关系。此外，一旦按照费希特提出的术语去理解财产概念，那么，它就可以被认为是基础性的，它是实现基本政治价值的重要手段。但是，财产本身并不比平等和自由更重要。相反，财产仍然是手段，而平等和自由则是目的。然而，就其有效地作为实现这些目的的手段而言，财产在所有合法构成的法律和政治秩序中发挥着基础性作用。这就提出了一个问题，为了实现平等和自由的原则，如何准确地构建财产权。

费希特将自己限制在论证财产权必须建立在靠劳动生活的权利之上。他还试图阐明这一权利的可能含义，他声称："每个人只有在他需要这些财产来从事自己的生计时才占有客体财产。"（GA I/4：23；FNR：187）简而言之，国家必须以这样一种方式分配资源，即每个有能力的人都能靠自己的劳动生活，只有在这种情况下，即确保一些人不侵占其他人为了能够靠劳动生活所需的资源，国家才能保护财产。这种对国家在产权方面的作用的理解意味着，个人无权随心所欲地处置土地和货物。相反，他们只有使用权，国家根据保障每个人都能靠自己的劳动生活的任务授予使用权。[14] 因此，对客体的权利是有条件的，因为一个人只有在所有其他公民都能靠自己的财产为生的情况下，才有权享有他自己的公民财产（GA I/4：22f.；FNR：186）。费希特根据保障人们依靠自己的劳动生活的权利的社会功能来限制财产权的方式，显然使他的财产概念与古典自由主义的概念不相容，后者将财产视为个人拥有无限权利随意处置的东西，即使行使这项权利被认为是高度不合理的。正如蒲鲁东（Proudhon）所说："经营者有权让自己的庄稼烂在脚下，在田地里撒盐，在沙地上挤奶，把葡萄园变成沙漠，把菜园当作公园。”[15] 显然，费希特无法接受这种财产权，因为这对有效利用资源，使个人能够依靠劳动生活构成威胁。

费希特关于国家在财产权方面的作用的观点与卢梭在以下声明中对国家权力施加限制的态度是一致的：“人们一致认为，每个人都只会因社会契约而转让自己的一部分权力、财富和自由，这对共同体来说是重要的，但也应该承认，只有主权者才是这种重要性的裁判人。”（OC iii：373；PW2：61）因为如果主权人民决定的财产的分配方式必须使每个公民都能靠自己的劳动生活——我认为，卢梭肯定认为他们应该做出这样的决定——那么，必须允许被人民委托执行这一任务的政府在满足这一要求时采取其认为必要的具体措施。因此，对于卢梭和费希特来说，财产权不能被视为将他人排除在某些物品的使用或利益之外并随心所欲地处置这些物品的无限权利：相反，它们是对某一活动的权利，而对物质对象，即执行该活动需要的对象的权利只是次要的。[16] 正是出于这个原因，费希特将财产权描述为：“对活动的专属权利，绝不是对事物的专属权利。”（GA I/7：54f.）我认为，再也想不出更好的例子来说明卢梭的主张了，即个人财产权从属于共同体对每个人的权利。正如我们将在下一节中看到的，费希特将财产权还原为使用权，这需要高度的国家监督，几乎相当于对经济生活的完全监管，而这种高度的国家监管也是卢梭在某些地方所提倡的。

通过对决定社会契约条款的原则（即平等和自由）如何在制度上体现进行解释，费希特的财产理论在不同方面都抓住了卢梭的社会契约的精神。令人惊讶的是，卢梭声称：“任何法律都不能具有追溯效力，也不能没收任何合法获得的土地，无论它有多大，都不能按照后来颁布的禁止法律加以没收。”（OC iii：936；CC：153）当政治共同体的建立者将其制定和实施的所有计划都建立在平等和自由这两个基本政治原则之上时，卢梭真的会将国家对土地权利的限制视为对这些计划的绝对的和合法的限制吗？在这里，合法占有概念非常重要。我认为，卢梭描述的真正的社会契约的目标和价值暗示着对财产获取和分配的规范性约束，正如我们在费希特的财产理论中发现的一样。这些限制使第一占有人本来就有疑问的权利变得更加有问题，或者更准确地说，变得无关紧要，因为它们意味着，无论财产最初是如何获得的，只要是为了保障平等和自由的原则，重新分配财产就是合法的。

卢梭最终认为有必要按照费希特的思路建立一种财产理论，这一事实是由他在设计科西嘉和波兰未来宪法的著作中概述的关于共和国经济生活管理的一些具体措施暗示的。在下一节中，我将展示一些措施如何唤起了政治建筑师的形象——为了实现平等和自由原则，他必须对潜在的顽固材料施加秩序。这一形象暗示了对威胁这些原则的不守规矩的无序的力量的敌意，卢梭在《二论》中描述的盲目的、自发的依赖产生过程就是一个例证。任何试图对这些力量施加秩序的行为都强调意志干预人类事务的能力，以及面对自发的经济和社会力量所产生的实际制约采取有效行动的能力。同时，这种强加秩序的企图对个人的自主性构成威胁，因为只有在承认平等和自由原则的有效性以及某些法律和制度体现这些原则的方式的情况下，个人的道德自由才能得到维护，如果他们实际上没有这样做，他们就必须被迫自由。

五、施加秩序

卢梭对以货币为基础的经济的敌意，提供了需要对威胁平等和自由的自发力量施加秩序的一个例证。这种对以货币为基础的经济的敌意可以明显地从卢梭受邀为科西嘉和波兰起草宪法而作的那些著作中看到。在这些著作中，卢梭扮演了一个政治建筑师的角色，他必须考虑构成他计划对象的人民的条件和性质。在这两个例子中，他似乎认为人民的条件和本性在很大程度上是好的。

卢梭认为："科西嘉岛的有利环境及其居民的幸运的自然性格似乎为他们提供了成为一个繁荣的民族的合理希望。"（OC iii：902；CC：124）然后，他在《社会契约论》中声称，科西嘉岛是"欧洲唯一一个有能力接受立法的国家"，一个凭借其在恢复和捍卫自由方面所表现出的勇气，"理应得到一位智者教导他们怎样保全自由"的国家（OC iii：391；PW2：78）。在谈到波兰时，卢梭认为自己是在与一个并非完全没有恶习，但仍具有"一些韧性和美德"的民族对话（OC iii：1022；PW2：242）。那么，我们可以假设，在这些立宪著作中，卢梭在很大程度上是在试图表明，"自身良好"的法律和制度（即体现平等和自由原则的法律和制度）怎样能够由一个适宜承受这些法律和制度的人民来承担。

在讨论波兰应该拥有什么样的经济体系时，卢梭坚持认为，解决这个问题的方式将取决于波兰人在修改现有宪法时所考虑的目的。如果他们希望波兰变得"喧闹、辉煌、可怕，并影响欧洲其他国家的人民"，那么他们首先应该发展"一个良好的金融体系，使货币流通良好，从而成倍增长，提供大量的货币"，努力赚钱也"非常必要，以保持人民的高度依赖关系"（OC iii：1003；PW2：224）。金钱在这里被视为征服的工具，因为它促进了依赖关系。[17] 卢梭对货币经济的敌意，与他对依赖，这个人类最大的恶的恐惧有关。因此，这种敌意比仅仅厌恶金钱对一个人道德品质的影响更为深刻，这一点可以从以下段落中看出："金融系统造就了贪赃枉法的灵魂，一旦一个人只想获利，那么他总是通过做一个无赖而不是诚实的人来获利。”（OC iii：1005；PW2：226）道德腐败是以货币为基础的经济所产生的依赖关系的结果，或者更准确地说，是这种经济破坏法律和制度结构的方式所产生的影响，如果这种依赖关系和支配关系已经存在，这些结构是防止单方面依赖和由此产生的支配关系，或者消除这些关系所需的。

在他为波兰起草的宪法草案中，卢梭暗示金钱具有难以捉摸的性质，他建议以为国家利益提供服务的形式而不是以金钱的形式支付税款，因为“金钱在离开支付它的手时消失了，但每个人都能看到人们做了什么”（OC iii：1009；PW2：229）。在对科西嘉宪法的思考中，他也表达了同样的想法：“人们的双手的使用不会隐藏自己，总是为了公共目标而使用，金钱的使用则是不一样的。金钱的流通是为了私人目标：一个人为了一个目的把金钱聚集起来，为了另一个目的而把它花出去。”（OC iii：904；CC：125）在这里，公民为国家提供的体力劳动和其他显而易见的服务可以与金钱的神秘性相比较，后者，很容易被那些掌握了它的人变成一种纯粹的私人资源，即使它最初是用于公共用途的。[18] 可以肯定的是，货币本身就以物质对象的形式存在的。然而，作为某种事物本身以外的抽象符号（即可以通过货币购买的商品或服务的价值），货币是一种模糊的存在。在以下段落中，卢梭阐述了他认为金钱在多大程度上会被隐藏、转移并用于各种邪恶的目的，因为它很容易转手，并且在交易中不会留下任何明显的痕迹：

金钱被以误导和秘密的方式使用。它是为一件事而设计的，也用于另一件事。处理它的人很快就会学会转移它……如果所有的财富都是公开的、可见的，如果黄金的转移留下了明显的印记

> 并且无法隐藏，那么就没有什么工具更适合购买服务、勇气、忠诚和美德；但考虑到它的秘密流通，它更适合制造掠夺者和叛徒，并将公众利益和自由置于拍卖市场。（OC iii：1005；PW2：226）

因此，金钱被视为具有腐败政治机构的力量，在政治机构中，其成员之间的不平等依赖关系本应被防止或消除这些不平等的依赖体现于以下现象：通过将公共利益变成可以由那些狡猾和肆无忌惮的个人进行交易的东西，从而将公共资金转移到自己的口袋中，进而使自己能够收买他人，从而获得或维持不成比例的经济、社会和政治权力。因此，金钱对自由和平等都构成了危险，自由要求个人不依赖于比自己更强大的人的任意意志，而平等要求个人所受的条件对所有人都是一样的。因此，卢梭更倾向于实物支付，因为这种支付方式是有形的、可明显感知的商品的交换，其价值取决于它们的有用性，并且在某种意义上是绝对的，即它不是由自身以外的东西来代表，金钱不是财富，只是财富的象征（OC iii：1008；PW2：228）。可以说，这种形式的交换更容易监督和控制，因为交换的有形性更强，通过对交换行为进行监督和控制，就有可能指导此类行为的最终结果。

为了在不使用货币的情况下促进货物交换，在科西嘉岛宪法草案中，卢梭建议在每个教区或县建立一个双重登记的公共登记册。在这个登记册的一边，个人会登记他们过剩的产品种类和质量，而在另一边，他们会登记他们缺乏的产品。借助这些登记册，国家可以调节交易价格和贸易量，而卢梭主张，任何必要的交换行为都可以在不使用真金白银的情况下进行（OC iii：923；CC：141f.）。卢梭在这里开始描绘一个计划，涉及对一个国家的经济生活进行严格监管，在费希特的《封闭的商业国家》中，这一点得到了更充分的发展，在这个国家中，我们不仅对商品进行公共管理，而且对人们的职业也进行公共管理。费希特显然想要对社会施加秩序。[19] 这是因为，与康德不同，他根本不相信一个自发过程能够产生自己的秩序和所谓的利益的和谐。这种不信任可以从以下对商品自由市场后果的描述中明显看出来：

> 在交易中，以买卖双方之间的争斗的形式出现了一场无休止的所有人反对所有人的战争。这场战争变得越来越暴力、不公正，其后果也更加危险。世界人口越多，商业国家通过兜揽生意而囊括的范围愈广，生产和工艺愈发达，因而投入流通领域的商品数量增加和一切人的需求也随之增加，变得越来越多样化。当国家保持简单的生活方式时，没有太多不公正和压迫的事情，但在需求增加之后却会转变成最明显的错误，成为最痛苦的根源。（GA I/7：98）

《封闭的商业国家》是费希特试图对自发产生的经济力量施加秩序的最明显的例子，他认为否则这些力量将统治社会。[20] 在这部作品中，费希特描述了一种每个人都可以靠自己的劳动生活的状态。在这方面，《封闭的商业国家》比《自然法权基础》更明确地阐述了人类相互依存的主题，后者则强调和平共处的条件。

费希特将社会划分为不同的阶层。每个阶层的成员在社会中履行着一项特殊的基本的职能，他们有权从事与这项职能相关的活动。有一个生产者群体，拥有种植、捕获、饲养或培育天然产品的专有权。另一个群体费希特称为手艺人，他们拥有根据某种目的对天然产品进行加工的专有权。费希特还引入了一个商人群体，以解释如何以最大的效率和最少的时间浪费来交换天然产品和由其制成的成品。国家监督生产和交换的整个过程，确保各个阶层遵守彼此之间达成的协议，并确保有足够的天然产品和成品可以满足包括士兵、教师和在国家内履行行政和政治职能的个人在内的所有国家公民的需要。国家为保障财产权——被理解为从事一项使人能够依靠劳动生活的活动的权利，包括确定价格，确保流通的货币数量及其价值的权利——而采取的措施严格按照流通的货物数量及其价值来确定。这个价值是以一个人在工作时，一定量的谷物可以养活他的时间来衡量的。因此，尽管货币经济存在，但它与一个明显的目标联系在一起。这些细节表明，费希特反对经济领域的自主性，反对任其发展一种自动秩序以期待一切都会变得更好。对于后一种方法，他提出了以下反对意见："说一切都会自动实现，每个人都会找到工作和面包，而仅仅让它依靠这一好运气，这对于一个完全合法的国家机构来说是不合适的。"(GA I/7：90)

考虑到费希特希望引入并维护秩序，以保障平等和自由，"平衡"一词在《封闭的商业国家》中出现得相当频繁，这并不奇怪，因为费希特表示"必须持续保持平衡"(GA I/7：61)。生产者、手艺人和商人三个阶层之间建立的贸易关系就是这种平衡的例证。这些关系的组织方式是，国家内的每个人都能靠自己的劳动生活，并且有充分的商品流通，以满足每个人对物质需要的合理需求。由于任何不可预见的因素都可能破坏这种平衡，国家必须能够预测实际上将发生什么。因此，费希特声称，它必须在经济上与其他国家隔离，因为这些国家的公民不受与本国公民相同的控制和限制，如果他们与外国人进行经济交流，后者的商业活动就无法得到有效的监督和控制。

费希特试图解释自由能动性的基本条件的普遍保障导致了较高程度的国家控制和监督，可以说，它将一个人可以行使自由选择的范围限制到了一个不可接受的程度，而他的权利理论阐述了这种范围的可能性。另一个问题是费希特对道德自由的限制。即使是从权利的角度看，道德自由是限制一个人相对于其他人的自由行为，这种限制一定是某种意义上的自我限制。这一要求及其对费希特的国家理论提出的挑战可以由他确定一个人同意财产合同条款的行为的方式来说明，该契约通过保障能够靠劳动生活的权利，并通过个人进入特定职业的公开声明，确立了每个人与所有其他人之间的权利关系（GA I/4：9；FNR：170）。

在《封闭的商业国家》一书中，费希特认为，为了保障每个人都有权靠自己的劳动生活，必须严格控制每个产业的人口数量。由于必须首先满足最基本的人类需求，除了费希特提到的与生产者产业相关的职业外，可以从事其他职业或专业的人数必须根据提供人类基本生存手段所需的生产者人数、土壤肥力以及农业技术现状进行计算（GA I/7：605）。为了确保每个阶层都有足够数量的人，希望进入特定职业，从而进入特定阶层的人必须向政府表明其意图，政府有权根据其计算结果批准或拒绝这一请求。费希特在这里详细阐述了他在《自然法权基础》中提出的主张，即“未经国家许可，国家内不允许有任何职业”（GA I/4：23；FNR：187）。因此，个人的职业选择受到一些明确的限制，而这些限制不是自发产生的供求关系的结果。相反，这里的限制是根据旨在确保自由能动性的一般条件的财产理论，试图获得对国家经济生活的有意识的集体控制的结果。

这一限制足以让人怀疑，当涉及个人在国家内从事的职业时，是否真的可以谈论自由选择，而选择自己所属阶层的行为意味着表示同意，这种同意解释了个人放弃自己的自然自由是如何构成自我限制行为的。无可否认，自由选择的可能性并未被完全排除，因为个人进入其选择的职业的请求事实上可能会被批准，即使没有被批准，他也可能选择进入另一职业。然而，一个人的职业选择将受到外在不可控因素的限制，正如费希特所承认的那样，除了与培养人类生存基本手段有关的职业之外，可以从事其他职业的人数取决于提供人类基本生存手段所需的生产者人数、土壤肥力以及农业技术现状。换言之，自由选择最终受到自然必然性，更一般的自然以及特定国家达到的发展阶段的制约。此外，为了能够依靠劳动生活，自然必然性要求个人进入某种职业，即使这不是他们自己想要选择进入的职业。因此，个人限制他与他人相关的活动的经验行为，同时含蓄地同意了构成费希特国家理论基础的财产契约条款，这最终被证明是一个实践必然性问题，而不是一个自由选择的问题。[21] 在这种程度上，同意的时刻被还原为一种被动行为，即承认一个根据理性国家的原则而转变的现有国家是一个有限的理性存在者能够认识到的，实现其自身根本利益的必要条件。简而言之，这里的同意被还原为洞察力问题。

费希特试图将秩序强加给社会，这与他在《自然法权基础》中对自由和约束关系的描述中所说的“政治权利的二律背反”有着相当大的关系。据称，之所以会出现这种矛盾，是因为人们既认为个人相对于国家是自由的，至少在他没有侵犯他人权利的情况下是自由的；也认为他相对于国家并非是自由的，因为他必须毫无保留地转让对他所属的法律和政治团体中的权利的裁判权。这种矛盾既与自由主义有关，也与独裁主义有关。继而有人认为，费希特试图用一种基于卢梭思想的“共和国的综合”（republican synthesis）来解决这一矛盾，卢梭认为，拥有无上权力的君主就是法律，法律被认为是公共意志的表达，它是所有个人意志的完美结合。[22]

在权利理论中，费希特的确认为法律（或权利）是公共意志的表达。然而，关于他试图调和这一理论的自由主义和专制主义方面的解释的一个重要问题是，基于对矛盾的描述，该理论求助于一种费希特明显不持有的财产理论，即将一个人的劳动结合到一个物质对象中，就有了对同一实物的财产权。[23]这一原则取决于时间优先权概念。然而，正如我们所看到的，费希特并没有将财产权建立在这样的原则之上。相反，财产权取决于每个人的劳动生活权，前提是他已经签订了社会契约。因此，任何一项侵占行为，即使涉及通过劳动占有先前无主的东西，也不能充分确立对该物的权利。

此外，我已经表明，卢梭本可以像费希特一样发展出一种财产理论，尽管他似乎支持基于劳动的第一占有人的权利。卢梭和费希特都认识到，这种财产理论要求通过国家对经济的密切监管，将秩序强加给盲目的自发产生的支配社会的力量。从这方面看，这样一种财产理论似乎需要一种专制的解决方案来保证平等和自由的原则。因此，即使费希特确实诉诸卢梭的观点，即全能的君主就是法律（或权利），而法律（或权利）就是公共意志的表达，当这种矛盾以自由主义和专制主义的对立为特点时，这一举措也无法通过共和国的综合的方式真正解决政治权利的问题。费希特财产论的专制含义对民主自由有一定的影响，对卢梭来说，民主自由包括成为人民议会的共同立法成员，而人民议会构成国家的主权机构。人们看到卢梭可能支持这种财产理论。

卢梭的两种观点之间存在着紧张关系，一方面他坚持个人参与立法的过程，他认为这是任何合法政治制度的核心，另一方面他又反对民众提出法律提案、提名公职候选人等形式的倡议。相反，这些职能应该交给政府，主权人民将执行法律的责任委托给政府，因此政府只是人民意志的工具。据说，这种紧张关系源于卢梭对普通公民政治能力的矛盾态度，尤其是他怀疑他们有能力主动决定公共意志的内容，而有能力主动决定公共意志的内容正是他热衷于公民直接的、积极参与的原因。[24] 即使卢梭确实为公民积极参与决定一般意志的内容提供了比这里所声称的更大的空间，[25] 但是费希特的财产理论继承发展卢梭平等和自由承诺的方式，为卢梭担心普通公民是否具有通过直接、积极参与立法过程来决定一般意志内容的能力提供了一个很好的理由。因为正如卢梭本人所认识到的那样，一旦商定的法律没有反映出对平等和自由原则的真正承诺，这种参与立法的过程可能无法产生符合公共意志的决定。

当以下因素产生影响时，更有可能导致失败：(1) 个人投票的背景是一个持续的盲目、自发的依赖产生的过程，这一过程将物质不平等作为其意外后果之一；(2) 这群人中的一些人（也许是大多数人）有兴趣维持和延续现有的条件，因为他们自己也从这些条件中受益，这些条件是这种过程的产物；(3) 费希特的财产理论是卢梭构想的平等和自由原则在制度上的充分体现；(4) 保障由这种产权理论所决定的财产权，需要对资源进行彻底的重新分配，这将推翻许多现有的产权主张，同时还需要较高程度的国家监管和监督。条件 (1) 和 (2) 与卢梭在《二论》中对欺诈性社会契约的描述是一致的，而我在本章中将指出，(3) 和 (4) 是从一个合理的解释中得出的，即将财产视为平等和自由原则的制度体现意味着什么。

大多数公民可能拒绝同意某些管辖财产权的法律，因为这些法律违背了他们的特定利益，也违背了在现有条件下以牺牲他人利益为代价偏袒这些利益的方式，这表明了以下困境：立法者或政府要么必须违背决定政治共同体法律和制度结构的公共意志，要么必须通过武力赋予反对这些原则所要求的措施的公民一种基于利益和偏见的新的运动原则（用亚当·斯密的话来说）。作为对民主程序失败的回应，第二种情况所暗示的强制的必要性对道德自由构成双重威胁。首先，遵守一个人所服从的法律成为一个必然而非自由的问题。[26]其次，对卢梭而言，参与决定其所服从的法律的审议过程是行使道德自由的重要手段。如果它们被视为普遍意愿的真实表达，那么，所有此类审议过程的结果就都必须符合规范性约束，但是这一过程本身似乎缺乏任何真正的、无懈可击的权威。[27]从这方面看，行使道德自由有可能成为一种虚幻的行为。简言之，卢梭对平等和自由原则的承诺，尤其是在这些原则需要法律和制度体现的情况下，与他对人民主权和民主自治理想的承诺之间似乎存在严重冲突，因为这些理想在实践中可能无法产生正确的结果。

费希特对决定公共意志内容的过程的描述揭示了一种不民主的倾向，这种倾向在卢梭的一些著作中已经可以发现，我将探讨这对道德自由构成的双重威胁。[28]费希特似乎希望通过对政治权威的描述消除民主政治在其特定结果方面的不确定性，这种描述更加依赖于最贤能和最聪明的个体进行政治统治的必要性。这种观点意味着政治是一种只有少数人才能参与的活动，他们的卓越智慧和道德操守是公认的。这种不民主的倾向可以在费希特的《自然法权基础》第一部分阐述的国家宪法理论中找到。然而，这一趋势被一种民主因素部分抵消，这种因素会带来高度的不确定性，即使只是在有限的时间内，在某些特殊情况下。费希特的国家宪法理论在许多方面与卢梭关于人民主权的观点以及了解公共意志并按照公共意志行动意味着什么这一问题相交叉。然而，在1812年的《权利科学》中，费希特似乎完全否定了任何真正民主进程的可能性。

六、解析共同意志

正如我们所看到的，费希特在《自然法权基础》中断定公民契约、法律和国家权力是权利的条件。然后，他在关于权利学说的第三章中讨论了政府的形式，该章题为“论政治权利或联邦内的权利”。在权利学说中，费希特谈到了“共同意志”(the common will)。这样一种意志会让人们将之与卢梭的公共意志（the general will）进行比较，我现在将强调费希特共同意志的一个特点，这也让我们想到了卢梭确定公共意志的内容时说过的一些话。同时，我发现卢梭和费希特的思想在这个问题上有一个重要区别。这种差异在费希特关于谁应该行使政治权威以及为什么应该行使政治权威的问题上变得明显。为了了解卢梭和费希特在如何揭示公共（共同）意志的内容上所采取的立场之间的差异和相似之处，我们首先需要转向费希特对国家宪法的描述。

费希特反对一种真正的民主制度的思想，因为它将民众作为一个整体行使行政权力管理。在这方面，他同意卢梭的观点，卢梭坚持行政权力必须由主权人民授予政府。卢梭之所以需要下放行政权力，是因为他区分了法律的普遍性，这是主权人民作为立法者的职权范围，以及包括法律应用在内的特定行为，这是行政权力的职权范围（OC iii：395f.；PW2：82)。在讨论人民执行自己制定的法律的直接民主形式时，卢梭承认，制定法律的人比任何人都更清楚这些法律应该如何解释和执行。然而，他认为人们的注意力从普遍的观点转移到个别的对象上，是一件糟糕的事。

然而，卢梭真正的恐惧是从他的声明中显露出来的，即这种安排是危险的，因为它允许私人利益影响公共事务（OC iii：404；PW2：90f.)。换句话说，当公民在解释和执行法律方面发挥作用时，他们可能会利用法律来追求自己的私人利益。这种情况会发生在行政层面，例如，个人或团体试图解释并执行他们作为主权立法机构成员制定的法律，去清除或诋毁他人，比如说他们可能拥有的任何政治对手。在立法层面，知道自己有能力执行制定的法律，可能会鼓励一些个人寻求引入这样的法律，这些法律不成比例地适用于他们希望以某种方式伤害的其他个人，因此他们的注意力集中在如何让其他人接受此类法律上。[29]对卢梭来说，另一种选择是“混乱取代了规则，力量、意志不再一致行动，国家就会解体并因此陷入专制或无政府状态”(OC iii：397；PW2：83)。尽管费希特并不主张立法权和行政权严格分离，但他主张存在一种独立于主权人民并被主权人民赋予负责执行法律的权力。然而，这一权力还肩负着确定法律内容的任务，这实际上意味着是它，而不是主权人民在解释公共（共同）意志。

费希特的观点是，行政权力的独立性是由于缺乏任何其他能够迫使民众正确执行法律的权力而引发的问题。在直接民主制度中，这一问题表现为民众成为自己的事务的评判者。费希特认为，这种情况会产生非常不理想的后果，表现为一种不安全和恐怖的状态，“因为人们不仅要像在国外一样害怕所有其他人的暴力行为，而且还要时不时地害怕愤怒的暴徒以法律的名义不公正地行事”(GA I/3：439；FNR：140)。与卢梭一样，费希特的主要担心似乎是人们一边追求自己的私人利益，一边声称他们正在执行表达公共（共同）意志的法律。通过识别这些问题，费希特相信，他已经成功地证明了在国家内采取代表制的必要性。然而，他比卢梭走得更远，他剥夺了主权人民的立法任务，将这项任务交给了政府，而卢梭则坚持由主权决定一个人所服从的法律的不可转让性。继而，费希特声称，行政权力“包括全部公共权力的各个部分”(GA I/3：441；FNR：142f.)。换句话说，它包括立法、行政和司法权力。

费希特将立法过程视为解释社会契约产生的共同意志的问题，从而得出一套特定的法律。因此，这些法律“并不是真正的新的法律，而是对一项基本法律的更具体的应用，该法律规定：这些特定的人应该根据权利彼此共存”（GA I/3：441；FNR：142）。因此，就立法者的职责而言，被主权人民赋予政治权力的个人首先必须充当这一基本法律所体现的共同意志的可靠解释者。这意味着他们必须能够洞察这一基本法律，并从中得出的特定法律的真正本质。鉴于个人可能缺乏发现这样一条基本法律并从中得出一套确定的法律所需的推理能力或正直的品质，应谨慎地选择被主权人民赋予政治权威的个人。费希特表示：“人民中最聪明的人应该被选为地方法官。”（GA I/3：451；FNR：154）因此，费希特对政治权威的描述着眼于这样一种观点，即能够洞察事物本质，并拥有将洞察到的特定法律应用于现有条件的能力，这是直接参与政治事务的个人需要具备的最重要品质。然而，费希特对地方法官作为共同意志的解释者，从而作为特定法律的立法者的职能的描述，与卢梭的立场相距不远，卢梭坚持人民主权的首要地位，认为行政权力只是主权人民的工具。事实上，这可能与卢梭本人关于如何确定公共意志的内容所说的一些事情有关。

在他的《政治经济学》中，卢梭在谈到地方法官的职责时使用了“公共理性”一词，即“除了公共理性之外，即法律，不遵循其他规则”（OC iii：243；PW2：5）。由于公共理性在这里与法律是一致的，因此它可能被解释为一种类似于自然法的原则，尽管它需要由法官发现，但法官独立于发现它的过程，包括任何协商民主过程，所以它是有效的。从这方面看，卢梭对“公共理性”一词的使用并不意味着公共审议的概念。诚然，公共审议的想法可以从他的主张中发现，即地方法官甚至应该对自己的理性保持警惕（OC iii：243；PW2：5），因为这一主张表明，地方法官最好注意他人的意见。然而，卢梭也将法律称为“天籁之音，向每一个公民发出公共理性的戒律”，把法律概念与他后来强调的责任概念结合在一起时，会产生一种完全不同的解释，它是一种关乎人心的东西，取决于公民的道德（OC iii：248ff.；PW2：10ff.）。

这种解释是：个人判断是神圣不可侵犯的，而确定公共意志内容所需的只是一种反省行为，通过这种反省行为，一个人试图通过关注自己天生的正义感来解释公共意志。卢梭认为，如果公民的道德观足够健全，这一行为必然会产生正确的结果。这种解释在《社会契约论》中得到了支持，即“当一个充分知情的人进行深思熟虑”，而公民“彼此之间没有任何沟通”时，结果必须始终是公共意志（OC iii：371f.；PW2：60）。因为这些主张意味着，理想情况下，公民之间不应进行任何审议，这里的审议意味着对一个问题作出最终判断，从而作出明确的回答，因为公共意志提供了一个最终独立于人类意见和意志的标准，因此，卢梭声称，它不能被摧毁或破坏，而是保持“稳固、不变和纯粹”（OC iii：438；PW2：122）。从这个意义上讲，审议并不需要与他人进行辩论，因为他人的观点可能与自己的观点不同，并且必须把这一点考虑进去，因此，从这方面看，现代“公共理性”概念试图吸收卢梭关于如何确定公共意志的内容的观点是误导性的。[30]事实上，在《社会契约论》中，卢梭似乎将争论的存在视为一个民族的道德和政治体健康状况下降的标志，他发表了以下声明：“议会中的一致性越强，也就是说，意见越接近一致，公意也就越占优势；而冗长的争论、分歧、骚乱，则表明了个别利益的上升和国家的衰落。”（OC iii：439；PW2：123）

因此，卢梭心目中的审议似乎与费希特的法官必须参与的审议类似，目的是为了发现具体表达公共（共同）意志的特定法律。这种审议的最终结果是个体由内部反思得到的对当前事务的解释和洞察，而不是通过公众审议过程作出的经过仔细考虑的和有充分依据的判断。[31]真正的公共审议的缺席消除了冲突的可能性，也消除了任何真正民主进程的基本特征所具有的不确定性。卢梭的立场和费希特的立场之间的区别在于，卢梭允许每个公民都能成功地参与解释公共意志的行为，而费希特则将解释共同意志的任务分配给已经拥有政治权力的个人。因此，在《自然法权基础》中，费希特表现出将洞察力和知识与现有政治权力联系起来的倾向。下面这个段落很好地说明了这一倾向：

> 行政权力的管理者是规定国家内部各个人之间关系的**共同意志的当然解释者**。这种共同意志并不完全是各个人本来**实际拥有**的意志，而是他们想要彼此共存就**必须拥有**的意志。人们可能会设想，事实上，没有一个人会具有那种意志。（GA I/3：328；FNR：16）

共同意志的“当然”解释者，意味着有些人恰好比其他人更善于执行解释共同意志的任务，因此，有可能将这项任务的执行转化为保护一组特定的个人，他们被认为非常有能力洞察对一个国家的公民和整个国家来说什么是最好的。[32] 在《自然法权基础》中，一种看似激进的民主元素部分抵消了这种倾向。

费希特拒绝分权的想法导致了这样一种政府形式，正如他自己承认的那样，这种形式有可能变得专制，因为所有公共权力都集中在一个群体手中。因此，被赋予行政权力的人必须以某种方式对民众负责。尽管费希特在这一问题上的立场与卢梭的立场不同，因为他否认立法机构和行政机构的分立，但他心目中的特定问题与卢梭考虑的政治机构衰落的必然性问题类似，即政府压制主权的倾向：

> 正如个别意志不断违背公共意志一样，政府也不断努力

> 反对主权。这种努力越大，宪法的改变就越多，而且由于在这里没有其他公共意志可以抵制君主的意志，并与之平衡，因此，迟早有一天君主会压制主权并破坏社会条约。（OC iii：421；PW2：106）

费希特对这个问题的解决方案是引入一个机构，其任务是监督行政权力，并判断公共权力是否由其委托的特定人员妥善管理。费希特将这一机构称为“监察官会议”（ephorate），他在有关权利学说的第三章中描述了其职能。

该机构的成员必须由民众任命，以确保其独立于行政机构。然而，地方法院缺乏任何行政权力，因为它的任务只是审查和决定政府是否社会契约产生的共同意志的可靠解释者和担保者。因此，监察官（ephors）不能推翻政府作出的任何判决，也不能在任何特定案件中作出裁决。然而，一旦他们确信这种权力没有得到妥善管理[33]，他们可以，也应该，通过国家禁令暂停所有行政权力的行使，并召集民众组成一个整体，即人民（*das Volk*）。然后必须设立人民法庭。在人民法庭，集会的人民仔细考虑监察官和政府成员向他们提供的关于行政权力管理不当的证据，最后，人民必须决定哪一方是正确的，败诉一方被判犯有叛国罪。[34]

无论人们如何理解它的普遍合理性，费希特对联邦政府宪法角色的描述意味着一种真正的人民主权行为，同时也为他的国家宪法理论引入了明确的民主元素。事实上，尽管费希特以直接形式的民主会带来危险为由主张代表制，但他最终还是引入了看起来非常像直接形式民主的东西，尽管只是在某些特殊情况下，即一旦政府成员（无论是现任政府的免责成员还是新政府的成员）被视为没有恰当地履行解释共同意志，执行其要求以及在法律被违反时对特定案件作出判决的职能，政府成员的职能才能结束。因为在所有公共权力的行使都被暂停的时期，集会的人民一方面考虑由议会成员提出的主张，另一方面考虑政府成员提出的要求，并且必须在这些对立的主张之间作出决定。民主进程存在空间给国家的政治生活带来了相当大的不确定性。这是因为人们可能会对相关问题产生不同的观点，从而形成不同的群体，主张不一致的立场，而这一过程的最终结果是不可预测的。然而，这种直接民主的空间以及由此带来的不确定性，在费希特后来对其权利理论的阐述中被牢牢地封闭了，这主要是因为他对监察官制度的有效性的怀疑，以及他对人民判断力的信心的下降。

七、费希特晚期《权利科学》中的政治权威

在 1812 年的《权利科学》中关于宪法的章节中[35]，费希特不再把权力从人民手中转移到一个人或一群人手中的危险视为专制问题。相反，主要的问题是，被赋予政治权力的人可能会弄错绝对正义要求的东西，或者他们可能无法将自己的私人意志服从于他们自己知道的正义理念所要求的东西。换言之，费希特认为政治权威的问题在于担心统治者可能无法成为共同意志的可靠解释者，担心即使他们是共同意志的可靠解释者，他们也可能缺乏在面对自己的私人利益时按照公意要求行事所需的道德操守。这些担忧显然与费希特《自然法权基础》中的法官的主要职能有关。因此，他 1812 年的《权利科学》的立场并不是一个全新的立场。

费希特提出了解决这些问题的两种方案。第一个是，主权应该授予给其私人意愿恰好与真正公正的共同意志相同或最接近的人。

费希特用最好的人应该统治来表达这个解决方案。在这里，好的政府与统治者的个人素质息息相关。按照费希特在 1812 年的《权利科学》中阐述政治权威问题的方式，最好的人必须被理解为最能洞察正义要求的人，以及道德最公正的人，这样，这种洞察就不会因为个人利益而被忽视或扭曲。第二种品质甚至可以被视为第一种品质的条件，尽管费希特没有明确指出这一点，因为正确解释共同意志的能力可能取决于一个人的道德品质。正如我们所看到的，这是卢梭有时似乎持有的观点。第二个解决方案是，统治者的私人意愿恰好**变得**公正或尽可能接近公正。费希特以统治者应该是最好的来表达这种解决方案。

费希特提到了与这两种解决方案相关的一系列问题。首先，这导致了无限的倒退。这是因为统治者的意志，就像每个个人的意志一样，必须服从强制法，以确保其自身的意志符合正义的要求。这一要求以存在能够适用强制法的另一种意志为前提。然而，除了存在另一种能够无限地适用强制法的意志之外，是否可以保证它将始终按照正义的要求行事？这导致费希特认为，我们必须简单地接受主权意志的存在，这种意志会胁迫他人，但其本身不会受到胁迫。这一假设似乎证实了需要一位道德高尚的统治者，他对共同意志的本质具有真正的洞察力。费希特还考虑将一个或多个君主置于这样一个位置，即不存在导致他们不公正的诱惑，他们可能只是出于荣誉感、对名声的渴望或对臣民的爱等动机去保持公正。然而，他指出，这些考虑并不能说明对正义的洞察是可以保证的。有人建议统治者可以接受良好的教育，费希特问，谁会亲自教育教育者，以及那些为统治者选择教育者的人呢。这里再次出现无限倒退。然后，在重申他拒绝三权分立的想法之后，费希特进行了一些明确的自我批评，表达了对“监察官”理论可行性的一些怀疑。

首先，费希特指出，没有任何力量能够确保“监察官”的革命，这意味着，只有在权利受到侵犯的情况下，他才暂停行使行政权力并召集人民。其次，存在这样一个问题，即政府既然拥有一切可支配的强制权力，那么它从一开始就可以简单地利用这一权力来镇压“监察官”。换句话说，政府不应垄断合法使用的武力。相反，人民必须拥有比政府更多的强制手段。然而，正如我们很快就会看到的那样，费希特1812年的《权利科学》表达了对人民的怀疑，我们可以认为这包括怀疑他们合法使用武力的能力。第三，还有一个问题，当没有更高的法官有权确定这一事实时，那么如何知道人民关于监察官或是行政权力的主张的判定是有效的。与他早先对人民拥有正确判断事物的能力的信念相反，正如在诸如“人们绝不会勇敢地起义——也永远不会——除非不公正达到了极点”（GA I/3：457；FNR：160）这样的大胆声明中所表达的那样，费希特现在声称，社会上最聪明的一群人总是比以某种方式出现的绝大多数人更值得信任。这一说法表明，他认为这种多数的存在是一个偶然的问题，这是盲目的自发的力量的结果，以这种方式产生的多数人的判断根本不可信。

费希特还认为，设立监察官是不可行的，因为从整体上讲，人类在道德上太糟糕了。此后不久，他认定这种道德缺失的一个后果是，大多数人会接受的不会是社会上最聪明、道德最高尚的人的建议，而是无知者的建议。尽管费希特认为，这种状况可以通过使人们变得更有修养、更有道德来弥补，但这种转变具有不确定性，这使他断言，“真正的解决方案”是为那些意志最公正的人而制定的（GA II/13：285）。然而，即使在这里，费希特也指出了某些问题：现有的统治者，即使他们认识到这个人的优越性，也不会转让权力给这个人；群众不会选这样的人，因为只有好人才能认出同类的人；甚至在一群最优秀的人中，每个人都想成为统治者，与其他人相比，更加相信自己。面对这些问题，费希特总结道：

> 构建权利的任务，现在又回到了让同时代、同民族的最公正的人成为国家的统治者的任务，不能通过人类的自由来解决。因此，这是神治理世界的任务。然而，国家的公正取决于这项任务的解决；因此，这也是神治理世界的任务。（GA II/13：285）

简言之，这件事将由一个天意的过程来决定。考虑到费希特早期根据理性国家的概念，并出于他对任何自发产生的秩序的怀疑，试图将秩序强加给社会的方式，这种由神治理的信仰看起来非常像是绝望的忠告。尽管如此，上面引用的这段话以自己的方式呼吁一种秩序感，尽管这一次它是某种宇宙秩序，并不依赖人类的意志。

因此，如果国家代表着人类逐渐变得更加完善的过程中的一个重要阶段，那么费希特引入公正的法律和政治秩序的条件意味着，人类的可完善性存在着相当大的、可能无法克服的障碍，因此他将后者变成一个信仰问题。此外，在1812年的《权利科学》中，费希特似乎已经完全关闭了所有民主进程的空间，取而代之的是一个专制但仁慈的统治者，这个统治者恰好是特定社会中最聪明、最公正的人。正如我所指出的，这一立场是对民主进程是否真的能够产生体现平等和自由原则的结果这一问题的一种可能性回应，特别是在费希特的财产理论中，这些原则需要一个具体的制度体现，并产生一系列约束。然而，将秩序强加给决定社会的盲目、自发的力量的想法，即使这一过程是根据平等和自由的原则进行的，也可能会以另一种形式的必然性取代这些力量所表现出的准自然必然性。这种新的必然性表现为，必须对那些抵制这一秩序，或只是出于迫不得已才接受这些限制的个人实施强制措施。

黑格尔像康德一样，认为卢梭和费希特希望施加秩序的那种盲目自发的过程，在对人类可完善性的描述中起着重要作用。尽管黑格尔将这种可完善性与自由的能力联系起来，但他也明确了必然性在完善人类方面所起的作用。同时，黑格尔对自由理念的承诺意味着，他必须解释在面对这种必要性时，自由是如何得到维护的，尤其是当他自己在这样的声明中拒绝了人民主权和民主自治概念，即“知道一个人所意愿的，甚至更多地，知道存在于自己的意愿——即理性——所意愿的，是深刻认知和洞察力的结晶，这不是人民的事”（PR § 301A）。这种类型的声明使我们想起了费希特的结论，即政治权威应该授予能够洞察公正社会和政治秩序真实本质的个人，这种秩序不是由人民的观点自下而上地决定的。鉴于黑格尔拒绝接受人民主权和民主自治，在试图解释真正的公共意志的可能性时，他是否可以完全避免对潜在的顽固材料施加秩序的想法，这一点尚不清楚。正如我们将看到的，事实上，他的立场像是一种不稳定的综合，一方面看起来像康德历史哲学所代表的立场，另一方面又像费希特权利理论所代表的立场。因此，黑格尔的《法哲学原理》以其独特的方式反映了卢梭已经确定的意志观念和必然观念之间的紧张关系。

注释

1. Hobbes, *Leviathan*, 221.

2. Cf. Smith, *The Theory of Moral Sentiments*, 233f.

3. 麦克亚当（MacAdam）的《卢梭：财产的道德维度》（Rousseau：The Moral Dimensions of Property）评估了卢梭财产观。

4. 关于财产的基本性质，有人声称：“卢梭关于财产的论述是公民社会、法律和司法制度的基础，这大概是一种事实陈述，而不是一个有利的价值判断。” MacAdam, ‘Rousseau：The Moral Dimensions of Property’, 191. 我的观点是，卢梭认为财产在一个积极的方面可以成为公民社会的基础，但前提是它采取某种形式，并且这种形式所要求的措施已经到位。

5. 在《爱弥儿》的第二卷中，导师试图通过回溯财产的起源，让学生掌握财产概念。他通过鼓励学生种植一些豆子并仔细照料的活动来实现其意图。当园丁前来并证明其毁坏学生劳动所种植的植物的正当性时，第一占有人的权利似乎被明确援引，理由是学生的种植行为毁坏了园丁自己先前种植的、在同一块土地上生长的瓜。这块土地以前不仅是园丁自己种植的土地，也是他父亲种植的土地。卢梭在这里忽略了对第一占有人权利合法性的所有担忧，可能是因为对这些担忧的考虑超出了学生目前拥有的推理能力。考虑到《爱弥儿》的一些其他特征，这种使财产概念更加具体的特殊方法也引发了一些问题。例如，即使园丁和他的父亲之前都耕种过，这片土地真的是他的合法财产吗？毕竟，卢梭在第一卷中建议，如果学生出身高贵，那就更好了，因此这块土地在法律上可能属于学生的父亲，又或者，如卢梭所言，甚至属于学生本人，如果他是一个孤儿的话。

6. 尽管在《自然法权基础》阶段，费希特谈论“权利”，后来才引入了“财产”一词，但他在1812年的《权利科学》中已经使用“财产”这一术语来描述所讨论的领域（GA II/13：204）。

7. 对物质不平等程度进行限制的这段话和其他类似的语句被解释为，这些限制似乎与卢梭的公共意志理论的规范性要素有本质区别，因为据称它们不是由公意的内容本身确定的，而是由公意社会稳定的条件决定的。Cohen，*Rousseau*，53. 对科恩（Cohen）来说，这种社会稳定的条件不是合法的社会和政治秩序的构成要素。相反，它们构成了“政治社会学”的元素，而不是“政治合法性的哲学概念”(57)。面对卢梭对物质不平等产生不平等依赖关系的方式的明确关注，以及他认为社会契约本身的中心目标之一是根据平等和自由原则防止或克服这种依赖关系的观点，我认为这种区分是不能维持的。换言之，对物质不平等程度的限制属于公意的内容，而将其单独视为社会稳定的条件意味着它们本质上是自由的条件，在某种意义上，如果没有这些条件，社会稳定可以得到保障，那么就可以免除这些条件。

8. Cf. Neuhouser，‘Fichte and the Relationship between Right and Morality’.

9. 在第五章，我将结合费希特的道德行动主义和他后来的财产理论，更充分地讨论这个问题。

10. Cf. Teichgraeber，'Rousseau's Argument for Property'.

11. 费希特在1793年《纠正公众对法国革命的评论》一书中就已经提出了契约的想法。在这项工作中，我们遇到了一种国家契约理论，其基础是，由于他们只能合法地服从他们自己制定的法律，个人有不可剥夺的权利可单方面废除他们签订的任何合同。因此，他们拥有修改国家宪法的不可剥夺的权利，而宪法必须建立在契约之上，因为只有建立在其成员之间的契约基础上的市民社会才是真正合法的，进而所有现有宪法都可以受到批评，因为它们基于强者的权利（GA I/1：236）。费希特的国家契约理论甚至允许在人们同意这种安排的情况下，在一个更大的国家内形成单独的国家，前提是将自己与其他国家分离的成员没有与原国家公民的利益直接对立，并且每个国家尊重自然权利的命令，不限制另一个国家的合法自由（GA I/1：291ff.）。因此，国家是一种高度不稳定的联合形式，它是由统治社会的利益决定的，只要这些利益不与某些普遍利益，特别是对和平的渴望直接冲突。尽管费希特使用了卢梭所使用的一些关键术语，但这种国家契约理论与卢梭的契约理论之间存在一些主要差异，见Schottky，*Untersuchungen zur Geschichte der staatsphilosophischen Vertragstheorie im 17. und 18. Jahrhundert*（*Hobbes-Locke-Rousseau und Fichte*）*mit einem Beitrag zum Problem der Gewaltenteilung bei Rousseau und Fichte*，343ff.。

12. 费希特承认必须“补贴”那些无法靠劳动生活的人（GA I/4：23；FNR：186）。尽管这一具体主张表明，他考虑到了某种形式的福利待遇，但鉴于我在上文中所说的他对自由作为自我活动的承诺，福利待遇显然是一种比工作更不可取的选择，这种选择只有在人们并非因自身过错而无法工作时才合适。

13. 这种对一个人在国家内尽可能愉快生活的平等权利或许会被认为是对卢梭平等观的重大背离，因为卢梭谴责奢侈是道德腐败和政治腐败的标志。见OC iii：19ff.；PW1：18ff.，OC iii：206；PW1：201f.，OC iii：516ff.；PF：45f.。然而，尚不清楚事实是否如此。在《封闭的商业国家》中，费希特指出，奢侈品的生产只有在满足生活基本需要的手段得到普遍保障的情况下才能开始，他还坦诚地表示，当一个人的同胞缺乏最基本的商品，而有的人有能力购买奢侈品是不公平的（GA I/7：61）。因此，奢侈品受到严格的限制，因为它与相当程度的物质不平等有关，因此受到谴责。此外，费希特假设，这种物质不平等不会在任何合法构成的国家中产生，因为“在这种国家中，每个人都是整体的仆人，因此，他获得了整体财富的合法份额”，“没有人能够变得特别富有，但也没有人能够变穷”（GA I/7：68）。这表明费希特认为，在任何合法的国家，对奢侈品的需要及其获得都会受到某些固有的限制，因此，他对奢侈品的腐蚀性影响缺乏关注，这被视为他认为事实就会是这样的假设结果。

14. 然而，费希特确实谈到了财产的“绝对”形式。这种形式的财产包括个人履行其对国家的承诺时留下的钱（例如，出售其生产或制造的产品，缴纳税款，以便每个人的生存权都能得到国家的保障），以及可以用这笔钱购买的个人物品（GA I/4：43；GNR：209）。然而，出于对每个人都应该能够活下去的关心，费希特对这种绝对形式的财产施加了严格的限制。如果一个人这样做剥夺了他生活的手段，从而使他成为国家的负担，那么他不能自由处置自己的财产。（GA I/4：56；FNR：22）

15. Proudhon, *What is Property?*, 35.

16. 在《封闭的商业国家》中，费希特明确表示，尽管我们可以将自由活动的对象称为有权利从事该活动的人的财产，我们可以这样做只是象征性或在派生意义上的，因为严格来说，只有他对这个客体采取一定的自由行动的专有权才是他的财产（GA I/7：85f.）。此外，费希特后来将工具和物品（或工艺和客体）称为或有财产（偶然财产），因为它们是借给工人使用的（GA I/7：88）。

17. 另见《社会契约论》中的以下主张：“钱财这个词是奴隶的词，在城邦里是不知道这个字眼的。在一个真正自由的国家，公民用双手做任何事，而不用金钱做任何事。”（OC iii：429；PW2：113）

18. 由于货币难以捉摸的性质，建立以货币为基础的经济带来的不公正的可能性增加，这成为孟德斯鸠《论法的精神》中的一个主题：

> 但是，在一个已经确立了金钱使用的民族中，一个人会遭到来自诡计的不公正，而这些不公正可以用千百种方式来行使。因此，人们被迫有良好的公民法律；这些都是伴随着新的手段和各种邪恶的方式而产生的。
>
> 在没有钱的国家里，掠夺者只带走东西，而且东西从来都不一样。在有钱的国家，掠夺者带走了符号，而符号总是一样的。在以前的国家里，没有什么可以隐藏的，因为掠夺者总是带着证据证明自己有罪；在后面一种国家情况则不同。（293）

19. 费希特指出：“在我们的临时状态中，所有邪恶的唯一来源是混乱，并且不可能给它带来秩序。”（GA I/4：92；FNR：262）

20. 为了更全面地讨论这项被忽视的工作，纳基莫夫斯基（Nakhimovsky）

试图将其置于一场泛欧洲的辩论中，这场辩论涉及现代商业和金融兴起的道德和政治影响，包括对卢梭的人民主权和宪政理论以及卢梭和康德关于如何建立国际和平问题的观点的各种回应，见 Nakhimovsky，*The Closed Commercial State*。

21. 我们将在第五章中看到，费希特开始认识到这个问题，并根据这个问题修改了他的财产理论。

22. Cf. Renaut，*Le système du droit.*

23. Ibid.，302.

24. Cf. Fralin，*Rousseau and Representation.*

25. 对这种指控（即他限制了真正的民主活动）的辩护，请参见 Cohen，*Rousseau*，166ff.。尽管科恩提出了一个强有力的理由，认为卢梭不允许行政部门通过诉诸其宪法思想的特定方面来主导立法机构，但这仍然给我们留下了一个更广泛的问题，即卢梭政治思想的规范方面是否与他对人民主权和民主统治的承诺不相冲突，这种张力表现在卢梭自己关于决定公共意志内容过程的一些陈述中。

26. 费希特本人似乎在讨论国家官员有义务按照现有宪法行事时认识到了这个问题的存在，尽管国家官员自己的良知告诉他，这不符合他所了解的纯粹理性宪法。费希特提出这一主张的主要原因很重要。社会本身及其作为手段的目的，即朝着更好的状态前进，只有在普遍同意的基础上建立了宪法才能存在。（GA I/5：310f.；SE：337）这一特殊原因表明，将一部理性的宪法强加给人们将构成一种暴政行为，因为这部宪法不是人们通过同意的行为而强加给自己的宪法。

27. 卢梭主张立法者必须提供一套基本的法律来规定公民联合的条件，这似乎是基于这样一种信念，即许多人无法准确地确定公共意志的内容。因为他声称，虽然人民会有好处，但他们并不总是看到好处，个人必须有义务使自己的特定意愿符合理性的要求，并且必须教育公众了解自己的意愿（OC iii：380；PW2：68）。

28. 这一倾向可能与卢梭著作中的一个特点，即“反政治社群主义”有关，其重点是必须促进社会团结，以团结一个平等社会的成员，他们愿意并优先考虑公共善。Cf. Cohen，*Rousseau*，5. 这种社会团结可以被视为旨在保证任何审议过程都会产生某些特定结果，甚至使审议变得不必要。卢梭政治思想的这一特点也被认为是政治社会学的一部分，而不是政治合法性这个哲学概念的一部分。我将再次质疑卢梭思想中的这些元素在多大程度上可以相互分离。不过，这一次，我的反对意见是，他的思想中的“反政治”方面与这些问题密切相关：当人们未能认识到公正的社会和政治秩序的构成原则，即平等和自由时，如何在某种财产权中找到制度性体现，以及这种失败的原因是什么。在这方面，可以区分这些原则的规范性特征（即它们是公共意志的组成部分）和在实践中应用这些原则的过程，这涉及发现它们的法律体现是什么。

29. 卢梭将主权立法权力同时行使行政权时所面临的问题描述为未能将权利与事实区分开来所带来的混乱，从而不再清楚什么是法律，什么不是法律（OC iii：432；PW2：116）。也许，我们最好将之表述为，未能在权利的判决（即关于哪些法律体现了公共意志的判决）和法律适用于特定案件的判决之间保持足够明确的区分。

30. 约翰·罗尔斯（John Rawls）认为，卢梭的“协商理性”思想预见了他自己所说的“公共理性”。参见 Cf. Rawls，*Lectures on the History of Political Philosophy*，231。另见 *Neuhouser*，*Rousseau's Theodicy of Self-Love*，195ff.。关于这种方法的有效性的一些疑问，除了这里给出的理由之外，请参见 James，‘Rousseau on Needs，Language and Pity：The Limits of“Public Reason”’。

31. 尽管他援引审议作为任何合法法律和政治秩序的基础，但是在费希特的案例中，没有任何公共审议的必要，这从以下关于决定共同体成员权利和自由限度的法律的陈述中可以明显看出：“现在，他们不需要明确表达这项法律的意愿，也不需要收集有关该法律的投票（这只会导致该意愿不纯粹的表达）。任何了解他们的人数、参与情况和整个情况的人都可以告诉他们都同意了什么。他们的法律是由权利规则和他们特定的身体状况赋予的，就像两个因数相乘后得到的数学乘积一样，任何有智慧的人都可以尝试找到这个规律。”（GA I/3：401；FNR：99）这种关于确定权利内容的论述可以说与某种形式的技术官僚专制主义相兼容。

32. 在卢梭著作中也可以看到类似的倾向。例如，在讨论一种贵族政体形式时，他指出：“最好和最自然的秩序是让最聪明的人来管理群众，只要能确定他们治理群众是为了群众的利益而不是为了自己的利益。”（OC iii：407；PW2：93）然而，卢梭谈论的是行政职能，而不是他赋予主权人民的立法职能。相比之下，费希特似乎在说这样的话：最好的和最自然的秩序是社会中最聪明的成员为大众提供的特定的法律，只要他们能够确定自己将制定符合大众利益而非个人利益的法律。

33. 在这次人民大会期间，所有公共权力都被暂停，这一观点与卢梭的声明相呼应，即“人民作为一个主权机构合法集会的那一刻，政府的所有管辖权就停止了，行政权力被暂停了，最后一位公民与第一位地方法官一样神圣不可侵犯”(OC iii：427f.；PW2：112)。

34. 人民作为一个整体构成自己，并在听取了双方提出的证据后作出决定，这个过程仍然是模糊的。费希特指出，尽管在小的国家，特别是共和国，宪法可以规定人民在规定的时间定期集会，以便地方法官能够向他们说明国家是如何管理的，但在大的国家，这种安排可能不可行，因此只有在绝对必要时才召集民众（GA I/3：447f.；FNR：150)。卢梭还提出了定期民众集会的想法：“除了不可预见的情况可能需要的特别集会外，还必须有固定和定期的集会，任何事情都不能取消或中止，这样，在指定的日子，人民就可以合法地被法律传唤，而不需要任何其他形式的召集手续。”(OC iii：426；PW2：111）费希特还建议，与其让全体民众聚集在一个地方，不如在每个城市和村庄对与监察官的国家禁令有关的问题进行调查和讨论，并进行投票，尽管他继续指出，如何做出安排，以获得完全反映共同意志的结果，这是一个政治问题，而绝不是权利学说问题。(GA I/3：450；FNR：152)

35. GA II/13：279ff.

第四章　黑格尔《法哲学原理》中的意志与必然

一、黑格尔对公共意志的重新概念化

黑格尔称赞卢梭将意志转化为国家的原则的做法，这一原则不仅被认为是其“形式”，而且被认为是其“内容”。然而紧接着，他说道：

> 卢梭认为意志只是特定形式的**单个人**的意志（后来的费希特亦同），他所理解的**普遍意志**（the universal will）也不是意志中绝对合乎理性的东西，而只是**共同要素**，即从**作为自觉意志**的这种单个人意志中产生出来的。这样，这些单个人的结合成为国家就变成了一种**契约**，而契约乃是以单个人的任性、意见和随心表达的同意为其基础的。（PR § 258A）

黑格尔对卢梭的公共意志的批评本质上是对国家契约理论的更

一般的批评。这就是费希特也被提及的原因。在黑格尔看来，这样的理论错误地从个人的任意意志开始，即询问个人基于什么理由可以同意形成一个单一的法律和政治共同体。同意的概念意味着订立合同的行为是一种“有意识的意愿”，即个人思考这一行为是否确保其利益的最有效的手段。由于所涉行为基于这些个人认为符合其最大利益的东西，以及他们认为确保这些利益的最有效手段，因此国家的基础基本上是偶然的，因为如果这些利益或关于确保这些利益的最佳方式的观点发生了变化，有关个人可能不再认为自己的特别的法律和政治团体的成员资格是必要的。由社会契约产生的国家和集体意志的偶然性导致黑格尔将这种契约说成是基于任意意志的，也就是说，基于一种可能与实际选择不同的意志。

黑格尔夸大了国家契约理论建立在偶然性基础上，并具有任意性的程度。毕竟，我们已经看到费希特和卢梭的契约理论是如何形成的，他们的关切是确保所有人都应该享有的某些基本利益，最明显的是确保他们与他人的平等地位和自由。此外，黑格尔关于现代伦理生活形式的理论可以被解释为更接近社会契约理论，尤其是卢梭的社会契约理论，而不是他自己对这种理论的评论。这是通过展示黑格尔关于现代伦理生活形式的理论如何涉及个人利益的概念来实现的，个人利益以基本利益的形式形成为一个整体，并决定了什么样的法律和制度被视为理性的。[1] 在下文中，我将介绍黑格尔的市民社会理论如何在一些重要方面支持这种解释，因为现代伦理生活形式的这一领域被认为是为了容纳并帮助实现黑格尔自己所说的“主观自由”。

在赞扬卢梭将意志纳入国家原则时，黑格尔已经表明，他的《法哲学原理》(*Philosophy of Right*) 在某种意义上代表了卢梭和费希特等社会契约理论家所使用的方法的延续。正如我们将看到的，通过将意志纳入国家原则，黑格尔被引导将他与国家契约理论相联系的那种个人主义立场纳入到他对现代伦理生活形式的描述。因此，不应该说他认为这种理论是完全错误的。在黑格尔看来，他与国家契约理论联系在一起的个人主义立场不能解释真正的公共意志的性质。为了理解黑格尔为什么会这样想，以及他自己如何重新表述公共意志的概念，我们首先需要看看他所说的“意志本身的合理性”是什么意思，因为正是在这种意志概念中，他认为卢梭应该将普遍（或公共）意志视为一种“共同要素”。

在《法哲学原理》的同一章节中，黑格尔既赞扬又批评了卢梭的观点，我们可以看到以下陈述：

> 从抽象的角度来看，合理性大体上是普遍性和单一性的相互渗透和统一。在具体意义上，这里的合理性就其内容而言是客观自由（即普遍的实体性意志）和主观自由（作为个人知识的自由和追求特定目的的意志）的统一。因此，就其形式而言，合理性是根据**被思考**的即普遍的规律和原则而规定自己的行动，因此具有**普遍性**。（PR § 258A）

在这里，我们再次遇到了形式与内容的区别，这一区别已经在黑格尔的陈述中找到，即意志作为国家的原则，既作为其形式，也作为其内容。在上面引用的段落中，内容被认为是客观自由和主观自由概念的统一，而形式则与自由和理性的能动性联系在一起，因为形式是由法律和原则决定的，这些法律和原则是思想的产物，是普遍的。这种类型的能动性使人们想起了道德自由的概念，它是黑格尔在《法哲学原理》导言中提出的意志概念的组成部分。在下文中，我将集中讨论黑格尔意志理论的特征，这些特征对于解释他的权利概念以及他对公共意志的重新概念化至关重要，这两个特征都涉及他的这一主张，即客观自由和主观自由概念的统一是这一意志的内容。

意志是自由的这一观点形成了黑格尔权利理论的基本假设（PR § 4)。对黑格尔来说，意志和思考本质上是相互关联的，而不是不同的、独立的能力。这是因为，与其他动物不同，人类不会简单地根据外部刺激来行动，前者对这些刺激的反应（或缺乏反应）取决于他们的身体构造。相反，自发性在于能够根据自己形成的表象来行动，而这些表象是基于思想的，因为它们涉及概念的使用，这在每一种自愿行为中都起作用（PR § 4Z，§ 5A)。例如，幸福的概念，作为“满足的总和”的表象，已经具有一定程度的普遍性，尽管这种表象的实际内容可能因人而异，在这个意义上仅仅是个别的。这是因为，无论幸福的具体内容如何，幸福的概念都结合了各种决定因素（例如，人们认为满足偏好会使人幸福，以及人们对满足这些偏好的最佳方式的意见）(PR § 20Z)。因此，一个人的幸福意志已经涉及使用一个本质上具有普遍性的概念，而不仅仅是由盲目的感官冲动决定的本能驱动或反应。

此外，在实践层面，幸福的表象需要将某些欲望、驱动力和倾向的满足视为比其他人更重要，因为并非所有能动者的欲望、驱动和倾向都必然兼容。这种有序的行为预设了自我与其给定的欲望、驱动力和倾向之间的反思距离（reflective distance)，使自我能够选择满足某些欲望、驱动或倾向，而不是其他的欲望、驱动和倾向。在这方面，“这一内容只是将‘**我**’反映到自身中的一种可能，它可能是我的，也可能不是我的，而‘我’是指决定自己是否接受这一决定或其他决定，在这些决定之间作出**选择**的**可能性**，这些决定‘我’必须视为外部的决定”(PR § 14)。在通过反思剥夺了自己所有直接的、确定的内容之后，自我甚至可以将自己想象为抽象的普遍性，也就是说，作为一个与所有给定的决定无关的自我，可以将自己视为本质上独立于它们，并且不受它们的影响。

黑格尔将意志的第一时刻与这种“纯粹的不确定性”联系了起来（PR § 5）。他称这种自由为“消极”自由。这种自由不是因为它不受外部干扰而被视为消极；相反，它是消极的，在于它涉及与直接给定的事物相关的抽象行为。这种给定的内容既可以是欲望、动力和倾向的内部形式，也可以是黑格尔认同的“客观”意志的外部形式，这种意志“**缺乏**自我意识的**无限形式**”，“是沉浸在其对象或条件中的意志，无论它的内容是什么——是孩子的意志、伦理意志，还是奴隶的意志、迷信的意志等等”(PR § 26)。黑格尔给出的关于这种客观意志的例子清楚地表明，它受到外部权威（例如，父母、基于传统的社会规范、大师、牧师或教会机构）的实际约束，而这些权威仅仅是被给予并被接受的，从某种意义上说，受制于这种权威所产生的实践约束的能动者没有洞察到这些约束，这就是为什么会缺乏“自我意识的无限形式”。在这方面，认为客观意志本质上是有缺陷的东西，已经暗示了对广义的道德自由的承诺。

黑格尔并不认为上述消极自由的类型构成了真正的自由，即使它代表了自由选择行为的可能性，所有的自由行为都基于自由选择。相反，它只是“意志对其自由的**抽象**确定性”，因为意志“还没有将自身作为其内容和目的，因此主观仍然是客观之外的东西”(PR § 15A)。因此，尽管这种消极的自由是所有其他形式的自由的一个条件，但问题仍然是，自我面对的是一种给定的内容（例如，它的直接愿望、驱动力和倾向或某些外部权威），而它目前无法将其认定为自身自由意志的产物。它只有通过解决一个确定的目的而不是其他可能的目的，才能开始承认这一内容是真正属于自己的。这代表了意志的第二个时刻，黑格尔将其描述为“这就是‘自我’**有限性**或**特殊化**的绝对环节”(PR § 6)。由于意志的第一个和第二个时刻对于自由意志来说同样重要，黑格尔将意志的概念与这两个时刻的统一联系起来了。在这种统一中，在本质上保持独立于该特定内容的意义上，意志在其意志的特定内容中保持自身，因为它保留从任何此类内容中抽象出自己的能力（PR § 7)。构成意志确定内容的目的既可以是主观的，是能动者自己的目的，也可以是客观的，是在外部世界已经实现的目的（PR § 9)。只要意志的内容（即其目的）仍然是一种表象，它就只是形式上的，因此，它面对的是一个外部世界，而这个世界本身只是一个给定的东西（PR § 8)。因此，形式和内容的区别在不同的层面发挥作用。这种区别首先表现为意志的抽象与意志的特定内容之间的对立。其次，它表现为纯粹主观意义上的形式意志的内容与在外部世界中实现的内容之间的对立，后者使主观意志能够体验到其自身自由能动性的客观化。正如我们将看到的那样，意志自我客体化概念是黑格尔**权利理论**的组成部分。

我们现在可以更好地理解黑格尔试图重新表述卢梭的公共意志概念的主要方式之一。他将公共意志构想为意志在每个个体意志中的实体化，并将意志的概念作为他的《法哲学原理》的原则。[2] 在一个学生关于《哲学科学全书纲要》的讲座笔记中，黑格尔明确承认了这一举措，强调公共意志是意志概念（EL § 163Z1)。值得注意的是，这一主张与卢梭被指控没有遵守他在所有人的意志和公共意志之间所作的区分有关。对卢梭来说，公共意志只关注共同利益，而所有人的意志只不过是特定意志的总和，其结合是基于个体利益的(OC iii：371；PW2：60)。因此，所有人的意志只相当于黑格尔在批判国家契约理论时提到的“个人意志**作为有意识的意志**所产生的**共同要素**”。因此，黑格尔认为，卢梭混淆了公共意志与集体意志，集体意志是基于所有特定个体都享有的某些利益而产生的，在这方面，集体意志代表了一种“共同要素”。然后，这些个人可以就确保这些共同利益的最佳方式达成协议。这将国家的基础变成了一个偶然的基础，因为一些人可能会放弃他们与其他人的共同利益，或者他们可能会对确保这些利益的最佳方式产生不同的看法。

黑格尔对卢梭关于公共意志的思想的重新表述，转向了用意志的基本结构来识别公共意志，也就是说，从区分一个人的意志和另一个人的意志的特定或有内容中抽象出来的，每个人的意志都必须被认为具有的特征。在这个意义上，公共意志不需要通过契约或任何其他集体行为产生。在任何情况下，这类行为只能产生具有某些共同利益的个别意志的总和，因此，拥有一定的协议基础，而确保这些共同利益几乎肯定需要服从或放弃这些人碰巧拥有的一些特定利益。对公共意志的这种理解为卢梭的模糊主张提供了一种可能的解释，即公共意志是差异的总和，当“一个人从构成所有人意志的个别意志中拿走相互抵消的优点和缺点”时，从总体上看，这些意志构成了所有人的意志（OC iii：371；PW2：60）。对黑格尔来说，这种普遍性本质上不同于他的思辨哲学所要达到的更高形式的普遍性。黑格尔暗示了这一本质区别，他声称，普遍幸福的状态还不足以构成国家，因为我们有的只是个人的集合，而不是普遍性（VRP2：iv：338）。

以这种方式将公共意志重新概念化，黑格尔暗示，正如在社会契约理论中一样，存在一种个人利益的概念，它限制了理性法律和制度的组织方式。由于意志被认为是一般性的，在作为基本概念结构的意义上，它在每一个人的意志中实体化，所有自由和理性的能动者都必须被假定具有相关结构的意志。因此，公共意志的现实化必须以共同利益为目标，共同利益被理解为保护自由有效的能动性的条件，所有个体都享有这些条件。这是黑格尔与卢梭立场非常接近的主要方式之一，对卢梭来说，理性的法律和制度确保了个体社会成员自由的必要条件。[3]

克服意志形式性的要求出现了一个问题，即如何在保持其所具有的一般性的同时，充分地将这一概念客体化，因为它表达了每个个体意志所共有的结构。克服意志概念的仅仅形式性的要求提出了这样一个问题，即如何在保留其所具有的一般性的同时，将这一概念充分客体化，因为它表达了每个个体意志所共有的结构。换句话说，这不仅仅是解释公共意志的**性质**或**本质**的问题，而是还必须提供对这种意志的**存在**的说明。这把我们带回到了意志的内容这一问题。目前的情况对黑格尔而言，意志“只是**自在地**或**对我们而言**是**自由**的，或者一般地说，是存在于**自己概念**中的意志”，而只有“当意志以其自身为其对象时，它才使自在的东西成为自为的东西”(PR § 10)。简言之，意志的概念必须以某种方式被客体化，而这种意志概念的客体化必须实现根本利益，即确保他们在世界上自由和有效的能动性的条件，所有个体都享有这些条件。

对黑格尔来说，意志的内容可以仅仅是个别的，就像在直接欲望、驱动力和倾向的例子中一样，也可以在某种程度上是普遍的。幸福的概念是特殊性和普遍性的结合。一方面，它是一种普遍的表象，要求某些欲望、驱动力和倾向服从于其他欲望、驱动和倾向，从而产生一定程度的系统统一。另一方面，幸福的概念因其确定的内容而因人而异，因此所讨论的普遍性只是一个形式上的普遍性，其内容可能会有所不同，在这方面仍然是不确定的。然而，黑格尔接着谈到了“这种意志以普遍性，作为无限形式的自身，为其内容、对象和目的，所以它不仅是**自在地**而且也是**自为地**自由的”意志（PR § 21）。按照上面所说，这可以被视为意味着意志的概念，是完全普遍的（或一般的），通过在外部世界中存在其自身实现的条件的意义上被客体化而变得“为自己”。换言之，这一意志不仅在形式上是一般的，而且在内容上也是一般的，在这里意味着意志的客体化，因为这一内容旨在通过确保世界上自由能动性的条件来实现所有人的普遍利益。权利是意志概念的客体化，这使黑格尔将其描述为“自由意志的一般存在”“**自由意志**的**定在**”（PR § 29）。

因此，黑格尔以重新概念化公共意志的方式，使他的权利理论关涉了一些典型的卢梭主题，特别是对平等和自由的关注。平等的概念隐含在这样一种观念中，即以权利的形式获得存在的意志是普遍的，即在每一个人的意志中被实体化。为了构成自由意志的真正存在，权利本身必须具有足够的普遍性，即不以牺牲社会中其他个人或群体的利益为代价来偏袒特定个人或群体利益，正如我们看到的，这种担忧并不能阻止黑格尔允许世界上自由能动性的条件产生物质上的不平等。在这方面，他使用的平等概念比卢梭使用的平等概念单薄很多。关于自由，黑格尔的权利概念是公共意志的客体化，被理解为每个个体意志中的意志概念，这意味着自由的“积极”模式与“消极”的自由相对，涉及某种形式的自决，个体通过这种自决实现自己，而“消极”自由包括不受外部干扰的自由，特别是强制性的、故意的干扰。

一般来说，虽然人们认识到积极自由需要消极自由的存在，但人们认为积极自由与消极自由是不同的。积极自由，无论它们是什么，并不是由一个人的信仰、冲动和欲望决定的。相反，自由在于遵守某些客观有效的规范，或根据这些规范的法律或制度化身行事，按照这些规范，人们永远不能将自己认定为自由和理性的能动者。因此，可能存在不危及人类自由的国家干预形式。相反，理性的法律和制度产生的实际约束被认为是自由的条件，因此，在自由地使我们自己受制于这些约束时，我们正在确保我们自己的能动性的条件。换言之，受制于这种约束与能动者的道德自由并不矛盾，前提是这些法律和制度确实确保了自由能动性的条件。在下文中，我将聚焦于自由的形式，黑格尔称之为“主观自由”，来揭示这种积极的自由模式在黑格尔的《法哲学原理》中所起的作用。

在我先前引用的《法哲学原理》中的一段话中，黑格尔将意志的内容描述为客观自由和主观自由的统一。虽然客观自由可以被视为权利，即以一套法律和制度的形式存在的自由，这些法律和制度确保了自由能动性的条件，但黑格尔在同一段中又将主观自由描述为“追求特定目的个体知识和意志的自由”。在下一节中，我将展示黑格尔的权利理论，通过将这种知识与对特定目的的追求结合起来，从而融合了主观自由与自由的积极模式。因此，尽管黑格尔使用了“主观”一词，但他想到的并不是这样一种本质上是主观的自由形式，也就是说，一种缺乏任何真正理由的自由感，因为它没有客观条件的基础。相反，这种主观自由被认为与黑格尔在《法哲学原理》中作为人类自由的有利条件所提出的现代伦理生活形式的制度有着本质的联系，因为它本身依赖于这些制度而存在，而这些制度的正当性在很大程度上取决于它们是这种主观自由的真实条件。事实上，正是通过试图证明主观自由和客观自由统一的可能性，黑格尔试图展示这种统一本身如何成为意志的内容。它以一个现存世界的形式成为意志的内容，在这个世界中，这种统一成为人类意识和意愿的对象，在这种意义上，个人有兴趣通过他们的行动来建立或维护它。同时，这个世界将个人视为给定的东西，因此必须将其视为历史进程的产物。

既然现代伦理生活形式的法律和制度代表了自由能动性的条件，那么，个人就能够认同自己的这些客观自由条件，即这些法律和制度所产生的实际约束不必作为纯粹的外部的、任意的约束。在这方面，虽然当自由被理解为纯粹的否定概念时，约束的概念似乎与自由的概念相冲突，但是实践的必然性被认为与意志的自我决定性质相兼容。黑格尔本人将这种兼容性与现代伦理生活形式的制度产生的伦理义务联系起来描述如下：

> 约束性义务，只能表现为与不确定的主体性或抽象的自由有关的**限制**，以及与自然意志或道德意志的冲动有关的限制。但是，个人在义务中获得了**解放**。（PR § 149）

由于这些约束不必被视为外部的、任意的约束，因为它们代表了自由能动性的条件，黑格尔认为："在这种自由中……意志与**自身**完全**相关**，因为它只涉及自身，因此消除了对自身**以外**的事物的**依赖关系**。"(PR § 23) 这一主张表明，黑格尔和卢梭一样，试图为人类相互依存的条件对自由构成的威胁提供一种解决方案，这种条件呼吁将道德自由理解为一种自给自足的形式。尽管如此，黑格尔仍然认为权利概念是对任意意志的自由的一种限制。

> 上面引举的这一法的定义包含着自卢梭以来特别流行的见解。依照这种见解，其成为实体性的基础和首要的东西的，不是自在自为地存在的、合乎理性的意志，而是单个人在他**独特**任性中的意志，不是作为**真实**精神的精神，而是作为特殊个人的精神。这一原则一旦得到承认，理性的东西自然只能作为对这种自由所加的限制而出现，同时也不是作为内在的理性的东西，而只是作为外在的、形式的普遍物而出现。（PR § 29A）

在这里有人提出，社会契约理论所采用的个人主义立场，包括卢梭版本的社会契约理论，不能将权利理解为对自由的外部约束，尽管一个人的自由想要与其他人的自由共存，这是一种必然的限制。这种权利的概念似乎与积极自由概念不一致，积极自由将一个人所受的约束视为非外部约束，因为受约束的主体同时也是这些约束的来源。黑格尔对社会契约理论的另一批评是，它最终依赖的个人主义假设导致国家与市民社会的混淆，将国家等同于保护财产和人身自由的功能，因此，“**个人的利益**成为他们联合的最终目的”，而不是他们的联合形成了意志的“真正内容和目的”(PR § 258A)。黑格尔在这里想将他关于现代伦理生活形式的理论与社会契约理论进行对比，他声称社会契约理论未能解释公共意志如何成为每个个体意志的直接对象，而不是仅仅被认为是在人类相互依存的条件下确保某些基本利益的必要手段。直接地、有意识地认同自己所属的社会或政治整体，将有助于解释如何消除与法律和制度相关的约束感，因为法律和制度仅被视为对自然自由的必要限制。

然而，人们再次注意到黑格尔和卢梭立场的兼容性。如果人们要保持自由而不是由外部的他人决定，个体社会成员必须拥有公共意志，即有意识地认同理性的法律和制度所体现的普遍意志。个体自觉认同公共意志并赋予其内在价值而不仅仅是工具性价值，因为，如果不是为了共同的利益本身，那么对卢梭和黑格尔来说就是一种异化。[4] 关于这类表述，我想强调一些问题，在本章稍后部分我们会涉及这些问题。

首先，在试图将与个人利益相关的主观自由与他对市民社会的描述中的积极自由模式相结合时，黑格尔将后者视为现代形式的伦理生活的领域，在这种生活中，道德自由在某种程度上得以实现，同时个人的利益仍然是他们团结一致的最终目的。在这方面，他似乎想将社会契约理论的一个部分纳入他对一种独特的现代伦理生活形式的描述中，同时也试图解释不需要将市民社会中的个人遇到的实际约束作为对其任意意志的纯粹的外部约束。同时，黑格尔将市民社会视为一个相互依赖和相互影响的领域，在这个领域，人类通过其所受的实际约束而被教育走向更普遍的立场，尽管他们不一定意识到这一事实。在这种程度上，他同意康德的观点，即在社会中追求自我利益（私利），最终是有益的，因为它有助于产生更普遍的意识和意志，只要它受到一定的法律和制度的约束。

在市民社会理论中，黑格尔特别关注决定人类思想和行动的经济和社会形式的必然性，即使在现代主体的情况下，这种必然性也具有高度的自由意识。在这里，必然性履行教育职能，包括发展普遍意识和意志。个人在市民社会中经历的形成过程是一个例子，说明了为什么人们可能会倾向于声称黑格尔为市民社会辩护，反对卢梭对市民社会的“反商业”批判，通过展示如何帮助教育个人的普遍性，他认为市民社会不仅仅是一个与国家普遍性对立的自私的个人主义场所。[5] 相反，市民社会在解释人类的可完善性方面发挥着至关重要的作用，人类的最终目标是成为完全合乎道德的存在。

黑格尔对这种形成过程的认同表明，他认为仅仅完成揭示公共意志的性质或本质的正式任务是不够的。还必须说明这种意志的存在，而这项任务最终需要证明，公共意志如何能够充分存在于现代伦理生活形式的个体成员的意识中。他在《法哲学原理》中阐述了这一点，人们有意识地认同公共意志，并将其作为他们活动的直接对象。尽管如此，我认为黑格尔未能对从作为市民社会特征的意识和意志类型的普遍性过渡到政治国家所要求的意识和意愿的普遍性进行令人信服的解释。我认为，卢梭已经确定了这种失败的原因，在黑格尔对现代伦理生活形式的描述中，特殊性和普遍性之间的差距，产生了对统治社会的力量和特殊利益施加秩序的想法，尽管黑格尔求助于一个过程，通过这个过程，真正的普遍意识和意志在很大程度上是自发产生的。

上述转变的失败并不是《法哲学原理》中异化的唯一潜在根源。黑格尔试图通过说明某些实际约束可以被视为人类自由的条件，剥夺了必然性作为纯粹外部约束的地位，这也是不无问题的。黑格尔对经济必然性的描述意味着，有些人可能会完全意识到对能动性的实际限制，而无法将这些限制视为其自身自由的条件。因此，这些人很可能会体验到现代国家对他们施加的外来约束。与这一群体相对的那些人，并不像他们想象的那样自由。并且，他们没有认识到经济和社会关系所产生的实际制约因素在多大程度上决定了他们的思想和行动。简而言之，黑格尔暗示，在某些情况下，自由国家的现代经验可能只是主观的，因为它没有充分反映客观条件。同时，充分接受和认同《法哲学原理》中呈现的现代伦理生活形式的法律和制度产生的前提是必须发展上述两个群体被认为缺乏的那种普遍意识和意志。因此，只要现代国家被视为人类可完善性的主要条件之一，人类的可完善性就会受到某些固有的限制。

二、主观自由

黑格尔强调主观自由的历史性质，即它在一种独特的伦理生活形式中的显现。从广义上说，伦理生活是定义特定共同生活形式的文化、法律、社会、政治和宗教关系的总和。黑格尔认为“爱浪漫的东西、个人的永恒救赎的目的……道德和良心”是主观自由权利在历史过程中所呈现的具体形式（PR § 124A）。正如这些例子所表明的，主观自由既是基督教在西欧兴起的基础上出现的伦理生活形式的产物，也是其决定性特征。黑格尔认为主观自由原则，是“个人的**自给自足和个人内在的无限人格**原则”，这一原则在基督教中以“内在的”形式出现，在罗马世界中以“外在的”形式出现（PR § 185A）。

主观自由原则起源于罗马帝国的一种外在形式，因为个体人格因罗马公民身份而获得了平等的法律地位。这种承认是以社会的原子化和私有化为代价的，因为普遍性（即体现在皇帝身上的国家权力）与拥有财产的罗马公民的社会脱节，他们拥有平等的法律地位和正式权利（PR § 357）。在这里，我们遇到了一种普遍性，它以一种对人类能动性的外部约束的形式出现，如果是必然性的话。主观自由原则在基督教中则以一种内在形式出现，即个人内心世界的神圣性得到承认。主观自由原则所呈现的外在和内在形式，引发以下问题，即实现了客观形式的普遍性是否能够与基督教体现的内在形式相结合，从而消除法律和制度对人类行为的限制所呈现的外来的、仅仅是外在的表现。换言之，从广义方面解释，道德自由如何与法律和制度的存在相兼容，这些法律和制度相对于受其约束的个人的意志是否具有客观地位？在黑格尔的《法哲学原理》中，主观自由原则所假定的外在、客观形式可以与第一部分“抽象权利”联系起来，这一部分涉及产权、合同以及违反合同和财产关系法律的错误，而其内在形式可以与第二部分“道德”联系起来。

抽象权利的主体是黑格尔所说的“人”。这个人是一个能动者，能够从各种给定的决定中抽象出他自己，这些决定以纯粹直接的方式将他与其他人区分开来。这些决定可以是身体上的，也可以是心理上的，也可以源于一个有自己的规范和传统的特定社会。这解释了黑格尔提出的以下主张：“当主体用任何一种方法具体地被规定了而对自身具有纯粹一般意识的时候，人格尚未开始，毋宁说，它只开始于对自身——作为完全抽象的自我——具有自我意识的时候，在这种完全抽象的自我中一切具体限制性和价值都被否定了而成为无效的。”(PR § 35A) 这种从决定中抽象地构想自己的能力，使人成为一个特定的人，而恰好在主体与其给定的决定之间引入了一个反思距离，允许主体与它们保持自由的关系。这种能力对应于意志概念的第一个时刻。根据意志的第二个时刻，主体可以通过这些决定重新识别自己，通过选择接受它们，比如当一个人决定按照给定的欲望行事，或者拒绝认同它们，比如它们没有被认为是自己“真实”的自我特征。

抽象和自由选择的能力强化了极端的个体化，因为个人作为选择者的意识，以及基于这样作出的选择而行动的意识，都被强化了，这就提出了一个问题，即什么原则“应该”决定一个人的行动。这指向了道德立场，这是一个比抽象权利更具反思性的阶段，它使抽象权利的自决主体的“人格”成为其客体 (PR § 104)。换句话说，道德立场代表了黑格尔权利理论中的主体性时刻。如果这种主体性要舍去其形式特征，就必须被置于一套客观有效的伦理关系之中。这些伦理关系是个体与各种制度之间的关系，这些制度构成黑格尔在《法哲学原理》第三部分中对现代伦理生活形式的描述。如果要将主体性的时刻融入现代形式的伦理生活中，从而达到维护道德自由的目的，那么这些制度以及它们所产生的制约因素就不应显得与现代主体格格不入。因此，这种形式的伦理生活必须适应黑格尔给出的与主观自由原则相关的各种要求，就其起源而言，主观自由原则是历史的产物。据记载，黑格尔根据其历史渊源对所讨论的问题进行了如下描述：“主体性的权利连同自为存在的无限性，主要是在基督教中出现的，在赋予这种权利的同时，整体必须保持足够的力

量，使特殊性与伦理性的统一得到调和。”(PR § 185Z)

根据他在主体性和道德立场之间建立的联系，黑格尔在道德一节中介绍了主观自由的要求，这一节涉及“我的内在的决定，主观意志”(VRP1：91)。在对道德立场的讨论中，黑格尔对责任进行了阐述，他强调最终目的或意图的重要性，该目的或意图构成了能动者在实施该行为时的利益。这种利益是一个条件，即能够在一个行动中认识到自己，从而认同自己。正是在这里，黑格尔开始谈论主观自由，他声称能动者的特殊性通过这种利益在行动中被包含和实现的方式“在其更具体的决定中构成**主观自由**，即**主体**在行动中得到**满足**的**权利**”(PR § 121)。“在其更具体的决定中”构成主观自由意味着主体在行动中得到满足的权利是主观自由更一般原则的具体表达。因此，主观自由权本身被描述为“主体的**特殊性**获得满足的权利”(PR § 124A)。这一权利显然比主体在行动中获得满足的权利更广泛。例如，可以认为它包括体现一个人的特殊性的特定需要，以及如何最好地满足这些需要的意见。换句话说，主观自由也涉及个人福利的理念。

因此，黑格尔在道德一节中引入了福利的概念。福利的概念可以表明，虽然黑格尔使用“主观”一词来描述某种形式的自由，但这并不意味着他认为这种形式的自由只是主观的。相反，他的权利哲学的一个主要目的是在主观自由与具有客观道德合法性的自由之间建立适当的联系。这一点从黑格尔对哲学的理性洞见所能达到的目的的描述中可以看到：

> 这种理性的洞察，会使我们跟现实**调和**。哲学把这种调和只给予那些人，他们一度产生内心的要求，这种要求驱使他们**以概念来理解**，即不仅在实体性的东西中保持主观自由，并且

不把这主观自由留在特殊的和偶然的东西中，而放在自在自为地存在的东西中。（PR Preface, 27［22］）

个人福利在现代形式的伦理生活中实现的方式作为一个例子，说明了上述段落对现实的理解与调和。此外，尽管黑格尔尤其将内心想要去理解的渴望与哲学联系在一起，但理性的洞察力并不是专业哲学家的专利。

在个人对国家法律和制度可能采取的道德态度类型的描述中，黑格尔提到了一种“基于理性的洞察力”(PR § 147A)。在介绍这种形式的洞察力之前，黑格尔在同一段中提到了另外两种类型的伦理态度：“无关系的同一性——其中道德是自我意识的实际生存原则”和“信仰与信念的关系”。后一种态度意味着反思的出现，因为它假定已经作出了某些区分，特别是将主体与其信仰或信念的对象分离，而所讨论的主体在某种意义上有意识地认同这个对象，即相信它在某种程度上是好的或真实的。这种关系已经是一种反思性的关系，可以“通过**进一步的反思**为中介”，成为基于上述原因的洞察力，而对个人和伦理同一性的充分认识“属于概念思维”，这大概是黑格尔在其《法哲学原理》中旨在提供的知识类型。基于理性的洞察意味着个人与国家之间存在一种反思关系。考虑到黑格尔对主体性及其所塑造的现代世界的看法，这是我们可能预料到的；他声称，在这个世界中，人类必须进入反思性理解的“法庭”，并寻找原因（VRP2：ii：487）。[6] 黑格尔所想到的原因包括某些特殊的目的、利益、考虑、希望或恐惧（PR § 147A）。这些例子指向这样的原因，即个体能够在国家中实现自己的特定目的和利益，因为具有特定形式的国家的法律和制度提供了有效实现这些目的和利益的手段。更一般地，我们可以这样说，个人认识到，成为拥有适当法律和制度的国家的一员为他们提供了实现幸福的最佳机会，这本身可以被视为有效能动性的基本条件，并在他们构想幸福时使他们的幸福最大化。这里的理性是利己的，对黑格尔来说，这不是理性洞见的最高形式，因为尽管它承认以权利的形式存在客观有效的东西，但客观有效的（或黑格尔自己有时称之为普遍的）却沦为达到目的的手段。因此，这种普遍（或公共）意志与个人的特定意志的表现之间的本质的（即非偶然）关系是缺失的，因为在放弃目的时，一个人也可以放弃实现目的的手段，无论放弃确保自己福利的目的是多么不可能。相反，黑格尔将伦理关系描述为特定意志和普遍意志的同一性（VRP1：124），而伦理生活的“抽象”概念则相应地被认定为“主观意志与客观意志的统一，意志的普遍性与意志的主观性的一致性”（VRP2：iv：395）。

正如我们看到的，主观自由原则在市民社会中得到了很大程度的实现，但在现代伦理生活这一领域，上述类型的伦理同一性并未完全实现。这是因为在市民社会的层面，普遍性并不构成主观意志的直接对象，这是由“真正”的良知代表的更高伦理立场要求的，即“意志**本身和对自身**有益的倾向”（PR § 137）。相反，国家被认为是一个“外部”的国家，因为国家中体现的主观意志与普遍意志的关系仅表现为个人能够满足其需要的手段（VRP2：iv：416）。此外，普遍意志有可能在必要时对人类能动性产生外部约束，正像在社会契约理论中发生的一样。尽管如此，上文所述的理性洞察类型使个人能够认同这些约束条件，从而将其视为这些个体自身能动性的条件，即使在市民社会层面，这些约束条件的外部性在很大程度上已经被克服。与国家这种外部概念相关的推理形式被视为对现代道德生活合理性的一种洞察，因为它不是建立在对一个人的社会世界的不假思索的接受之上，它的前提是，个人已经达到对某些必须满足的需要有了清晰的理解的阶段。如果他们的社会世界算得上一个美好社会的话，就需要满足这些需要，包括与主观自由原则相关的需要。通过理解现代国家如何在特定情况下满足这些要求，个人开始认同现代道德生活的法律、社会实践和制度，将其视为自身自由的条件，从而加强了国家。我认为这是黑格尔提出的主要思想：

> 现代国家的原则具有这样一种惊人的力量和深度，即它使主观性的原则完美起来，成为个人特殊性的**自给自足的极端**，而同时又使它**回复到实体性的统一**，于是在主观性的原则本身中保持着这个统一。（PR § 260）

通过这种方式，黑格尔对主观自由的描述可以被理解为“积极”自由模式。让人们深入了解现代国家的特定要素如何构成他们成功行使其自由能动性的条件，只要这取决于他们的物质幸福，将允许个人认为自己受到的那些约束反映了他们自己本质上自由和理性的本性。因此，那些认为公民的福利，包括他们自己的福利，是现代国家关注的问题的个人，在积极的意义上可以被视为自由的，原因如下：

（1）他们认识到，现代形式的伦理生活满足了他们作为自由和理性的人实现自我的某些条件。

（2）在这种情况下，个人可以认为自身受国家为保障个人福利而采取措施（例如税收）的形式的约束，这些措施按照他们自己最基本的目的和利益来说是合理的。

在这种程度上，主观自由不仅仅是主观的，尽管它涉及能动者的特殊性，并且在这方面其目的是有限的。相反，这种主观自由在现代伦理生活形式的一些主要制度中有其客观对应物，导致国家失去了对人类自由的纯粹外部约束（如果必要的话）。[7]

我们已经看到，主观自由原则的结果是，要求能够将自己与某件事物联系起来，从而使它不会被自己体验为异类。因此，黑格尔似乎想到了一种自由的形式，这种自由的形式在于缺乏约束，这种约束在于能够将自己与自己以外的事物联系起来。这种自由的思想是他在描述现代爱国主义特征时所考虑的。这种爱国主义在很大程度上是基于个人的“特殊利益”（从属于更广义的福利概念）构成了国家整体利益的一部分，个体认为事实确实如此，从而对国家产生信任感：

> 这种政治情绪一般来说就是一种**信任**，它能转化为或多或少地发展了的见解，它是这样一种意识：我的实体的和特殊的利益包含和保存在把我当作单个的人来对待的他物（在这里就是国家）的利益和目的中，因此这个他物对我来说就根本不是他物。我有了这种意识就自由了。（PR § 268）

在下一节中，我会提请大家注意，在黑格尔关于主观自由原则如何在现代国家中获得承认的论述中，市民社会发挥了重要作用。我还介绍了必然性概念，这是黑格尔的市民社会理论的特征。正如我们将看到的，某些实际形式的必然性限制了具有抽象权利的“人”的自由选择能力，限制了具有发展和寻求根据其自身对“善”的理解行事的道德主体的选择能力。这并不意味着对黑格尔来说，自由只能是主观的东西。我们已经看到，他试图解释一种自由形式的可能性，这种自由形式在于能够将自己与某些客观的实际约束联系起来，因为这些约束是一个人自身能动性的条件，因此必然性的观念和自由的观念看起来是兼容的。

在他的市民社会理论中，黑格尔确定了什么可以被描述为一种社会形式的必然性。在这里，某些实际约束并不是纯粹的外来约束，主要是因为个人没有意识到它们。同时，这些约束是在一个相互依赖的系统中产生的，在这个系统中实现了福利这一抽象概念。因此，关心自身福利和有效行使自由能动性的个体，可以被认为依赖于一定水平的物质福利的实现，他们在原则上会认同这些限制。此外，黑格尔认为这些约束具有教育功能，因为它们迫使个人采取更普遍的立场。对于什么可以被描述为经济必然性，从来没有明确的迹象表明，黑格尔认识到，一个人的自由体验，或者相反地，个体受制于必然性的体验，在很大程度上将取决于社会中某些权力关系的配置。

三、“必然的国家”

黑格尔关于现代伦理生活形式的理论有三层结构，首先是关于家庭的部分，其次是关于市民社会的部分，最后是关于政治国家的部分。关于市民社会的部分具有三层结构。从黑格尔称为“需要系统”的现代伦理生活领域开始。这一系统关系到社会的经济生活，它代表了一种以劳动分工为特征的部门间关系，“使人类在满足其需要方面的**依赖**和**互惠**……是完全必要的”(PR § 198)。鉴于这种分工，在满足个人需要方面，没有人能够完全自给自足。因此，每个人的福利都与其他人的福利联系在一起，一个人帮助提供满足社会中某一特定需要的手段，而另一个人则帮助提供满足其他需要的手段。个人福利与所有人的福利紧密相连，黑格尔将需要系统描述为一种条件，在这种条件下，任何人都必须在同时促进他人福利的情况下促进自己的福利：

> 在劳动和满足需要的上述依赖性和相互关系中，**主观的利己心**转化为**让其他任何人的需要得到满足的贡献**。通过一种辩证运动特殊性受到普遍性的中介，其结果是，每个人在为自己谋取、生产和享受的同时，也正为了其他一切人的享受而生产和谋取。（PR § 199）

这段话表明，需要体系是现代形式的伦理生活的领域，在这个领域，个人福利和所有人的福利的思想（在道德层面仍然只是抽象的），在其中开始实现，使市民社会成为黑格尔描述的主观自由的一部分，因为它要求能够以福利形式体验个体特殊性的满足。对理性洞察力的需要在市民社会中也得到了满足，因为以福利形式个体的特殊性得到了满足，这使市民社会成员也得到了满足，或者用黑格尔的术语来说，为**资产阶级**[8]（bourgeois）提供了一些充分的理由去接受自己在社会中的地位，并按照社会规范行事。

尽管市民社会概念对黑格尔关于主观自由的解释很重要，但他多次呼吁必然性的概念，比如当他提到需要系统本身时，以及更一般地说，市民社会是“必然的国家”时（PR § 183）。这一点很重要，因为必然性的概念似乎与自由的概念相反，这意味着个人受制于他们无法真正控制的力量，这种力量甚至违背他们自己的意愿、限制他们的行动。黑格尔想到的那种必然性的例子已经由相互依存条件这个概念提供了：在相互依存条件中，个人寻求满足自己的需要，因为他对这种相互依赖的认识意味着，在现代社会，不进入需要系统就不可能满足自己的需要。因此，这个系统被认为是存在于进入它的特定个体之前的，它不断地自我延续，而人类个体最终都会灭亡。此外，这一系统是自发产生的，而不是人类有意识行动的产物，如果人们在某个时间点集体决定根据他们对彼此依赖的认识以及由此产生的合作需要来进行分工，就会出现这种情况。黑格尔暗示了一种自发的元素，他声称个体进入市民社会，作为一个使自己的个体意志成为行动目的的人，在市民社会中确立了利己原则（VRP1：147）。这一主张意味着，市民社会中表现出来的共同利益是自发的，这是个人为促进自己和家人的福利而采取行动的意外后果。

黑格尔试图调和必然与自由概念。他希望调和自由和必然，这一点从下面这段话中可以看出，这段话涉及需要的产生以及需要的满足的本质上的社会性：

> 因此，这一社会时刻包含了**解放**的方面，因为需要的严格的自然必然性被隐藏了，属于人的关系是与**他自己的意见**（这是普遍的），和与由他自己强加给自己的必然性的关系，而不是简单地与外部必然性、内部偶然性和**任意性**的关系。（PR § 194）

在这里，需要的产生和需要的满足与意见相关。然而，为什么黑格尔说意见是“普遍的”，而不仅仅是特殊的？

在同一节，稍前面一些，黑格尔将“精神”需要（即非直接自然需要）描述为“普遍”需要。因此，我们可以假设他对这些需要有自己的看法。在许多地方，黑格尔提到了人类增加需要的方式和满足需要的方法，而非人类动物的需要是有限的，范围是固定的，满足它们的方法也是固定的，因为它们只是出于本能。此外，人类能够通过黑格尔称之为“精炼”（die Verfeinerung）的过程来具体化自己的需要（PR § 191）。例如，人类可能对服装有共同的基本需要。这种基本需要可以从以下意义上加以具体化：一个人认为他需要一套工作服、一套休息日穿的服装，以及一套参加晚宴的服装。

这种基于意见的需要的特殊化可以用社会术语来解释，因为它所依据的一套信念既取决于关于在某些特定情况下应该做什么的一般意见，也取决于对不能按照这些意见行事的恐惧。黑格尔自己用时尚作为例子，不仅说明了这样的社会压力，而且说明了即使试图将自己与他人区分开来，也可能会产生社会一致性（作为其意想不到的结果）：“一个人模仿他人，这就是时尚的起源。一个人想拥有别人拥有的东西，但一旦实现了这一点，他就不满足了；人想要一些特别的东西。然后，其他人重蹈覆辙，因此它会无休止地继续下去。”（VRP2：iv：491）

尽管有这种社会形式的必然性，黑格尔认为，需要的产生和特殊化，以及满足需要的方式依赖于意见，这代表了一种自由，因为人类因此能够超出与其他动物共同的自然依赖形式，从而证明其“普遍性”（PR § 190Z）。这种普遍性在于能够从任何纯粹自然的、仅仅给定的特征中抽象地构想自己，即作为一个人。因此，前面引用的段落中提到的解放，可以理解为从自然的直接性，从其特征本能行为中解放出来。这是从“外在”的必然性中解放出来，因为对于黑格尔来说，这种纯粹的本能行为并不符合人类本质上的自由和理性本性。然而，这并不是市民社会中意见具有普遍性的唯一方式。

另一个具有普遍性的方面是社会认同，人们对自己的需要和满足需要的方式的看法最终取决于社会认同。特殊需要和满足这些需要的方式是社会维度的，这是因为个人通过依赖他人来满足其需要，因此必须同时考虑他人的需要和意见（PR § 192Z）。举例来说，当一个人被迫生产有足够需求的商品时，这种需求本身将在很大程度上取决于其他人认为满足其需求的最合适的方式。此外，在这种情况下，有人认为某种需要只能由一种在社会中不常见的物品来满足，无论出于什么原因，个体可能需要为此物品付出更高的代价或放弃满足这种需要。然而，放弃对基本需要的满足是不可能的，有关个人将被迫付出更高的代价，或者修改他关于用什么满足这种需要的意见。在这里，意见的偶然性和任意性在某种程度上被消除了。必须将他人的需要和意见考虑在内而产生限制的情况，意味着黑格尔提到的从自然必然性的束缚中解放出来，不应被视为一种整体上的解放。相反，在许多情况下，关于需要及其满足的意见将继续以自然需要为基础，尽管人类需要及其满足方式变得越来越特殊，并呈现出人为需要的样子。因此，前面引用的段落中的说法是“需要的严格的自然必然性被隐藏了”。

黑格尔将与满足需要相关的实际约束视为人类自由的条件，在这种意义上，这些约束使人们习惯于约束自己的直接欲望和倾向，使他们能够对这些欲望和倾向进行某种控制。换言之，根据黑格尔关于意志的第一时刻的抽象自由的观点，个人发展了实现与其直接欲望、驱动力和倾向相关的反思距离的能力，而通过将自己想象为独立于这些直接欲望、驱动力和倾向，他们能够采取更普遍的立场，这既与自己有关，也与他人有关。[9] 这一立场本身就是一个条件，即能够承认反映这一立场的法律和制度的有效性，以确保社会所有成员的根本利益。在这方面，市民社会已经以一种自发的、无意识的方式展现了“思维的普遍性的培养”，黑格尔以之代表“**教育**的绝对价值”(PR § 20)。因此，在市民社会，“主体性在其特殊性中**受到教育**”(PR § 187)，这种教育功能解释了黑格尔的主张，即虽然特殊性是市民社会的第一原则，但普遍性是其第二原则（PR § 182）。[10] 在这方面，必须认为市民社会在黑格尔关于人的可完善性的论述中起着至关重要的作用。

与自发产生的社会秩序中存在的不平等的依赖关系和潜在支配相比，卢梭崇尚原始人在自然状态的早期阶段所享有的自然自由。

黑格尔承认在相互依存的条件下教育的功能，等于是拒绝了卢梭的观点。黑格尔甚至拒绝自然独立本身构成一种自由形式的观点，理由是它缺乏意志所必需的反思时刻：

> 有这样一种观念，仿佛人在所谓的自然状态中，就需要来说，其生活是自由的：在自然状态中，他只有所谓简单的自然需要，为了满足需要，他仅仅使用自然的偶然性直接提供给他的手段。这种观念……是错误的。因为自然需要本身及其直接满足只是潜伏在自然中的精神性的状态，从而是粗野的和不自由的状态，至于自由则仅存在于精神在自己内部的反思中，存在于精神同自然的差别中，以及存在于精神对自然的反射中。（PR § 194A）[11]

个人在市民社会接受的其他教育涉及各种形式，在这些形式中，作为需要系统特征的相互依存的条件导致了某些共同的行为模式和社会实践。黑格尔也提到了与膳食时间和服装样式有关的习俗（PR § 192Z)。我已经讨论了第二个例子。关于第一个例子，这种社会习俗的起源可以用需要系统的有效运作来解释。例如，想象一下，如果人们可以在上午 11 点到下午 4 点之间的任何时间午休，那么，在现代社会干点事情是多么困难。不过，这些习俗可以被认为是自发产生的，它们使个人受到似乎无力改变的实际的限制。然而，由于习俗的关系，这种社会形式的必然性可能因为人们的习惯被遮盖，并且没有理由认为个体有意识地认同自己受到的约束。相反，他们可能仅仅因为不这么做就无法实现其特定的利益和目的而按照这些限制行事。在这里，我们可以看到，黑格尔对比了特殊性原则和普遍性原则在市民社会中的统一，与它们在伦理生活中最终要达到的统一，他作出以下陈述：

> 这种统一不是道德认同的统一，因为在这种差异的层次上……这两个原则是自给自足的；出于同样的原因，它不是作为**自由**而存在的，而是作为一种**必然性**而存在的。在这种必然性中，**个别**事物必须上升到**普遍性的形式**，并以此形式寻求和找到其生存。（PR § 186）

鉴于市民社会中自发产生的实际约束，人们可能会问，如果他所受的社会形式的必然性对他来说仍然是隐蔽的，一个人是否会经历一种虚幻的缺乏约束的感觉？毕竟，黑格尔对市民社会所发挥的教育功能的描述主要基于这样一种观点，即个人并没有意识到他们客观上受到的约束。如果有可能设想这样一种情况，我们将拥有一种主观自由，而这种自由仅仅是主观的。

黑格尔在这个意义上暗示了一种主观自由，对那些认为自己生活在必然状态的人来说，普遍性表现为一种外部力量，它们对自己来说是一种“可悲的必然性”（VRP2：iv：474f.）。在这方面，人们清楚地认识到，个人受到某些实际限制。这种对必然性的认识可以理解为这些个人认识到他们的福利以及他们的人身和财产的安全取决于国家的存在。这种对必然性的认识与基于理性的洞察是兼容的，这种洞察允许黑格尔将对主观自由的描述及其在现代国家中的需要的满足等同为自由的积极模式，这种模式要求个人能够认同自己所受的约束，在某种意义上，这些约束可以被理解为源自现代道德生活形式的某些客观特征，这些特征确保了他们自由的条件。

尽管如此，黑格尔似乎认为，个人可能会有这样一种想法，即人有可能不生活在国家中，与此同时，他们又普遍认识到这样做的必然性，因为如果他们不以有序和守法的方式行事就无法实现自己的目标，因此他们所受到的约束似乎是一种“外部必然性”（VRP2：iv：481）。在这里，谈论一种仅仅是主观的自由是有意义的，因为这一主张意味着，有关个人认为，**如果**他们能够找到一种保障其生命和财产以及保障其自身福利的替代手段，就没有必要生活在一个国家中。换句话说，他们认为生活在国家中最终是一个偶然事件，这正是黑格尔指责社会契约论的地方。当然，这在很大程度上取决于“如果”的严肃程度。无政府主义者和小政府的拥护者可能会非常认真地对待这个“如果”。相比之下，黑格尔肯定会认为这种“如果”本质上是虚幻的，因为他认为人类需要的发展和满足产生了一种相互依赖的条件，这种相互依赖不仅存在于个人，而且需要法治和国家机构才能有效运作。

当黑格尔谈到那些认为自己生活在必然状态的个体时，我们必须认为他心中有一种本质上虚幻的态度，无论在这件事上拥有选择权是多么含糊。这种态度的特点是一种部分的，如果不是绝对的，缺乏约束的感觉。虽然主观自由通常以这种缺乏约束的感觉为特征，但其程度可能因具体情况而异。在上述情况中，相对较高的主观自由度可以用以下事实来解释：由于习惯和在社会中满足其需要的持续经验，个人只部分意识到生活在一个国家中的必然性，并接受这种必然性产生的约束。黑格尔似乎在以下声明中提出了类似的观点：“当有人夜里在街上安全地行走时，他不会想到可能变成别的样子，因为安全的习惯已经成为第二本性，人们却不反思，这正是特殊制度的作用。”（PR § 268Z）矛盾的是，一种部分地缺乏约束的虚幻的感觉可能是国家有效运作的结果。相反，一些生活在因国家机构的缺乏或运转不良而导致的匮乏、混乱和暴力状况中的人，很可能会相信生活在国家中是绝对的，而不是条件性的。

没有充分反映客观条件的缺乏约束的感觉的可能性指出了黑格尔使用“主观自由”一词的一个特殊原因，此外，这种形式的自由更普遍地关注个人的特殊性。原因在于，这种形式的自由是心理性质的，因为它取决于一个人如何看待自己的处境，取决于他经历了多少与之相关的约束感。诚然，就个人福利而言，当一个人所处的国家实际上不允许他实现某种程度的物质福利时，他不太可能体验到由于能够相对轻松地、定期地满足自己的需要而产生的缺乏约束的感觉，除非是采用了灌输的方法。尽管如此，我将结合黑格尔本人提出的经济形式的必然性这一观点进行论证，即一个人缺乏约束的个人感觉可能无法完全准确地反映其客观情况。

在对这种经济形式的必然性的描述中，黑格尔更进一步地暗示，个人的主观自由将在很大程度上取决于他在社会中的地位，特别是他所享有的经济权力的量。在某些情况下，这将意味着缺乏道德自由，因为个人无法认可他们所受到的约束，因此他们无法将这些约束视为自我施加的约束，同时他们敏锐地意识到这些约束的存在。在其他情况下，个人在社会中的地位可能导致他无法认识到他在现实中所受的约束的存在，从而使个人的自由成为一种纯粹的主观自由。经济必然性的概念在黑格尔的现代伦理生活形式理论中，对市民社会发挥的教育功能有一些重要的影响。

四、经济必然性

在黑格尔关于市民社会的第一节中添加的一句话中，他认为，最近发展起来的政治经济学解释了统治市民社会中的那些关系，并且后者构成了“需要领域”。[12] 必然性的概念再次出现，因为黑格尔在这门科学发展的理论中推崇的是，通过从社会经济生活观察者最初面对的无数细节中提取原则，能够“以定性和定量的确定性和复杂性来解释这些关系和运动”(PR § 189A)。换言之，政治经济学发现了所有经济活动遵循的一般规律，从而将这种活动理解为不只是一堆偶然的细节。这里讨论的必然性涉及某些现象，在这里意味着由固定的法律决定的生产和交换的关系，只要这些法律约束人类的行为，它就产生了现实的必然性。然而，为了避免实践必然性崩溃为因果必然性，如果黑格尔的权利理论真正建立在意志是自由的假设之上，那么黑格尔肯定需要这样做，即这些法律不能完全决定能动者的能动性。简而言之，黑格尔需要解释自由与必然的相容性。

正如我们已经看到的那样，黑格尔在市民社会中描述的实践必然性被认为与自由的理念是一致的，因为它们源自自由本身的某些客观条件。独立于这一主张，这些实践形式的必然性原则上可以被视为与自由理念相兼容，因为我们至少可以想象个人选择对这些实践必然性的来源进行抵抗，无论这些抵抗行为最终可能是多么徒劳。例如，人们可能拒绝按照社会规范行事，可能试图通过调节自己的需要来减少对他人的依赖，或者他们可能通过拒绝从事由他人的意见决定的炫耀性消费行为来抵抗统治社会的经济力量的支配。此外，支配经济活动的规律本身是许多偶然因素共同作用的产物，包括最终可能被视为自由选择的各种交换行为。在这方面，可以想象，这些规律可能采取不同的方式，也就是说，如果他们所依据的行为涉及不同的选择，或者，为了产生不同的结果，自由选择以某种方式受到限制。然而，这些观点并不是黑格尔自己提出的。

黑格尔认为经济法是以一种必然性形式运作的，这一事实从以下段落中可以明显看出，这一段首先将市民社会描述为以任意性与混乱为特征的现代伦理生活形式的领域，在这一领域，特殊性可以自由发挥，但随后谈到了可以发现的普遍规律，这些规律是这种明显的任意性与混乱的基础：

> 但是从这样乱纷纷的任性中就产生出普遍规定。这种表面上分散的和混沌的局面是靠自然而然出现的一种必然性来维系的。这里所要发现的这种必然性的东西就是政治经济学的对象。这门科学使思想感到荣幸，因为它替一大堆的偶然性找出了规律。（PR § 189Z；VRP2：iv：487）

经济法中表现必然性的一个例子是关于供求关系的法则。黑格尔在提到生产过剩问题时简短地提到了这个必然性的例子，当生产的商品数量超过需求时，就会出现生产过剩问题，导致生产水平下降，从而导致人们失去工作并陷入贫困（PR § 245）。在这里，市场经济的正常的、不受阻碍的运行自发地产生了这些结果，而不是来自任何特殊事件。当黑格尔称贫困是市民社会的必然后果时，他这样说过（VRP1：193）。此外，他还谈到，当将殖民作为解决生产过剩问题的方法时，市民社会被其自身的辩证法所超越，因为殖民地的建立将为无法在国内市场上销售的商品提供一个新的市场，并为那些希望在殖民地定居的个人提供一个基于更简单的家庭生活原则的新的活动领域（PR § 246，§ 248）。市民社会是由其自身的内部矛盾驱动的，这一观点意味着一种必然的经济形式，它会产生一定的现实约束。人类活动（例如，国家试图管理一种系统性的，而不仅仅是偶然的殖民形式）在这里被迫适应由市场规律正常运行带来的现有经济和社会现实。以这种方式，市民社会就变成了现代伦理生活形式的领域，在这个领域，人的意志与必然性的关系问题凸显出来。

这里有一个关于黑格尔《法哲学原理》中经济法的精确地位的问题。这些规律就是权利的决定吗？既然经济法具有独立于任何个人意志的客观地位，市场经济是现代道德生活的一个组成部分，那么，这些规律似乎确实构成了权利的决定基础。然而，考虑到这些规律运作的准自然的必然性，无论是对影响黑格尔的政治经济学学者还是对黑格尔本人而言，这些规律的理念如何与黑格尔将权利描述为“自由意志的存在”相协调呢？

黑格尔将权利描述为自由意志的存在，这将他置于现代自然法传统之中，因为这种传统在自然法和权利（或自由）法之间进行了区分。自然法存在着，它们的野蛮存在构成了它们的有效性，因为所有自然物体都必须符合它们，法则本身不会错误，只有我们对这些法则的看法可能是错误的。权利法（或自由法）是一种规范性法律，与自然法一样，它可能仅仅以实在法的形式存在。然而，它们是人类意识和意志的产物，它们的存在并不能使它们有效。相反，它们的正当性取决于它们被认为是理性的。[13] 然而，当黑格尔赞扬政治经济学时，他认为经济法和自然法一样，可以被视为受其支配的多种现象的基础和决定因素，那么，经济法在什么意义上取决于人类的意识和意志？黑格尔是否认为，尽管如此，这些法律最终是人类意识和意志的产物，正如他对权利的一般概念所要求的那样？

尽管黑格尔没有明确提出这样的主张，但经济法可能被视为人类意识和意志的产物，因为它们是在自由进行的各种生产和交换行为基础上产生的规律。如果没有这些同样的行为，这些规律就不会存在，因此，尽管它们似乎具有准自然的必然性，但经济法是习俗的，因为在缺乏人类意识和意志的情况下，它们不会存在。这并不是说这些规律是有意识的。事实上，黑格尔热衷于强调经济领域的无意识、自发的性质，正如在上文引用的段落中，他谈到了“任意性从自身当中产生普遍决定”的方式，以及“这种明显分散和轻率的活动如何受制于一种自发产生的必然性”。继而，这种自发产生的经济法体系开始作用于个人，在某种意义上，它决定了他们的活动，在个体面前表现为既定的无法改变的东西。

为了在经济法表现出的必然性及其所产生的实际制约因素面前维护人类自由的理念，我们可以说这些规律能够受到人类的控制，就像自然法可以通过经济领域的监管来满足人类的需要一样。以下面的段落为基础，我们很容易将经济力量必须置于有效的人类控制之下的立场归结于黑格尔，这一段中他讨论了贸易和商业自由的问题，并声称个体利益。

> 要求贸易和商业自由以对抗来自上层的调整，但它越是盲目地沉浸在自己的自私目的中，就越需要这样的监管以使其回归普遍物，并使危险的震荡得以缓和，使冲突由于无意识的必然性而自动平复的间隔期得以缩短。（PR § 236A）

然而，请注意，尽管黑格尔提到了“上层的调整”，但是，他指出，“无意识的必然性”的过程应该恢复和谐。这一说法表明，在理想情况下，市场的自我调节机制就足够了，因此，只有在特殊情况下才需要国家干预。

黑格尔有充分的理由对国家干预持谨慎态度，因为市民社会允许特殊性自由发挥的方式构成了其作为现代伦理生活领域的一个重要组成部分，它容纳了主观自由原则，即个人特殊性得到满足的权利。此外，黑格尔希望为“主观特殊性”留出发展空间，以实现其创造潜力，并带来某些其他利益，如“思维活动、功绩和尊严的发展”，他声称，“如果它得到客观秩序的支持，遵循客观秩序，与此同时，保留其权利”，才能做到这一点（PR § 206A）。换言之，市民社会在适应主观自由原则方面的作用代表了现代国家构成人类可完善性条件的一种特殊方式。在缺乏国家监管的情况下，国家监管意味着人类有意识地控制社会中发挥作用的经济力量，那么经济法就可以被理解为表现出“理性”必然性的样子，不仅因为它有法律的形式，而且经验表明其正常运作是有益的，它往往会给大多数人带来福祉，并促进人类更普遍的进步。尽管黑格尔似乎接受了市场经济有益影响的观点，但这最终只取决于他本人的假设。

黑格尔关于在经济必然性面前如何保持自由，甚至通过这种必然性形式来促进自由的观点，可以从他对同业公会的描述中看出。同业公会是由从事相同行业或从事相同职业的人组成的机构。这就是为什么黑格尔将其描述为贸易和工业产业的特征（PR § 250）。这也是他认为同业公会成员资格依赖于拥有特定技能的原因（PR § 251）。事实上，是同业公会制定了标准，以确定个人是否有足够的技能或能力从事某一行业或职业，以及提供旨在培养新成员的教育资源（PR § 252，§ 254）。同业公会以这种方式构成了官方承诺的一种来源，而这相应地又是黑格尔所称的自我认同、自尊或荣誉的重要来源（PR § 253）。同业公会还寻求保护其个人成员的特殊和普遍利益。他们的普遍利益受到同业公会的保护：同业公会选举代表组成政治国家立法机构一部分，这些代表寻求促进同业公会的共同利益（PR § 308–311）。他们的特殊利益也受到同业公会的保护：同业公会保障其成员在因疾病而无法工作等紧急情况下的生计（PR § 252–253）。这些意外情况还可能包括商品需求的波动，有时会导致个人没有足够的工作或贸易来养活自己和家人。通过在经济萧条的时期支持个人，同业公会使“对贫困者的救济并非偶然权宜之计，同时也不会使人感到不当的耻辱”（PR § 253A）。换言之，同业公会的成员并不依赖于他人的任意意志，而是由于其早期的自我活动而获得了生存的保障。

从同业公会履行的这些职能中，我们可以看出，这一机构是如何代表一种联合的生活形式的，在这种生活形式中，所有人的福利理念以及主观自由原则都是在现代的伦理生活形式中实现的。黑格尔对同业公会的描述也代表了一种尝试，即试图解释在实践必然性的基础上，如何建立牢固和持久的社会纽带，这种必然性在于必须与利益同自己相似的其他人合作。在亚当·斯密的《道德情操论》中，必然性在这种社会纽带形成中的作用在以下段落中得到了明确的表达：

> 在性格良好的人中，相互迁就的必然性或便利性常常会产生一种友谊，这种友谊与那些出生于同一家庭的人之间的感情无异。办公室里的同事，贸易中的伙伴，彼此称兄道弟，并且经常感觉彼此好像真的兄弟一样。他们的良好关系对所有人都有利，而且，如果他们是一些理性的人，他们自然倾向于同意和谐一致……罗马人用“必要”（necessitudo）一词来表达这种依附关系，从词源上看，这似乎意味着这种依附是由形势所要求的必然性。[14]

基于这段话，我们可以认为个人会更加自觉地追求同业公会所体现的共同利益，尽管这一制度及其相关的道德倾向可以被视为激励市民社会的利己主义的意外结果。这是因为，一旦这些个人认识到，真正有效地追求个人目的和利益需要他们与其他具有相似目的和利益的人联合起来，这样同业公会就产生了，这些个体接受了合作对其行动的限制。然而，如果该机构要实现其初衷，则必须有意识地维护同业公会的共同利益。例如，其成员必须表现出承诺感或愿意为整个同业公会的利益而牺牲自己的纯粹个人利益等品质。在这方面，同业公会代表了一种联合形式，其个体成员有意识地认同这种联合形式所体现的公共意志，将这种联合视为他们自身的基本目的之一。从这个意义上说，他们可以被认为具有公共意志，而不仅仅是特定的意志。

如上所述，由此产生的社会纽带可以被认为比前面引用的段落中的纽带更牢固。因为友谊的概念意味着一种人类的善的概念，这种善不能独立于最初使之成为可能的交往形式，因为对友谊的价值的欣赏取决于能够体验它所带来的特殊利益。因此，并不是说，在与他人交往之前，个人对友谊有一种预先存在的、充分发展的需要，这种需要是他们通过与他人交往来满足的。相反，这种需要首先是通过联合行为产生的。斯密在这方面的描述表明，友谊的真正价值的发现可能是追求私人利益的意外结果。因此，尽管同业公会提供了一种有其必然性，并且以个人利益为基础的联合形式的例子，但一旦成立，该机构就有可能产生比需要与他人合作以实现自己的目的和利益所产生的更牢固的社会纽带。相反，用黑格尔的话来说，联合本身就是意志的真正内容和目的。关于这种联合形式的想法引发了一个问题，即这种模式能否成功地应用于个人与国家的关系。我很快会回到这个问题。

黑格尔没有在任何地方表明，他所认同的同业公会的联合形式会使其自身适应现有的经济和社会现实，因此，尽管可能取决于人类的意识和意志，但是，同业公会的道德和组织方面在很大程度上取决于根据自身独立法律运作的力量。他试图以这种方式通过制度手段调和意志和必然性，这至少引发了两个重大问题。第一个问题涉及两种可能性，要么受到某种形式的必然性的影响，而这种必然性同时又不允许黑格尔赋予主观自由的缺乏约束感，要么经历一种不合理的缺乏约束的感觉，这只是一种主观的自由形式。第二个问题涉及意识的变化，这意味着从市民社会向政治国家的过渡。这种意识的变化在于，将一种与特殊性联系在一起的普遍意识转变为一种将自己从任何特定利益中解放出来的普遍意识，从而能够使普遍关注的问题成为其意志的直接对象。在每一种情况下，黑格尔都未能对必然性与自由的相容性提供充分的解释。我将在下一节讨论第一个问题，在本章最后一节讨论第二个问题。

五、主观自由的限度

由于将同业公会成员团结在一起的社会纽带取决于这些成员的共同利益和这些利益所产生的共同身份，因此，黑格尔被引导将一些市民社会成员排除在这一机构之外，也就是区分穷人和富人。面对决定市场经济运作的经济规律，非技术工人的命运确实是非常不确定的，因为黑格尔赋予同业公会在个人无法工作时提供支持的职能，而同业公会的成员资格取决于他们拥有某种技能或从事某个行业。因此，属于“穷人”这一类别的人可以被视为包括失业人员和非技术工人。生产过剩问题导致的失业率增加的例子与市民社会中的自由与必然的关系尤其相关，因为黑格尔引用了选择职业或技能的权利作为主观自由原则在现代世界中如何存在的重要例子。事实上，职业选择被认为是市民社会中自由与必然相协调的主要方式之一。这种实践必然性呈现为由自然因素所产生的实际约束的形式，这些自然因素包括一个人出生时的天赋和一个人出生的特定环境。

选择职业的印象很重要，因为这意味着“在这一领域由于**内在**

必然性而发生的一切，同时也**以任性为中介**，并且对主观意识来说，具有他自己意志作品的形态”（PR § 206）。换言之，选择职业的感觉可以抵消现实中限制一个人在这些问题上自由选择的各种因素。在生产过剩导致的经济危机时期，许多人的职业选择将受到特别的限制。[15] 因此，我们可以假设，面对所处的环境对他们施加的限制，这些人只有一种微弱的主观自由感，主观自由感被理解为一种缺乏约束的感觉。这些人将体验到一种强烈的服从必然性的感觉，这种必然性以客观条件为基础。然而，当黑格尔承认自然和非自然条件决定了选择自由的限度时，他认为即使在更好的经济时代，必然性也会发挥作用。

在另一个例子中，黑格尔倾向于自发产生的秩序，而不是外部强加给统治社会的力量的秩序，他承认，共享社会一般资源的可能性取决于技能等因素以及心理和生理能力的自然差异和特征。他甚至认为，拥有一项技能是以资本形式的基本资产为条件的（PR § 200）。黑格尔这一主张的含义的一个可能解释是，获得某些教育资源可能取决于支付能力。这种类型的情况允许我们设想这样一种情况，即有两个人在他们天生的心理和生理能力方面大致相等。然而，这些人中的一个恰好有足够富裕的父母来支付某种类型的教育，而另一个人的父母缺乏支付相同类型教育所需的经济资源。在这里，不平等的结果可以被认为是由习俗（即非自然）因素决定的。在目前的情况下，习俗因素可以被认为包括政府层面作出的决定（无论是实际的还是隐含的），即允许资金不足和资源不足的公立学校与资金充足和资源充足的私立学校共存。正是这些习俗因素所起的作用，使黑格尔不仅谈到了“自然造成的不平等”，而且谈到了“精神本身”所产生的不平等。第二种形式的不平等是关于技能、资源和教育的不平等，黑格尔接受这种不平等，因为它代表了“精神的客观

特殊性权利”（spirit's objective *right of particularity*）（PR § 200A）。

这种对不平等的辩护表明，黑格尔不愿意赋予国家以平等的名义对社会中的特定利益施加秩序的任务。如前所述，这种不情愿可以从他希望在现代伦理生活形式理论中容纳主观自由原则及其据称带来的好处来解释。这种容纳主观自由原则的方式，代价是牺牲黑格尔试图通过职业选择来适应这一原则的主要方式，正如费希特所做的那样，将职业选择作为一个人在“自决过程”中“仅限于某一特定需求领域”的手段（PR § 207）。因为黑格尔接受基于人类习俗的不平等意味着，许多人的职业选择将在很大程度上取决于他们已经（或没有）因这种不平等而处于何等的不利地位，而在面临经济危机的时候，一些人甚至可能无法进入任何职业。

如果那些因现有的不平等而处于不利地位的个人意识到，他们的选择自由在多大程度上是由他们个人无法控制的因素决定的，那么，在市民社会中隐藏的必然性可能会无情地向他们显现出来。有工作的人也是一样的，如果他们从事的工作是纯机械性的，而且报酬很低，生产资料掌握在他人手中。当他将这种现象与盲目的、自发的过程联系起来，将这种过程与高度特殊化的需要的产生以及满足这些需要的手段联系在一起时，黑格尔这样说：

> 社会条件趋向于需求、手段和享受的无限增加和具体化——这就产生了**奢侈**——这一倾向与自然需求和社会需求之间的区别一样，是没有限制的，也意味着依赖和需求的无限增加。它们面对的是一种进行无限抵抗的物质，即外部手段，其特点是它们是［他人］自由意志的产物，因此是绝对顽强的。（PR § 195）

在另一节中，黑格尔将“依赖和需要”问题与特定的一类人，即与劳动分工和工业化导致的机械重复劳动形式“绑定”的一类人联系起来（PR § 243）。依赖和需要与特定类型的工作联系在一起，这再次意味着存在一种实践形式的必然性，其主观对应物是强烈的约束感。根据这些说法，市民社会开始看起来似乎在很大程度上是由盲目自发的依赖产生过程所决定的，卢梭在《二论》中描述的不平等是这种依赖产生过程的意外结果之一。此外，黑格尔提到他人的财产，这意味着这里显示的最终是以依赖于事物为中介的对人的依赖。

这种情况引发了这样一个问题：那些敏锐地意识到自己所服从的必然性的人在面对这种必然性时应该采取什么样的态度，以及他们是否有任何意义上的自由。在这里，我认为重要的是不要将因果或逻辑必然性与同市民社会联系在一起的实践必然性相混淆。在因果或逻辑必然性的情况下，顺从可能是唯一合理的反应，因为一个人的思想或行为所遵循的法律不是人类能够改变的法律。然而，就市民社会的实践需要而言，情况并非如此。毕竟，黑格尔认为，经济活动可以受到人类有意识的集体控制，即使他不愿意提倡这种控制。此外，尽管它的特定结果可能不是有意识的，但是，正如已经指出的那样，这类活动可能被视为在某种程度上由人类的意识和意志所塑造的。在这方面，穷人的处境与一个人的房屋被洪水（或其他自然力）严重破坏的情况不同，洪水没有人能够阻止或控制。相反，他们的立场类似于这样一种情况，即通过人为干预就可以防止对房屋造成的损害，例如，如果当局提供了足够的沙袋或如果一些人采取了其他行动，比如，一些人没有选择拿比他们真正需要的更多的沙袋。在这种情况下，顺从似乎不是对自己处境的唯一合理反应。[16]

根据学生的课堂笔记，黑格尔在《哲学科学全书纲要》中声称必然性的本质是自由，黑格尔据称确定了两种方式，在这两种方式中，必然性可以被视为与自由兼容。这些方式中的第一种涉及受客观有效的伦理内容的约束，伦理人不会将其视为对其自由的侵犯。相反，正是通过伦理内容的意识，他的自由通过被赋予确定的内容而变得实际，而不是抽象的、仅仅可能的任意意志的自由。黑格尔在这里建议，即使是一个被惩罚的罪犯，他自己遭受的胁迫形式的必然性，在与他自己的犯罪行为相关的合理正当性的意义上，仍然是与自由相容的，因此，作为一个理性的能动者，他不需要将这种必然性作为一种纯粹的外来的外部约束来体验。黑格尔还谈到了独立性，这种独立性来自意识到一个人“完全由绝对观念决定”，以及根据这种意识采取适当的态度，这包括斯宾诺莎称之为“对上帝理性的爱”（*amor intellectualis Dei*）的态度（EL § 158Z）。这些例子都有一个共同的想法，即服从某种理性的必然性，无论它是逻辑的、形而上学的，还是实践的。自由和必然被认为是相容的，因为作为理性主体或能动者，一个人可以认识到这种理性的必然性不是完全不同于自己的东西。然而，对于个人在现代国家中所受的经济和社会形式的必然性的合理性的洞察，似乎不适用于那些主观自由没有被容纳在这个国家中的人，尽管正是这种洞察力让黑格尔试图在其市民社会理论中证明自由与必然的相容性。

虽然上述这类人的情况意味着缺乏主观自由，但我现在将转向一个不那么明确的情况，即主观自由肯定存在，但其方式可能被认为是过度的。这是因为作为市民社会基础的经济必然性由于个人享有的强大地位而被掩盖，导致相关个人在面对这种必然性时感到过度缺乏约束。这种情况与上述人群的情况正好相反。他们是富人、资本家，根据黑格尔的说法，他们把一切都视为可以购买的东西，因为他“知道自己是自我意识特殊性的力量”(VRP1：196)。黑格尔指的是富人凭借其财富和财富带给他的力量，认为自己不受市民社会特有的相互依存条件的约束。相反，他的财富似乎允许他做任何他想做的事，并支配他人，而这些人被迫按照他的目的和利益行事。鉴于他凭借自己的财富和对他人的权力享有独立性，富人也不需要成为同业公会的成员。因此，他不受这种形式的联合成员资格对其行为施加的限制。当这些主张与黑格尔所说的遭受依赖和匮乏的阶级相结合时，他似乎在暗示，一个人在现代社会中经历的缺乏约束的程度将在很大程度上取决于他所享有的经济权力的大小。

然而，当富有的资本家享有的财富和权力是在这种相互依存的条件下发展起来的市场关系的经济法运作的结果时，他是否真的像他自己感觉的那样，不受作为市民社会特征的相互依存条件所产生的实际制约？一方面，资本家享有的权力肯定是真实的，因此，这可以充分解释他缺乏约束的感觉。另一方面，可以认为市民社会的必然性对他来说仍然是隐藏的。毕竟，尽管他是在市民社会中运作的经济体系的受益者，但他只能根据这一体系的法则行事，或者至多设法确保这些法则对他有利。他不是自己制定这些法则的，也不能完全确定它们的具体结果，毕竟，这些结果是由其他人作出的无数任意选择决定的，他对这些人的行为没有绝对的控制权。这位富有的资本家可能会与其他同类人一起努力确保骰子稳稳地落在他手中。然而，他的行为仍可能被认为是必然的，即使与经济实力不如他的人遭受的必然性程度不同。这种观点鉴于黑格尔认识到经济体系的复杂性，而经济体系构成了影响他自己市民社会概念的政治经济学理论的对象。

黑格尔声称，生产者和消费者作为个人，无法全面了解这个系统的运作情况，如果他们有任何真正的机会以高度的确定性预测特定的结果，他们就需要这样做。因此，对经济的监管是必要的，因为“大型工业部门依赖于外部情况和远地配合，而在这些工业部门工作并赖以生活的人，不可能对这些情况一目了然”(PR § 236)。鉴于这一体系在当今全球化经济中所具有的更大的复杂性，即使是现代国家，实现这一总揽全局和调控经济的能力也成了一个争论的话题。面对这样的可能性，即利己主义者在经济的一部分，甚至在世界的另一部分所做的选择，可能会意外地使另一个行动者的计算无效，或者最终导致一场全面的经济危机，黑格尔描述的资本家的自由感，经过仔细思考，可能被认为是一种部分地仅仅是主观形式的自由。这是因为，资本家体现的明显的缺乏约束的自由感，并不能充分反映其自身命运所依赖的经济必然性。事实上，富裕资本家的命运受制于超出其个人控制范围的偶然因素，因此，正如黑格尔所说，就像所有其他个人、社会团体或家庭一样，他的存在“依赖于市民社会和偶然性”(PR § 238)。决定经济成败的偶然因素和事件的相互作用，使我们能够将特定结果视为是由这些偶然因素与事件之间的因果关系所决定。[17] 因此，除了上述实践形式的必然性之外，还必须考虑另一种必然性。我们可以设想，如果限制富人能动性的客观条件对他极为不利，他也会像穷人一样，敏锐地意识到市民社会的必然性。

穷人的处境表明的受制于必然性的经历和富有的资本家的处境表明的纯粹主观形式的自由，当将两者结合在一起时，人们会怀疑黑格尔没有完全成功地将主观自由融入其现代伦理生活形式的理论中，从而将这种形式的自由与他采用的积极自由模式同化。相反，有些人可能会感受到缺乏约束的感觉，这种感觉不能充分反映现代伦理生活形式的客观条件，而另一些人可能会体验到强烈的约束感，这正是因为这些客观条件以纯粹的外部方式决定了他们的意志。由于这两个案例涉及极端的物质不平等，因此，人类如何对国家的经济生活进行有意识的集体控制，似乎是现代条件下人类能否实现积极意义上的自由的核心问题。然而，正如我们所看到的，黑格尔致力于将主观自由原则纳入其现代伦理生活形式理论，这使得他不愿强调国家控制的必要性。

在下一节中，我将探讨个人在现代国家中受到的实际约束的外部特征是否能够被完全克服的问题。这一次，对这个问题的探讨将涉及黑格尔是否成功地解释了个人如何能够认同体现在政治国家法律和制度中的普通意志，从而使后者不会呈现为与自身意志相抵触的外部力量。相反，公共意志可以被认为存在于每个人自己的意识和意志中，并体现在现代伦理生活形式的法律和制度中。黑格尔对公共意志的存在的讨论首先集中于对意识和意志的变化进行说明，这必然是从市民社会向政治国家过渡的特征。正如我们看到的，他对处于市民社会极端地位的一群人——穷人和富人——的描述表明，这种对公共意志的自觉认同实际上可能并不存在。在一种情况下，因为个人缺乏主观自由，因此他们经历了作为纯粹外来的外部约束的束缚。在另一种情况下，因为过度的主观自由，导致产生了一种膨胀的独立感。此外，在这两种情况中，产生对公共意志的自觉认同的主要制度手段（即同业公会）都不存在，而黑格尔赋予这一机构的角色提供了一种可能的解释，即在不援引人民主权和民主自治等概念的前提下，如何产生一种普遍的意识和意志，进而实现从与市民社会相关的伦理倾向向与政治国家相关的伦理取向的转变。[18]

六、公共意志的存在

黑格尔《法哲学原理》中的市民社会与政治国家的关系可以这样描述，即国家对决定社会的力量施加秩序，正如黑格尔政治哲学的目的被认为是要证明一种普遍性（即国家）的必然性，这种普遍性有高于特殊性的权力，并防止市民社会被其自身的原则（即特殊性原则）所破坏。[19] 甚至有人说，市民社会以这种方式产生了一种专制的政治制度。[20] 后面一种主张有些过于激烈，因为它没有承认市民社会成员能够在多大程度上将国家保护和想要实现的公共利益视为不违背他们自己的意志，因为公共利益包括他们与其他人共享的基本利益。此外，通过在市民社会中受到的实际约束，个人被教化达到更普遍的立场，即使以共同利益的形式存在的普遍性并不是他们活动的直接对象。正如我们看到的，以这种方式发展的普遍意识和意志在同业公会中找到了最高的制度体现。

这种形式的联合可以被认为要求某些美德的实践，例如对同业公会的承诺以及将特定利益服从于集体利益的意愿。虽然实际的同业公会可能是自发产生的，因为个人认识到，通过与具有类似目的和利益的其他人合作，他们自己的目的和利益可以得到最好的实现，但作为一个更大整体的成员带来的快乐和满足感可能是这种过程的意外结果之一。这个更大的整体就成为意志的直接对象，从这个意义上说，参与其中被个体体验为具有内在的价值。无论这种意识的变化有多大，它都不构成黑格尔与政治国家联系起来的那种真正的普遍意识和意志。这是因为个人作为同业公会成员有意识追求的共同利益不一定是构成政治国家目标和目的的道德整体的共同利益。同业公会的共同利益甚至可能与这一更普遍的目标发生冲突。

因此，一方面，黑格尔强调同业公会的成员身份发展了一种不那么自私的立场，如下文所示：

> 在联合形式中，追求自身特定利益的**自私**目的与普遍目的同时理解和表达自己，而市民社会的成员，根据其**特殊技能**，成为一家同业公会的成员，因此，同业公会的普遍目标是完全**具体的**，其所具有的范围不超过产业和它独特的业务和利益所包含的目的。（PR § 251）

另一方面，正如这个段落最后一条所暗示的，构成同业公会目标和目的的普遍性是“有限的”普遍性（PR § 256）。

因此，从将自身利益转化为有意识地关注和认同自己所属的道德和政治共同体的利益方面来看，从市民社会到政治国家的无缝过渡是无法解释的。诚然，黑格尔声称同业公会的目的，“在自在自为的**普遍目的**及其绝对现实中，具有它的真理性……因此，市民社会的领域就过渡到了**国家**之中”(PR § 256)，尽管国家是市民社会的“外部需要”，但也是后者的“**内在**目的”(PR § 61)。这样的主张表明，黑格尔想要证明，相对于形成意志对象的目的，意识的改变，定义了从市民社会向政治国家的过渡。以下段落也想说明这一点：

> 国家是具体自由的现实。但**具体自由**在于，个人的单一性及其特殊利益不但获得它们的完全**发展**，以及**它们的权利**获得明白**承认**（如在家庭和市民社会的领域中那样），而且一方面通过自身**过渡**到普遍物的利益，另一方面它们认识和希求普遍物，甚至承认普遍物作为它们自己**实体性的精神**，并把普遍物作为它们的**最终目的**而**进行活动**。（PR § 260）

然而，为什么可以用个人所拥有的普遍意识和意志的类型的变化解释从市民社会向政治国家的过渡还远不清楚。尤其是当这种变化被理解为部分自发发生时，这种情况更是如此，因为家庭和市民社会将“自己的意愿”转化为普遍利益，这种普遍利益是国家关切的，在一定程度上也是作为知识和意志的结果的。因为无论同业公会体现的自发产生的普遍利益是如何有意识地被其成员意愿的，其成员的意识和意志，从普遍意识和意志的立场来看，仍然可以被视为特殊意识和意志，黑格尔希望普遍意识和意志在政治国家的层面表现出来。这一问题与卢梭在《社会契约论》中表达的关于派系主义的担忧有关，这种担忧也可以推及任何同业公会意志，即，尽管同业公会意志相对于其个人成员的特定意志而言可能是一般的，但相对于国家的公共意志而言，它仍然是特殊的（OC iii：371；PW2：60）。正如卢梭在谈到主权人民授予政府以行政权力时所指出的那样，公会意志也可以被视为一种自我，与任何其他个人一样，它的目的是利用自己的力量来保护自己，这就提出了一个问题，即它如何在政治整体中处于从属地位，以确保它为政治整体的利益而使用其力量（OC iii：399；PW2：86）。

黑格尔可以说，同业公会的成员不能不承认，为了国家代表的整体利益而使用他们的力量就是在为了他们的同业公会的利益而使用这些力量。然而，这一举措只是假定了不同同业公会和政治国家之间的利益同一性，以及同业公会成员对这种利益同一性的意识。在这种程度上，尚不清楚黑格尔的立场与卢梭的国家契约理论有何区别，后者将对自然自由的法律和制度约束视为确保自身根本利益的条件，这些利益本身取决于其所属的法律和政治共同体的健康和维系。黑格尔所做的一切似乎都是将个人的基本利益与一个法人团体联系在一起，该法人团体与其成员的特定意愿有关，但更与政治国家有关。黑格尔对同业公会的描述无疑也提供了一种联合形式的模式，在这种模式中，作为一个更大整体的成员的意识所产生的快乐和满足感是个体加入这种联合的意外结果。加入这些同业公会甚至可以说不仅仅具有工具性的价值，因为这种参与构成了个人的身份。然而，一旦区分了最初推动社会契约的因素及其最终的、可能完全无意的结果，我们就会发现这一举措同样适用于社会契约理论。

因此，即使我们承认，对于黑格尔和卢梭来说，与个人有意识地认同普遍意志并赋予其内在价值而不仅仅是工具性价值的情况相比，不为了公共善本身去意愿公共善会带来异化，但是作为同业公会成员，个人仍旧可以被认为不存在严重（并且可能充分）的异化和约束。的确，他们可能不会经受有意识地认同政治国家的总体意愿所带来的更为绝对的异化。然而，目前还不清楚，为什么那些还没有形成自我概念的人会有意识地认同这种普遍意志，从而经历这种异化。毕竟，黑格尔正试图解释这种自我概念的存在，而不是想当然地认为它存在，正如我们不久将看到的，他只是假设在政治国家中发挥积极作用的个人存在这种自我概念。尽管如此，即使他们属于一家同业公会，个人仍有可能经历国家对他们施加的一些异于自身的、外在的限制，因为充分接受和认同这些约束，就意味着他们自身所缺乏的那种普遍意识和意志的发展。在这种程度上，异化可能确实是由于个人对政治国家的公共意志缺乏自觉认同。

这种张力显现在《法哲学原理》中，黑格尔将不同阶层的划分与现代伦理生活形式的不同时刻密切联系起来。市民社会与贸易和工业产业相关，而政治国家与普遍阶层（general estate）相关，“以社会的**普遍利益**为其业”（PR § 205）。黑格尔在这里似乎认为，不能完全相信市民社会的成员会将社会整体的普遍利益作为他们的目标，而对于其他个人，即属于普遍阶层的高级国家官员，却可以相信他们会这样做。因此，只有第二个群体的成员才能被依赖并展现“政治美德”，黑格尔将其描述为“自在自为地存在的、被思考的目的的希求”(PR § 257A)。

这种划分有助于解释市民社会的特殊利益如何仅部分自发地转化为国家的普遍利益，从而必然也只有部分是自觉地和自愿地这样做的。换言之，在市民社会层面，普遍意识和意志是作为追求私利的本质上非预期结果而产生的。然而，这种普遍意识和意志仍然与政治国家的普遍意识和意志相关。因此，它们必须受到政治国家的自觉控制，政治国家“**知道**自己的意志，知道它作为某种**思想**的**普遍性**”(PR § 270)。[21] 黑格尔在声明中也表示，当特殊性未得到遏制时，市民社会出现的混乱局面“只有通过国家的强制干预才能恢复和谐”(PR § 185Z)。而在同业公会方面，他声称同业公会“必须接受国家的更高一级监督，否则它将变得僵化和固步自封，并沦为一个悲惨的公会体系”(PR § 255Z)。这种衰落可以与同业公会意志的形成和确立联系起来，同业公会意志利用其力量确保其利益得到最佳的服务，即使这些利益与整个社会的更普遍利益相冲突。[22] 因此，尽管黑格尔不愿意提倡国家控制和调控经济，但他在《法哲学原理》中并不是完全没有对社会施行秩序的思想。

因此，黑格尔似乎无法解释从市民社会向国家过渡的必要性，从而使这种过渡成为其《法哲学原理》的内在内容。[23] 这一失败与康德未能解释从市民社会向真正的伦理共同体的转变有着相似之处。再一次，与合乎伦理的目的论相比，这种解释形式的局限性越加明显，它严重依赖于某些结果的自发产生，而这些结果不是能动者有意识的追求。市民社会和政治国家之间的差距提出了一个问题，即作为政治国家目标和目的的普遍利益如何能够施加给自发产生的统治社会的力量。[24] 在第一章中，我将这个问题与意志和必然性概念联系起来，并表明卢梭在对政治社会形成的描述中提供了关于这两个概念之间关系的性质的经典表述。他描述了一种盲目的、自发的依赖的产生过程，这种过程将物质不平等作为其意外结果之一，他又引入社会契约概念，该契约旨在解释如何构建依赖关系，从而防止一个人或一群人在社会中支配另一个人或另一群人。我已经展示了康德、费希特和黑格尔为更全面地解释这一关系作出的重要贡献，它们有助于我们理解卢梭提出的一些问题，但却无法解决这些问题。意志与必然的关系，以及这种关系产生问题的方式，这些问题对人类的可完善性观念构成威胁，这些主题也与费希特在耶拿大学系列讲座的最后一场讲座中提出的对卢梭著作的批评有关。后来，在1794 年费希特整理出版了这些讲座，命名为《论学者的使命》。

注释

1. Cf. Neuhouser, *Foundations of Hegel's Social Theory*, 175ff.

2. Cf. Riedel, *Between Tradition and Revolution*, 67.

3. Cf. Neuhouser, *Foundations of Hegel's Social Theory*。这一说法在诺伊豪泽的书中有不同的观点。

4. Cf. Neuhouser, *Foundations of Hegel's Social Theory*, 193f. 对于卢梭的类似解释，参见 Cohen, *Rousseau*, 84ff.。在这里，有人认为，人们必须认同自己的共同利益，如果个人要按照他们认可的原则行事，而不是受制于外部强加的约束，那么，他们只能通过公共意志表达自己的本性（即，作为自主的存在），因此，只有具有这种意志，才构成自主。正如我在上一章中建议的那样，当个人受到他们自己无法认同的约束时，道德自由的观念可能确实存在问题，甚至当这种约束从规范的角度被合法化时，也是一样。这就提出了一个问题，即当人们不能简单地假设个体具有公共意志时，他们如何才能拥有公共意志。正如我们将看到的那样，黑格尔试图通过一种制度性的解释来解决这个问题，即在个人被私利驱使的条件下如何产生一种更普遍的意识和意志形式，以及更一般而言，个人如何才能不经历纯粹的外部约束。

5. Cf. Franco, *Hegel's Philosophy of Freedom*, 254.

6. 黑格尔《法哲学原理》中“基于理性的洞察力”所起的中心作用支持了黑格尔正在描述一个不断反思的阶段的层次结构的说法。Cf. Siep, ‘The “Aufhebung” of Morality in Ethical Life’；Neuhouser, *Foundations of Hegel's Social Theory*, 112f.；Wood, *Hegel's Ethical Thought*, 217f. 这种解释受到了批评，理由是它夸大了主观反思在伦理生活中的作用，低估了“黑格尔以不反思的态度认同伦理”的程度。Franco, *Hegel's Philosophy of Freedom*, 226f. 然而，基于理性的洞察力完全符合黑格尔对主观自由的描述，也符合他对现代主体的反思性的看法，以及这种主体概念所引起的更大的要求，即法律、实践或制度的充分正当性是什么。这并不意味着所有人，都或者必须，对现代伦理生活形式的法律和制度采取反思态度。事实上，黑格尔立场的优点之一是它认识到各种伦理态度的可能性。然而，黑格尔似乎致力于这样一种观点，即如果个人对现代伦理生活形式具有某种形式的理性洞察力，那么在更符合其自由和理性本性的意义上，这是更好的。毕竟，据记载，他声称，在现代世界中，任何获得认可的东西“都不再是通过武力实现的，也很少是通过习惯和风尚，而主要是通过判断力和理性实现的”(PR § 316Z)。

7. 请注意，这种将自由的积极模式运用到权利理论中的方式并不意味着黑格尔希望赋予国家将特定的善观强加给人们的角色。相反，国家通过其法律和制度提供了条件，这些条件允许个人追求自己的善观，只要他们不因此侵犯其他个人的权利。在这方面，以赛亚·伯林（Isaiah Berlin）声称，所有关于自我实现的政治理论都是将“如果他不是，或者还没有成为他所是，那么他将会选择什么”等同于“他实际追求和选择的是什么”。Cf. Berlin, *Two Concepts of Liberty*, 18. 也就是说，除非我们否定个人寻求并选择追求自己的善的理念，否则，他们也会寻求并选择能够追求这些善的理念的条件。

8. 黑格尔将作为资产阶级（bourgeois）的市民（Bürger）与市民社会联系起来（PR § 190A）。他将资产阶级描述为一个私人（VRP1：150），即关注满足其需要的人，并且与公民（citoyen）不同，他与国家缺乏政治关系（VRP2：iv：472）。

9. 黑格尔将这一观点表述如下：“它是教育的一部分，把具有普遍性形式的个体意识，理解为一个普遍的人，在这方面所有人都是相同的。人之所以被

视为人，是因为他是人，而不是因为他是犹太人、天主教徒、新教教徒、德国人、意大利人等。”(PR § 209A)

10. 家庭制度在黑格尔的伦理生活理论中也起着重要的教育作用。Cf. Neuhouser, *Foundations of Hegel's Social Theory*, 149ff.

11. 这段话与黑格尔对原始人在自然状态的最初阶段所具有的那种自然善的拒绝有关。关于人类是天生邪恶还是天生善良的问题，黑格尔将后一种说法与“直接意志的规定”(即，驱动力、欲望、倾向等）的主张联系在一起，而前一种说法则与另一种主张联系起来，即，作为纯粹的自然规定，这些决定与自由理念相对立，因此必须把它们根除（PR § 18)。尽管黑格尔认为这两种说法在以这种形式表述时都是武断的，但他同意这样一种观点，即人类作为一个本质上自由的存在需要克服自然的直接性。他声称，当我们从哲学上解释时，人性本恶这一基督教教义，要比其他教义更高明些（PR § 18Z)。因此，黑格尔拒绝了与卢梭有关的观点，即人类有简单的需要，并可以通过自然直接提供的方式轻松满足这些需要的状态构成了自由的条件。相反，自由要求离开这样的自然条件，进入一个允许发展更复杂的、非自然的需要和满足这些需要的手段的社会，因为只有通过依赖他人产生的实际约束，个人才能学会约束自己的直接欲望、驱动力和倾向。这种学习克制自己的直接欲望、驱动力和倾向的过程，在自我和这些欲望、驱动力和倾向之间产生了一种反思性的关系，或者黑格尔所说的，邪恶预设了这种关系，因为它涉及有意识的选择，特别是有意识的选择将普遍性服从于自己“特殊性”的“任意性”，并通过与普遍性相反的行动寻求实现后者（PR § 139)。因此，卢梭在自然状态的早期阶段的原始人，在任何积极意义上都不是好的，因为他缺乏认识善的能力，并且有意识地反对它。

12. 关于政治经济学对黑格尔哲学发展的重要性，参见 Chamley, *Economie politique et philosophie chez Steuert et Hegel*；Chamley,‘Les origins de la pensée economique de Hegel’；Riedel, *Between Tradition and Revolution*, 107ff.；Waszek, *The Scottish Enlightenment and Hegel's Account of*‘*Civil Society*’。

13. Cf. Riedel, *Between Tradition and Revolution*, 57f.

14. Smith, *The Theory of Moral Sentiments*, 223f.

15. 黑格尔关于个人作为现代伦理生活形式的一员所享有的自由谈到的一个重要方面是，他们通过自己扮演的社会角色来实现自己的身份，在这种意义上，扮演这些社会角色是他们自身自我意识的重要来源，因为当他们出色地履行这些角色时，其他人会给予认可。简言之，这些个人的社会角色构成了他们认为自己是什么，而这种自我意识不是个体可以独立于社会而拥有的。Cf. Neuhouser, *Foundations of Hegel's Social Theory*, 108ff. 考虑到黑格尔《法哲学原理》中与工作相关的社会角色的重要性，以及这些社会角色可能不是自由选择的，而是作为一种必然性而被采纳的事实，人们可能会问，当这些社会角色被强加在个人身上时，个人如何保持主观自由？在这种情况下，似乎可以认为个人有充分的理由拒绝让他们无法真正认同自己的社会角色来构成他们的自我意识。

16. 考虑到黑格尔将权利说成是自我实现的问题，顺从甚至可能被认为是一种不恰当的回应，因为他声称自由精神的"绝对规定，如果你愿意的话也可以说，绝对冲动，是以它的自由为对象的，——即把自由变成不仅从自由应该是精神本身的合理体系这个意义来说是客观的，而且从这一体系应该是直接现实这个意义来说也是客观的。"(PR § 27)。自我实现的概念意味着活动的概念和根据自己的目的改变世界的需要，这包括确保自己的自由理性能动性的条件这些基本目的，而洞察现代伦理生活形式的合理性这一理念所暗示的认可意味着一种沉思的、也因而更为被动的态度。在这方面，似乎有一些张力，因为黑格尔将作为自由意志存在的权利概念与自我实现和自我实现的思想联系在一起。这些想法表明，只有当权利事实上使这种自我现实化和自我实现成为可能时，才能正确地满足承认现代伦理生活形式合理性的要求，如果有必要，必须改变一个人的社会世界，使之成为可能。

17. 尽管偶然性的概念（涉及可能存在于它之外的概念）代表了必然性概念的反面，但这些概念在黑格尔的辩证思想中本质上是相关的。关于黑格尔思辨逻辑中它们之间关系的讨论，见 Taylor, *Hegel*, 262ff., 282ff.。关于黑格尔哲学中的必然性与偶然性的关系更宽泛的讨论，见 Henrich, 'Hegels Theorie über den Zufall'。

18. 黑格尔对人民主权和民主自治思想的敌意，显然与他对中介机构（如同业公会）的必要性的看法有关，即使在市民社会的层面，也会产生一种统一，这种统一不应在政治国家层面消解，因为如果是这样，以抽象的个体任意意志和意见为基础的政治生活将"悬在空中"，进而，它"仅基于偶然性，而不是基于自身**稳定**和**合理**的基础"。继而，政治生活将对应于以下"人民"概念："作为单个人的**多数人**"，他们"确实生活**在一起**，但只是作为一个**群体**，即一个无形的群体，其行动和活动完全是自发的、非理性的、野蛮的和可怕的"(PR § 303A)。这些说法暗示了在黑格尔心目中卢梭的契约理论和他在立法议会民主行使中承诺的人民主权之间的紧密联系。

19. Cf. Horstmann，‘The Role of Civil Society in Hegel’s Political Philosophy’.

20. Cf. Marcuse，*Reason and Revolution*，174，202.

21. 更恰当地说，由于这是一个个体愿意以国家的名义实现他们所知道的普遍有效的目的的问题，所以普遍利益的实现取决于偶然性，在这种意义上，不能保证普遍阶层的成员实际上会拥有政治美德和他们所需要的其他品质，因为，正如黑格尔本人所承认的，政治国家和特定个人所履行的职能之间没有天然的联系。(PR § 277，§ 291)

22. 黑格尔概述了一些制度安排，据此，市民社会的利益可以在政治国家中得到适当考虑，因此，这不仅仅是对潜在的顽固材料施加秩序的问题。这些安排涉及分为两院的等级议会（the assembly of the Estates），并构成州议会的一部分（PR § 312）。一个议院由各同业公会选出的代表组成（PR §§ 308–311），而另一个议院则由土地贵族组成（PR §§ 305–307）。然而，黑格尔似乎常常淡化等级议会审议与行政权力相关的重要性，如以下所述："国家的高级官吏必然对国家的各种设施和需要的性质具有比较深刻和比较广泛的了解，而且对处理国家事务也比较精明干练。所以，他们有等级会议，固然要经常把事情办得很好，就是不要各等级，他们同样**能**把事情办得很好。"(PR § 301A)。

23. 黑格尔可能认为，这种转变最终需要用他的思辨逻辑来解释。事实上，在对《法哲学原理》一个部分的解释中，他将意志与逻辑概念的不同时刻（即普遍性和特殊性的概念，以及它们在个性概念中的统一）联系起来，他指出："对一切活动、生命和意识的最后源泉都加以证明和详细说明，这是属于作为纯思辨哲学的那**逻辑学**范围内的事。"(PR § 7A）然后，在对政治国家的描述中，他声称国家的各种权力"由**概念的本质**决定的"(PR § 269)，并且国家的宪法"只要国家**根据概念的本质区分**并决定其内部的活动，就是合理的"(PR § 72)。虽然这些说法暗示，《法哲学原理》只能参照黑格尔的思辨逻辑来充分理解，但是将市民社会向政治国家的转变视为逻辑转变，这意味着将伴随着这种转变的意识和意志的转变视为具有逻辑必然性，而非实践必然性。而后一种形式的必然性无疑对社会和政治哲学更有意义。

24. 为了确保普遍性不会被特殊利益所牺牲，黑格尔不仅仅在市民社会层面建议某种形式的约束的必要性。一方面，他想说国家官员在单独履行职责时会感到满意，他与工作的关系是"要他把对精神和特殊的实存的主要兴趣放在这种关系中"(PR § 294A)。然而，这位国家官员仍有普通的人类需要。关于这一点，黑格尔声称，国家必须向国家官员提供所需的资源，以保证"其特定需要的满足”，并使“他的处境和公职活动摆脱其他一切主观的依赖和影响”(PR § 294)，因为保证“特定需要的满足消除了外部必然性，个人就不至于玩忽职守以追求特定需要的满足”(PR § 294A)。在日常人类需要得到照顾的情况下，国家官员能够致力于普遍性，而黑格尔声称，他对普遍关注的问题的习惯性处理将使任何“主观方面”“自行消失”(PR § 296)。然而，黑格尔认为，国家官员的共同利益（即同业公会利益）可能会导致他们采取“贵族的独特态度”，并将他们的教育和技能作为“任性和统治的手段”(PR § 297)。为了防止这种情况发生，需要君主（即世袭君主）的干预，以及被委托保护同业公会权利的代表从下面施压（PR § 295，§ 297）。

第五章　行动与懒惰：费希特对卢梭的批判

一、费希特对卢梭的批判

费希特《论学者的使命》系列讲座的第五场，也是最后一场，题为《卢梭关于艺术和科学对人类幸福影响的主张的考察》。这一标题表明，费希特对卢梭的批评是针对《论科学与艺术》（亦称《一论》）中的相关观点，特别是艺术和科学的进步导致了人类的腐败，正如卢梭所言，“随着我们的科学和艺术日趋完美，我们的灵魂也受到了破坏”（OC iii：9；PW1：9）。费希特对这种艺术和科学观的敌意丝毫不奇怪，因为他在该系列讲座中已经论述了学者使命的崇高，并在第五次讲座中总结如下：

我认为人类的使命在于促进文化的不断进步，在于使人类的一切天资和需求获得同等的持续发展。我在人类社会中给这个阶层分配了一个非常光荣的位置，那就是监督这一发展的进步和一致性。（GA I/3：60；EPW：177f.）

这里讨论的阶层是学者阶层，在人类变得更加完美的进程中，他们被赋予了核心地位。因此，费希特热衷于反驳卢梭的观点，即“对促进文化进步贡献最大的那一阶层，即学者阶层，是所有人类苦难和败坏的根源和中心”（GA I/3：60；EPW：178）。一方面，费希特表示，考虑到他周围的腐败，他理解卢梭这样一个具有崇高精神的人是如何得出这一观点的。另一方面，他批评卢梭屈服于这些厌恶和愤怒的情绪，将人类的救赎与回归自然状态联系起来，在自然状态下，他将不再受文明所产生的人为需要的折磨。[1]

可以肯定的是，卢梭从他的思考所依据的情感中得出了正确的推论。然而，费希特质疑这些情感本身，以及基于这些情感得出的观点的最终有效性，即回归自然状态是人类唯一可能的救赎的最终有效性。费希特甚至指责卢梭是矛盾的，因为“他以自己的方式努力推动人类进步，推动人类朝着最终目标前进”，如果他意识到这种驱动力的存在及其带来的后果，“他的行为方式和他的推理方式就会有整体一致性”（GA I/3：60f.；EPW：178）。[2]这一批评意味着卢梭未能发现指导他行动的真正原则（即改善人类的目标），如果他正确地认识到这一原则，他就会改变自己的思维方式和行为方式，从而为自我和自己的生活提供更大的一致性。在这里，我们看到了一个统一的自我的概念，它与自身和谐一致，因为它按照某些原则思考和行动。关于这种自我概念，后面我将进行更详细的探讨。此外，费希特还认为，对卢梭来说，最大的罪恶是他认为感官在他周围的世界中占据主导地位，“感官至上是他想要废除的一件事，无论风险和代价如何”（GA I/3：63；EPW：181）。废除感性生活的风险和代价确实很高，因为“在这样的自然状态下，邪恶将被废除——然而，德性和整个理性同时也将不复存在”（GA I/3：64；EPW：181）。

这里提到的问题可以理解如下：在某些情况下，感性可能导致人们采取与道德义务相冲突的行为。对卢梭来说，在自然状态的早期阶段这并没有发生，因为人们大部分时间生活在相互隔绝的环境中，并保持自给自足。因此，他们几乎没有机会，也没有真正的动机去伤害他人，除非在少数情况下，他们自己的身体生存受到威胁。他们也体验到了怜悯这种自然情感，激发了他们天生善良的准则：“**尽可能少地伤害他人。**”（OC iii：156；PW1：154）相比之下，在一个人类需要成倍增长导致相互依赖的社会中，感性导致冲突，并导致人类在资源有限的情况下为了满足自身需要而彼此竞争。

费希特认为卢梭深受这种认识的影响，在社会中，感性和责任是相互冲突的，这导致他提倡回归自然状态，从而消除自己内心的冲突。对于费希特来说，主要问题是如何以不放弃道德美德的方式战胜感性。换言之，真正的任务是解释人类如何走向一种道德上比腐败的当代更好、文化上比自然状态更先进的状态。费希特对这项任务的回应是：“行动起来！行动就是们生存目的。”（GA I/3：67；EPW：184）具体地说，他主张根据理性原则改变自然，包括我们自己的动物本性，而理性原则本身必须在人类内部逐步发展和加强，使人成为真正自主的人。[3]

从上文所述，费希特对卢梭的批判显然是基于对自我的一种特殊看法，以及在人类相互依存的条件下，人类的可完善性是可能的这一观点。在社会中，人类的可完善性这一主题已经被看到，费希特将所谓的矛盾归因于卢梭，即求助于自然状态中的理想过去，同时宣布基于人类可完善性的光明的未来的进步。费希特试图通过证明自然和历史（被理解为人类实现完善的过程）是相容的来解决这一矛盾。[4]在这里，自然状态被认为是一个黄金时代，它在未来，也就是说，在一个自然被人类艺术和理性改变了的未来。这种转变包括将自然转变为“自由休闲和无忧无虑的社会生活”。[5]正如我们看到的，“自由休闲”这个费希特批判卢梭时的特殊解释，不仅指向费希特早期关于学者职业的讲座，还指向他晚期的尝试，即在法律约束下建立道德自由的条件，在这种条件下，人类在物质需要方面既相互依赖又依赖于国家。尽管如此，我认为，费希特和卢梭一样，对人类法律和制度本身能够产生真正的自由，实现真正人类使命的能力表现出越来越大的怀疑。这种怀疑使卢梭和费希特对人类生存的一个不可侵犯的领域提出了自己独特的解释，在这一领域不存在因与他人共同生活在社会中所产生的实际的、危及自由的约束。

同时，卢梭试图解释这样一个人类存在领域的可能性，与费希特试图做的类似，但两者之间存在着一些重大的差异。为了理解这些差异是什么，我们必须转向费希特批判卢梭时所涉及的自我概念以及与其相关的道德自由概念。尽管这种自我和道德自由的概念在卢梭的一些作品中有所体现，但他似乎在后来的自传式作品中放弃了这种自我和道德自由的概念，转而支持不同类型的自我和不同形式的自由。在这方面，卢梭的立场似乎与我提到的费希特批评卢梭作品时提到的行动主义和对人类可完善性的强调不相容。此外，费希特在他对人类可完善性的描述中赋予了国家一个基本的（如果很大程度上是负面的）角色，而卢梭则描述了一种高度个人化的、非社会化的自由形式，它似乎与法律和政治制度几乎没有任何关系，也因此似乎与《社会契约论》中的关注相去甚远。

二、自我与道德自由

正如我们看到的，卢梭、康德、费希特和黑格尔描述的道德自由通常与自由的“积极”模式联系在一起。查尔斯·泰勒（Charles Taylor）认为，积极的自由基本上建立在“实践概念”之上。这种自由观可以说也适用于卢梭描述的道德自由，即抑制欲望并按照普遍有效的行为规则行事。泰勒将这种类型的概念与自我导向的概念联系起来，他认为，一个人实际上“对自己的生活”实行“直接控制”，这对自由的积极模式至关重要。[6]这种自由观可以说也适用于卢梭所描述的道德自由，即抑制欲望并按照普遍有效的行为规则行事。以这种方式，个人进行自我控制，这要求他们根据自我强加的原则行事，而不是由他们恰好拥有的欲望、动力或倾向决定，或由来源于某种形式的外部权威决定。控制的概念意味着区分各种动机的能力，而不是简单地在任何给定的时刻做自己倾向于做或被命令做的事情。因此，泰勒将人类的行为描述为受到某些原则或目标的指导，我们认为，如果这些原则或目标与我们更直接的愿望和倾向发生冲突，那么这些原则和目标就应当凌驾于我们之上。

尽管泰勒本人没有提出这一点，但这种自由的概念暗示了统一的思想，包括随着时间的推移而统一，道德原则或道德目标为个体在面对大量给定的欲望和倾向时提供了自我的统一。在这方面，自由的积极模式指向了对自我的看法，即自我的统一性是通过其行动依据的原则和施加给自己的原则构成的。事实上，泰勒给出的一些积极自由的例子，比如短暂的安慰不如完成一生的使命重要，我们的自尊（*amour-propre*）比恋爱关系更重要，这暗示着一种自我的观念，这种自我的伦理上的（如果不是形而上学的）统一是随着时间的推移，由自我施加的原则或目标构成的，这些原则或目标为其行为提供了一致性。如果一个人只是根据他在某个特定时间点恰好拥有的欲望或冲动行事，而不是关注由他们所认为的在生活中具有价值和意义的东西塑造的长期目标，那么这种一致性便是缺损的。通过这种方式，这些目标被认为定义了一个人的道德身份。[7]

据称卢梭在下面这一段落的基础上提出了具有完整人格的统一的自我的概念："造成人类痛苦的是我们的条件和欲望之间的矛盾，我们的责任和我们的倾向之间的矛盾……让人统一起来，你会让他获得最大的快乐。"[8]（OC iii：510；PF：41）这段话表明成为一个统一的自我是一个欲望问题，这些欲望能够在我们发现自己所处的条件下得到满足，并且也符合责任的概念。此外，《爱弥儿》的一个段落描述了一种可能被称为"有原则的人"的概念，它唤起了这样一种想法：一个人的身份在很大程度上是由他所看重的某些行动原则构成的，这些原则凌驾于其他原则之上，赋予了他言行的一致性："要成为一个人，要成为独立自恃、始终如一的人，就必须言行一致；他必须坚持他应该采取的主张，毅然决然地坚持这个主张，并且一贯地实行这个主张。"（OC iv：250；E：40）。在这个例子中讨论的原则是，避免以与自己所说的相冲突的方式行动（即避免虚伪），要果断，以适当的方式表达自己的选择，并始终如一地执行自己所做的选择，无论这样做有多困难。

费希特对学者使命的描述同样暗示了这种自我观。费希特认为，只有当经验的"我"认同的道德原则服从永恒有效的法律时，自我和自决的统一才可能实现。简而言之，费希特认为，人类只有愿意并按照他们认为无条件有效的原则行事，才能避免与自己发生矛盾，这些原则提供的一致性赋予了自我在面对自然界的多样性时的统一性。因此，在我们自身、社会和世界内部建立和谐，需要将自然的多样性置于理性的人类控制之下，从而为其提供自身所缺乏的统一性。但这需要技能，而技能的获得就是文化（GA I/3：31；EPW：150）。因此，文化是实现与自己完全和谐的先决条件。费希特称之为绝对的完善（GA I/3：32；EPW：152）。正如我们所见，尽管这种完善与文化而非道德联系在一起，但对费希特来说，这种完善具有道德意义，因为他认为人类的许多主要道德义务都是从其社会职能中产生的，而成功履行这些职能需要具备一定的才能和技能。

虽然这一点不是费希特本人提出的，但可以看出，他认为我们的一阶欲望，只是被赋予的，属于自然界总体的多重性。这些给定的欲望只能通过某些原则以服从更高阶的欲望而结合成一个和谐的整体。这种给予自我统一的行为可能反过来要求拒绝其中一些给定的欲望，或者要它们服从于其他欲望。这并不是说费希特认为，所有人都会采用相同的原则，并且只要他们认真按照这些原则行事，便会受到相同的二阶欲望的激励。相反，他认为社会是由不同阶层的人组成的，每个阶层都由其在社会中发挥的特定功能来定义。每个特定的功能都会产生一组特定的原则，个人应该根据这些原则行事。因此，只有在一个人的才能与其他人的才能相辅相成的社会中，才能实现个人的完美。例如，学者在社会中的作用产生了一套与其职业相关的独特职责，即“**对人类总体实际进步的最高监督，并不断促进这一进步**”(GA I/3：54；EPW：172)。[9] 因此，真正的欲望是按照与他的职业相关的职责行事，这为学者的存在提供了一个压倒一切的目的，他存在的所有其他方面都必须服从于此。

这种行动主义的自我概念致使费希特谴责懒惰。他认为懒惰是人类自然状态的一部分，在将懒惰视为人类自然状态的一部分时，费希特同意卢梭的观点，他将自然人描绘为不仅“孤独”而且“懒惰”(OC iii：140；PW1：139)。卢梭谈到了“原始社会的懒惰”(OC iii：171；PW1：167)。然而，与卢梭不同的是，费希特认为需要的发展是一种明确的进步的、有益的力量，需要不是罪恶之母；需要是行动和美德的动力。邪恶的根源是懒惰，人类“只有成功地战胜了天生的懒惰，并且不再一味追求自己的欢乐和享受，才能获得救赎”(GA I/3：66；EPW：183)，基于自由和理性必须获得对自然（其中包括外在和内在的自然）的控制这一观点，费希特的行动主义意味着工作优于懒惰，后者实际上是有罪的。事实上，在他的《伦理学体系》中，费希特将人性中的极端恶与惰性或懒惰联系起来了(GA I/5：185；SE：191)。

相比之下，卢梭在他的自传作品中，赞扬了与他的本性如此契合的懒惰，尽管在其他地方他也把懒惰视为邪恶的东西。[10] 卢梭对懒惰的赞美指向了一套完全不同的关于自我和自由本质的观点。有人说卢梭在他的自传作品中提倡“懒惰的宏伟计划”，“发明了一种不受任何束缚或约束的主观自由的逻辑，一种新的自由主权”。[11] 在下一节中，我将说明在这方面谈论“主观”自由是恰当的。一旦我们将卢梭在自传作品中对懒惰的赞美与他在《社会契约论》中声称的只有在放弃自然自由进入社会状态时才能获得的好处相比较，就会发现费希特对卢梭的早期批评是准确的。这些好处包括锻炼和发展人的能力，扩大人的思想，升华人的情感，所有这些都意味着人的完善是一种活动。接下来，我将继续比较卢梭与费希特试图保障人类生存的不可侵犯的领域的方式，卢梭渴望摆脱与他人共同生活在社会中所产生的实际的、危及自由的约束，费希特在 1812 年的《权利科学》中也表达了类似的主张，将闲暇作为绝对财产权的客体。在探索这些主题的同时，我也被带向那些意义远远超出 18 世纪关于人类可完善性的辩论的问题，例如劳动分工在现代社会中的作用。

三、卢梭论懒惰

当卢梭在《忏悔录》中描述他打算去位于瑞士的比安湖（Lac de

Bienne）中心几乎无人居住的圣皮埃尔岛（Île de Saint-Pierre）居住以逃避迫害时，他将这一特殊的选择称为“与我平和的性情以及我孤独和懒惰的性格如此契合，以至于我将其视为给我带来最强烈快乐的甜蜜幻想之一”（OC I：638；C：624）。在对卢梭的批判中，费希特以一种完全符合本文所述的方式描述了卢梭的性格，他感受苦难的能力大于积极活动的能力（GA I/3：66f.；EPW：183f.）。卢梭还谈到了被遗弃在孤独中的“无所事事的快乐”带来的期待感（OC I：638；C：625）。从这两个角度阅读卢梭《忏悔录》中的这两段话，很明显，卢梭将遐想视为懒惰的乐趣之一，而懒惰就是遐想的一种条件。

卢梭区分了社会中的懒惰以及孤独中的懒惰。他认为前者相当于“强迫劳动”的约束形式，例如，因为礼貌不得不坐在那里听无聊的谈话；后者是在孤独中无所事事，这是“自由和自愿的”（OC i：640f.；C：627）。在这里，懒惰与自由的概念明确相关，真正的懒惰形式被视为社会对个人施加的约束的对立面。卢梭对遐想的描述也暗示了不存在任何人对他施加的约束，这反过来表明，遐想和懒惰一样，不仅与积极的自我概念不相容，而且与前一节所述的道德自由或自主性也不相容。这种不相容性从卢梭关于懒惰的描述的一个中心特征可以明显看出。那就是他强调自己行为的任意性和冲动性，因此，这些行为似乎不受任何明确的行为规则或原则的约束。[12] 例如，卢梭说：“我喜欢什么都不做，开始做一百件事，一件也不做完，随心所欲地来来去去，每时每刻都改变我的计划。”（OC I：641；C：627）同样，他把自己的下午描述为：“没有任何规则，完全放任我自己的懒惰和懒惰的性格，遵循瞬间的冲动。”（OC i：643；C：630）

这样的陈述似乎与自我的观念相去甚远，自我的道德统一是由自我强加的原则和目标构成的，这些原则和目标赋予生命以意义，并使人的行为保持一致。相反，卢梭所描述的闲散生活方式的纯粹任意性似乎与这种统一自我观念的积极的自由模式相反，因为这种任意性意味着对个人行为受到的任何规则或原则支配的抵制，甚至包括自我施加的规则或原则。事实上，卢梭认为，考虑到这种自主所需要的努力，对一个人来说，即使是自我施加的约束，也会成为一种不受欢迎的约束，因为对他来说，在孤独中无所事事是对社会施加在个人身上的约束的一种反抗，他用以下方式描述自己："反抗任何其他意志，他甚至不知道如何服从自己的意志，或者更确切地说，他觉得即使是去意志（意愿）也很累，以至于在生活的过程中，他更喜欢遵循一种纯粹的机械印象，这种印象会带着他走，而不必引导它。"（OC i：846；D：144）在这里，让自己服从于一种必然性的形式，被动地服从一系列受关联法则约束的印象，比自我导向概念更可取。事实上，卢梭热衷于强调遐想的被动性，以及由此产生的意志的缺失，他声称在遐想中："人是不主动的。图像被追踪，在大脑中不经过意志的协同作用而被结合起来，就像在睡眠中一样。所有的一切都可以顺其自然，一个人只需享受而不必行动。"（OC i：845；D：143）

卢梭关于懒惰的另一种解释，隐含地拒绝了通过强加给自己的原则而实现统一的自我概念，这涉及自我意识的形式和一个人随着时间的推移而减弱的统一体验。他在描述懒惰（游手好闲）使他能够参与的那种遐想时涉及了这种体验。在《一个孤独散步者的梦》第五次散步中，卢梭描述自己被湖水的流动催眠，以至于"这足以让我愉快地意识到自我的存在，而无需多加思考"（OC i：1045；RSW：87）。他还将自己孤独的遐想描述为：

> 这么一种状态：心灵十分充实和宁静，既不怀恋过去也不奢望未来，放任光阴的流逝而紧紧把握现在，不论它持续的长短都不留下前后接续的痕迹，无匮乏之感也无享受之感，不快乐也不忧愁，既无所求也无所惧，而只感受到自己的存在，一种完全充满我们心灵的感觉。（OC i：1046；RSW：88）

我认为，在这些对遐想的描述中，可以找到两个主要因素。一个因素是，对自己存在的感觉界定了这里的体验，而不是对它的思考。第二个要素涉及时间性的概念，卢梭将时间性与这种自我意识联系在一起。这种暂时性的概念存在于某种永恒的当下，在这种当下，既没有过去的感觉，也没有对未来的担忧，因为所有的意识都集中在一个人当下存在的完整性上。因此，自我的统一并不是必须随时间而稳定的东西。相反，它表现在一个单一的时间点上，一个人的整个生命集中在这个时间点上。

因此，卢梭似乎是在描述一种经验，这种经验存在于自我之中，这种自我的统一不需要将二阶欲望原则运用到主体既定的具有多样性的一阶欲望之上。在这方面，遐想甚至可以说是从这种自我约束中解放出来的一种形式。遐想和自由之间的联系可以通过界定这种类型的自由仅仅是主观自由的来进一步追求。在这种背景下谈论“主观”自由的一个原因是卢梭对自身存在的完整性的体验，以及他相应的不受约束的感觉的本质上的个人性质。然而，这种缺乏约束的感觉掩盖了约束的因素，因此，所讨论的自由可以仅仅被视为主观的，因为它取决于个人自身的自由体验，而不是客观条件。

首先，卢梭指出了水引起他产生遐想的方式。[13] 通过这种方式，他的存在的看似永恒的体验依赖于他与特定自然环境的关系。在这种程度上，他在遐想时所享受的自由类型与原始人在自然状态的早期阶段所享受的自然自由有着共同之处。除了不依赖其他人类而产生的自给自足之外（即使一个人依赖于自然，也依赖于事物），也强调独处。我们可以将卢梭描述的懒惰与原始人的自然懒惰相比较，他喜欢将后者与现代社会中人类的持续活动和不安定相比较（OC iii：192；PW1：187）。但是，与原始人不同的是，卢梭事实上依赖于其他人的意愿：在他停留在圣皮埃尔岛时，伯尔尼当局可以容忍他在岛上，也可以将他驱逐出岛。卢梭深知自己处境的不稳定。这种意识使他表达了“被迫留下，而不是被迫离开”的愿望，并声称“比起被驱逐的危险，我宁愿千万次选择在那里生活的必然性”（OC i：646；C：632）。被迫生活在某个地方和自愿服从必然的想法表明，懒惰和遐想所带来的解放在多大程度上是因为卢梭缺乏自我约束的个人经历才使之成为可能的，但是，这种经历的客观条件仍然超出了他自己的控制范围。

这种对他人的依赖与卢梭对懒散和遐想带来的那种自由的反思的封闭背景有关。一个以依赖他人和分工为特征的社会，与卢梭享受懒惰的社会是同时存在的，后者使卢梭沉浸在幻想中，并获得对自己存在的充分的、似乎永恒的感觉。卢梭对这一事实的认识可以明显地从他表达的担忧中看出来。他不知道当人类社会继续产生一整套需要，而这些需要只能通过积极的生活来满足，那么如果每个人都像他一样，会发生什么。卢梭在以下段落中表达了这种担忧，他在其中讨论了大多数人未能欣赏到的遐想的乐趣：

> 在我们目前的情况下，这也是不可取的。对这些甜蜜的狂喜的境界的热切渴望会让人们厌恶不断增长的需要强加给他们的义务性的积极生活。但是，一个被排除在人类社会之外的不幸的人，在这个世界上再也不能为自己或他人服务，在这种状

态下，他可以寻求对失去人类快乐的补偿，这种补偿无论是命运还是人类都无法从他身上夺走。（OC i: 1047；RSW: 89）

这种在人类相互依存的条件下，对积极生活在满足需要方面的必然性的认识，似乎使懒惰和遐想成为自私的自由形式，将它们变成相当罪恶的快乐。

卢梭自传作品中涉及闲散和遐想的部分，可能与费希特早期批评卢梭时提出的一些观点有关。首先，卢梭主张“回归”自然状态。尽管卢梭认为不可能回到原始人所经历的那种状态，但他在遐想中描述的那种体验可以理解为试图重现这种假设状态的某些特征。费希特似乎也正确地解释了卢梭的被动，以及这种被动使他无法以更积极的方式面对他在社会中遇到的道德腐败，即通过积极寻求将自然置于人的理性控制之下，从而将文化作为人类完善的条件来推进。关于最后一点，卢梭似乎也放弃了这样一种自我观念，即自我的道德统一在于它赋予自己原则并在行动中遵循这些原则，尽管他将这种自我的发展纳入了合法的社会契约的好处之中。

费希特认为自我具有社会维度，因为一个人的道德性格和行为的一致性在很大程度上是通过一系列源自特定社会功能的自我强加的义务来实现的。这一观点反映了费希特的承诺，即人类的完善只有在一个人的才能与其他人的才能互补的社会中才可能实现。鉴于对人类相互依存的现实性和不可避免性的这种隐性认识，一个统一的自我，通过自觉按照特定社会功能所产生的职责进行自律的想法，可能会比我们在卢梭的自传作品中遇到的懒散、孤立的自我更具吸引力。此外，关于人的可完善性的概念，费希特 1812 年的《权利科学》提供了自然如何能够被置于人类理性的控制之下的解释。尽管如此，费希特也同样关心一个不可侵犯的个人存在领域的可能性，在这个领域不存在人类相互依赖的条件下因工作需要施加的实际限制。这个领域是休闲（*Muße*）领域。尽管费希特持有一种道德行动主义思想，以这种方式，他似乎也给懒惰留了一些空间。同时，根据他对卢梭的批判，以及他对道德意义上的人类可完善性的承诺，费希特并不认为懒惰是应该填补这个领域的东西，但是这个领域没有工作需要所施加的实际限制，他试图解释这个领域的可能性。

四、费希特论闲暇

费希特 1812 年的《权利科学》在许多方面与他之前在《自然法权基础》和《封闭的商业国家》中发展的权利理论相呼应。1812 年的《权利科学》的独创性主要在于费希特对必然性的认识，以及他对必然性与早期财产理论关系的认识。这里讨论的必然性不仅涉及自然的必然性，还涉及一种传统的形式的必然性。这种传统的必然性形式与国家作为财产契约条款担保人的职能有关，这意味着每个人都有义务为国家及其机关的维持做出贡献。因此，每个人都**必须**劳动，不仅要为自己提供生活手段，还要能够履行这一义务。

通过这种方式，人类的自由既受制于自然的必然性，也受制于传统的法律形式的必然性。在第一种情况中，必然性在于必须满足人类生存的基本条件，而在第二种情况中则必须做一些事情（比如通过纳税来帮助维持国家及其官员）以避免某些制裁的实践必然性，个人可能会受制于第二种形式的必然性，因为他们认识到维护国家及其官员是他们自己能动性的一个条件。在这两种情况下，工作都是满足相关需要的手段。因此，工作作为一种实践必然性的形式，上述两种需要的具体形式都可以归结为工作。因为必须服从必然性，费希特声称："在这些条件下，人类根本没有自由。"（GA II/13：223）主要问题陈述如下：

财产契约旨在保证每个人都有一个行使自由的确定范围。然而，保障这一范围的条件包括被迫工作，即便个人仅仅是为了自由才接受财产契约条款并订立权利条件的（GA II/13：224）。那么，在什么意义上，当他们受到这种必然性的约束时，我们仍然可以说他们是真正自由的呢？在提出这个问题时，费希特在自由意味着什么方面引入了比《自然法权基础》中更严格的条件。在《自然法权基础》中，如果个人能认识到他们所受到的限制是自我强加的，那么就已经足够了，从某种意义上说，能够认可这些约束条件，是有效行使自己的自由和理性的能动性的条件。现在事实证明，即使这些约束是自我强加的也达不到真正的自由所要求的条件，因为它们涉及必然性的因素。

在这种情况下，对费希特来说，解决如何实现真正自由的问题的唯一办法是，如果所有人通过自己的劳动获得了生活必需品，并履行了公民义务，包括为维护国家及其官员做出贡献，那么他们就为每个人自由地形成的目标留下一些自由（GA II/13：224）。换言之，休闲构成了自由的确定领域，权利和国家作为其条件必须确保这一领域的安全，而在《自然法权基础》中，这一领域被确定为一个人能够靠劳动生活的活动。相应地，在1812年《权利科学》中，费希特将每个人拥有的绝对财产权定义为，个人在为了自我保护和履行维护国家的义务而工作后享有的"任意目的的自由休闲"（GA II/13：229）。

因此，国家保护公民财产的任务要求了保证他们有一些空闲时间。一个国家越能保障公民的休闲，就越能更好地完成保护他们财产的任务。相反，一个国家如果不能保证其公民有足够的休闲时间，那么个人就会仅仅感受到必然性，因此是不自由的。国家在保障自由方面的失败将导致暴政，因为我们不能再谈论权利，而只能谈论“纯粹的胁迫和征服”(GA II/13：226)。费希特早期和后期的财产理论之间的主要区别是显而易见的，因为在《权利科学》中，国家必须保障的自由范围与免于工作的自由有关，而在《自然法权基础》中，它被确定为能够靠劳动生活的权利。在休闲领域，人类不受工作和国家监督的约束。因此，费希特对“休闲”一词的使用可以在消极意义上理解为免于工作。然而，它也可以被更积极地理解为真正自由能动性的条件。

尽管休闲的存在并不意味着懒惰，但是我们可以认为工作和懒惰是相容的，只要它们属于不同的时间段。费希特明确表示，当他谈到“为了任意目的的自由休闲”时，“任意”的意思是自由选择。这意味着懒惰和其他任意目的一样合法。然而，他也从目的论的角度看待休闲，将其视为一种更高的道德自由的条件，其目的不在于自然，也不在于仅仅给予的东西，而是在一个更高的世界中，这揭示了人类有能力采用超感官的目的（GA II/13：223f.)。[14] 费希特声称，这种道德自由应该渗透到人类的所有活动中，而不是保留在特定的时间段或特定的安排中。出于这个原因，他赞扬了犹太安息日的制度，因为它表达了这样一种想法，即迫使那些在贪婪的驱使下永远不会停止工作的人，或者强迫他人在他们手下持续工作的人，停止工作，希望让他们发现自己的精神并反思它（GA II/13：225)。这样的说法表明，费希特不想把休闲等同于卢梭所说的与无所事事联系在一起的任意性和随意性。相反，休闲在道德自由的发展中发挥着至关重要的作用，[15] 在这方面，休闲在费希特对人类可完善性的描述中发挥着重要作用，人类可完善性依赖于自我的道德统一是由其强加给自己的原则提供的这一观念。

在下一节中，我将讨论在费希特对工作（必然性）与休闲（自由）关系的描述中提出的两个相互关联的问题，这两个问题既与他采用的行动主义的自我概念有关，也与现代分工在人类相互依存的条件下增加可用休闲时间方面所起的作用有关。第一个问题涉及自我在确保其自身实施条件方面可能发挥的作用，即为自己，也为他人提供尽可能多的休闲。对费希特来说，休闲显然是一种资源，必须在一个国家的公民之间公平分配。因此，一些人被允许享受更多的休闲时间，而另一些人则继续工作相同的时间，或者被迫工作比以前更长的时间以提高生产和财富水平，这可能意味着其他人拥有的个人财富因此被视为是极不公平的。正如我们将看到的那样，费希特认识到，在人类相互依存的条件下，增加一个国家公民可分配的休闲量依赖于每一个有能力这样做的人，在社会分工的基础上，在创造尽可能多的休闲方面发挥自己的作用。费希特在这里明确阐述了一些工作形式的重要性，这些工作形式旨在生产或管理满足人类需要和保障自由所需的资源和财富：这些工作形式本身并不是目的，而是达到目的的手段，当讨论人们在一个声称尊重平等和自由原则的社会中可以承担的工作量时，应该始终考虑到这一点。第二个问题涉及劳动分工对道德自由的影响，增加可用的休闲时间是为了使道德自由成为可能。我认为，在某些情况下，正如费希特所理解的那样，这些影响对人类的完善构成了潜在的不可逾越的限制。

五、道德行动主义与现代劳动分工

费希特从积极的角度看待社会分工，因为它可以减少必要的劳动时间，并相应地增加可用的休闲时间。因此，劳动分工带来的任何生产力增长本身并不是好的：只有当它们有助于为该国公民提供更多的休闲时间时，它们才是好的。费希特甚至提出了一个新颖的建议，即一个国家的财富应该根据其成员可获得的休闲时间来评估，而不是根据这个国家的生产来评估（GA II/13；229f.)。在这里，工作被认为是确保自由的必要手段，面对人类相互依存状态和国家生活的必然性，自由必须首先采取休闲的形式。因此，国家肩负着保证这种确保自由的手段变得越来越小的任务。费希特行动主义的自我概念与他对分工作用的描述的相关性可以参考亚当·斯密《国富论》中的下列关于工作场所机械化促进劳动分工的著名讨论：

> 一个人把他的手从一种业务转向另一种业务时，普通都要闲荡一会儿。当他最初开始新的工作时，很少是非常全神贯注的；他像他们所说的，心不在焉，有一些时候磨磨蹭蹭，并不认真干活。每一个农村劳动者，每隔半个小时就得改变他的工作和工具，一辈子几乎每天要干20种不同的活，自然而然地或者说必然地会养成闲荡和漫不经心的习惯，使得他几乎总是懒懒散散，即使在最紧迫的场合，也不能用力冲击。[16]

斯密在这篇文章中主要关注的是强调同一个人从事多种工作所导致的效率低下。关于本主题，应该注意的是，当斯密谈到工人在开始工作时“很少非常敏锐和热情”时，他认为人类天生就很懒惰，但是在这里很难知道什么是原因，什么是结果。因为这个段落可以被解释为反复改变职业会使人们变得“闲散和懒惰”。我们在费希特的作品中遇到的自律统一的自我可以被认为是上述懒惰、低效和无纪律的工人的对立面，也就是说，是现代分工中工人应该拥有的那种理想的自我。

对斯密来说，理想的工人似乎是那些坚持某项任务并以认真和积极的方式执行任务的人。在这方面，任务的有效执行可以被认为依赖于某些更高层次的愿望，这些愿望使一个人的行动随着时间的推移保持一致性，例如通过在增加国家财富中发挥自己的作用来为公共利益（公共善）出力的愿望。在费希特的例子中，采用这一特定的行动原则意味着在增加自己所属社会的休闲量方面发挥自己的作用。与此相对，卢梭将无目标性和任意性描述为自我和自由体验的特征，不受约束的无所事事使人能够享受这种体验。这为斯密对一个人不断改变活动的状况，以及懒惰是这种不断变化的原因还是结果的状况进行负面评估提供了可能的对象。以《忏悔录》的以下段落为例，我已经引用过其中的一部分：

> 我喜欢什么都不做，开始一百件事，什么都不完成，随心所欲地来来去去，每时每刻都改变我的计划，跟随苍蝇的每一个转弯，挖一块石头看看下面是什么，满怀热情地开始一个十年期的任务，在十分钟后又毫不后悔地放弃它，在没有计划或目标的情况下度过一整天，在任何事情上都随波逐流。（OC i: 641; C: 627）

卡尔·马克思对劳动过程的描述也表明，现代分工需要一个自律统一的自我，而不是卢梭描述的无纪律的自我。马克思强调人类劳动与非人类动物的本能行为的不同，因为它涉及与自然的相互作用，这种相互作用是由人类发起的，并由人类根据某些先前形成的目的进行有意识地引导。[17] 人类与自然互动的目的具有“法律的刚性”，工人“必须服从它的意愿”。[18] 工人越不被他所做的工作所吸引，就越不喜欢它，“他的注意力就被迫越集中”。[19]

自律在于让自己按照为自己的活动提供法律指导的目的行事，马克思的最后一种说法可以被认为是指，当要做的工作不是一种本质上令人满意和有回报的工作时，自律性会更强，因为它不允许工人的精神或体力得到充分锻炼和发展。这种解释引起了人们对自主自我的理想与工业社会工作场所机械化带来的严格的劳动分工的兼容性的一些质疑，因为这表明个人不会自由地采用与高度受限的机械劳动形式相关的目的。相反，必然性迫使他们采用这些目的，因为只有通过从事这些劳动，他们才能为自己提供生存的手段。很明显，马克思本人对资本主义社会某些工作形式所涉及的必然性，是从人被迫去完成的工作的类型去理解的。他本人将这类"不是自愿的，而被胁迫的、**强迫劳动**"称为异化劳动，并将这种工作称为"不是满足自身需要，而是满足外部需要的一种**手段**"。[20] 换句话说，一个人仅仅为了生存而工作。马克思认为，这相当于消除了人类和非人类动物的"自由意识活动"之间的本质区别，因为后者"只在直接身体需要的压力下生产，而人类在没有身体需要的情况下生产，事实上只有在没有这种需要的时候才真正生产"。[21] 此外，每个工人与其他工人的关系是由自然需要决定的，自然需要包括必须满足人类生存的基本条件。因此，马克思称，在资本主义生产关系下，工人的联合"绝不是自愿的联合——如卢梭的《社会契约论》中所描述的那样，而是一个由必然性决定的联合"。[22]

费希特对这一问题的认识使他将休闲视为在物质相互依存的条件下个人唯一真正的自由领域。事实上，费希特立场的独创性值得强调，因为直到马克思区分了必然领域和自由领域，我们才遇到类似的想法：在必然领域，工作表现为基于自然必然性的外部强加活动；在自由领域，开始发展被自身即为目的的人类力量。[23] 马克思在《资本论》的一个段落中对这两个领域进行了明确的区分，他在文中认为，自由真正开始于物质生产领域之外，物质生产的目的主要是维持和再生产生活，并且随着新需要的发展和提供满足这些需要的手段的生产力量的发展而扩大。尽管物质生产领域允许一些自由，但马克思将其描述为必然领域：

> 这个领域的自由只能在于社会化的人，即相关的生产者合理地调节他们与自然的交流，将其置于他们的共同控制之下，而不是被盲目的自然力量所统治；并以最少的能源消耗，在最有利于和最符合人性的条件下实现这一目标。尽管如此，它仍然是必然领域。除此之外，人类力量的发展本身就是一个目的，是真正的自由领域，然而，只有以这种必然领域为基础，自由领域才能蓬勃发展。缩短工作日是其基本前提。[24]

在这段话中，我们看到了对费希特观点的明确回应，即只有当人类从工作需求强加给他们的实际限制中解脱出来时，自由才是真正可能的，这段话提出了以下问题。

第一个问题已经被提及，因为它涉及自主自我概念与现代分工的兼容性，正如前面提到的，如果要充分有效，现代分工可能被认为需要这种自我的存在。在这里应该记住，只有当纯粹出于必然性而工作时，费希特才认为工作与自由不相容。因此，如果能够解释在人类力量没有得到充分发展，并且在受限制的机械劳动形式的情况下，工作是如何自由进行的，那么工作和自由之间的严格二分法也可能得到克服。[25] 第二个问题涉及现代劳动分工对道德自由的可能影响，国家保障的休闲是道德自由的条件。

关于第一个问题，费希特认为，如果工作是按照道德自由所代表的更高的立场，并通过他将其与这种自由联系在一起的那种自我来进行的，那么工作就可以被理解为是自由的。当他对以相互依存为特征的社会提出以下愿景时，理性的目的是由从事确定工作形式的个人来推动的：

> 每个阶层都在促进理性的目的，从种地打粮、养活人类的阶层开始，到思考未来促其实现的学者，到汲取研究成果、改革国家体制、造福子孙后代的立法者与开明君主为止，都是如此。（GA I/5：244；SE：261）

这段话向我们展示了各种互补的阶层，这些阶层由从事某些确定活动的人组成，其中每一项活动对于实现理性目的都是关键的。每一个阶层都由不同的职业组成，其中一些职业属于高级职业，其成员直接对构成理性目的对象的理性存在共同体采取行动，而另一些职业则属于低级职业，他们的成员为了共同体而对自然采取行动。由于高等职业和低等职业对实现理性的目的都至关重要，因此这种对高等职业和低等职业的划分是根据人类可完善性理论判断的活动的性质，该理论将道德自主和建立纯粹理性的领域视为人类所有努力的最终目的。然而，在实现理性的目的方面，这种划分并不更重视某一种职业。费希特明确表示，如果没有较低等级职业相关的活动类型，学者、神职人员和国家官员等更高形式的活动本身是不可能的，低等职业提供了基本的人类生存手段，没有这些手段，高等职业的成员甚至不可能存在（GA I/5：314；SE：341f.）。

学者、神职人员或国家官员从事的活动可能被认为是本质上有回报的，因此人们很容易认为这些人是自由参与这些活动的，而不是仅仅因为必然这样做。然而，低等职业的情况更有趣，因为它包括具有社会重要性的职业，至少在某些情况下是如此，但是这些职业可以说没有人愿意去做。费希特暗示，当他将所有特定的职责，包括源自个人所属领域的职责，理解为推动理性目的这一更普遍的职责时，个人可以将他们参与的职业视为对更大利益的贡献（GA I/5：285；SE：308）。因此，根据这些职责而不是仅仅出于必然性而工作，个人将在人类相互依存的条件下实现道德自由。因此，这种自由的行使不局限于由国家保障的休闲时间。然而，这种道德自由要求相关个人真正地选择按照与其职业相关的职责行事，因为如果要维护道德自由的理念本身，就不能强迫任何人有道德。从这方面看，克服工作和自由之间的分歧成为一个偶然的问题，因为我们无法保证个人会从更大的道德意义的角度看待他们从事的工作。因此，工作和自由之间的二分法仍然存在，这让我们认为必须尽量减少工作时间，以增加每个人的空闲时间。正如我们看到的，费希特认为可以通过社会分工来实现增加可用休闲量的目标。

这就引出了第二个问题，即通过社会分工来确保更多的休闲时间，但这实际上可能会破坏道德自由，而更多休闲的存在本应使道德自由成为可能。正如我们看到的，费希特将道德自由的能力与某种类型的自我活动和自给自足联系在一起，即在自己内心寻求道德真理，而不是由某种外部权威强加。这种自我活动和道德自由自给自足所发挥的重要作用意味着：

> 无论是谁，如果不深入研究自己，并在内心感受到自己对所呈现的真相的赞同，他就绝不会变得确信无疑。这种赞同是发自内心的，绝不是理智的结论。这种对自身的关注依赖于我们的自由，因此赞同本身是自由给予的，而不是强迫的。（GA I/5: 278f.; SE: 300f.）

然而，在社会分工中执行某些任务可能不利于培养识别道德真理所需要的能力。这些能力包括识别所有相关可能性的意愿和精力，并让人们在应该做什么还远不明显的情况下反思这些可能性。此外，正如费希特在上面引用的段落中建议的那样，这些能力还包括体验某些情绪的能力。亚当·斯密表达了对现代劳动分工潜在的有害道德影响的担忧：

> 在劳动分工的过程中，大部分以劳动为生的人，即大多数人民的职业，开始局限于一些非常简单的操作，通常是一个或两个。但是大多数人的理解力是通过他们的普通工作形成的。一个人的一生都花在做一些简单的操作上，这些操作的效果可能总是一样的，或者几乎是一样的，他没有机会发挥自己的理解力，也没有机会运用自己的发明才能寻找解决困难的方法。因此，他自然失去了发挥这种能力的习惯，通常会变得愚蠢和无知。他头脑的迟钝使他不仅无法享受或参与任何理性的谈话，而且无法形成任何慷慨、高尚或温柔的情感，因此无法对许多职责包括私人生活中的普通义务做出任何公正的判断。[26]

在这个段落中，斯密认为，分工导致的人类理性发展的阻碍几乎肯定会对个人的道德推理能力产生不利影响。他以这种方式描述分工的影响，可能会破坏费希特在工作和休闲之间的巧妙划分，毕竟这种划分是为了解释道德自由的可能性。

工作和休闲之间的这种划分意味着，缩短工作日是促进道德自由的最大希望，而缩短工作日被认为是可以通过社会分工来实现的。然而，问题来了，一个人所做的工作和一个人的道德存在是否真的可以如此容易地分离，如果我们考虑斯密所认识到的，前者可能会影响后者。相反，现代劳动分工对道德判断能力和体验某些情绪的能力产生了削弱作用，事实上，即使国家成功地保证了所有公民享有同等的休闲时间，它也可能破坏作为条件的道德机构。那么，似乎需要首先说明如何通过彻底的社会重组来抵消或防止劳动分工的有害影响，以避免将道德自由的条件（即劳动分工作为创造更多休闲的手段）变成威胁这种自由的东西，使个人无法有效地行使自由。

关于如何抵消社会分工在道德上的有害影响，斯密对这一点的讨论似乎是对某种形式的公共教育必要性的讨论的一部分，这一点很重要，因为除了休闲的必要性之外，费希特还谈到了旨在培养每个人实现自由的教育机构的必要性（GA II/13：227）。简言之，教育是确保个人以促进其道德自由能力的方式度过闲暇时间的一种手段。然而，为了维护道德自由，这些人进入这些教育机构不能是被迫的，并且即使他们可以被迫进入是合法的，他们当然也不能单纯因为教师的权威而合法地被迫接受在这些机构里所教的内容，因为这本身就是对他们道德自由的侵犯，道德自由是自我活动和自给自足。

以各种手段重建社会从而在根源上防止分工的有害影响的想法，与马克思关于生产者要对自身与自然的互动进行理性的调节的观点是一致的。例如，一方面，一些个人可能束缚于受限制的机械劳动形式，另一方面，他们对自身参与的生产过程的组织方式也有一定的控制权，这使他们有机会行使一定程度的自我导向，从而发展与道德自由相关的能力。同时，这种自我导向本身就涉及道德自由的实际行使，因为从某种意义上说，它包含了按照社会术语中定义的理性目的行事。然而，这并不是费希特提出的解决方案，尽管在《封闭的商业国家》中，他主张有意识地集体控制社会中的所有生产和交换，但他将行使这种控制的职能赋予了国家，而不是从事特定生产和交换行为的个人。另一种可能性是以这样一种方式组织生产，即通过允许社会中的个人做各种各样的工作来克服分工。[27] 这个解决方案，费希特似乎也无法认可。这是因为他认为实现理性的目的需要严格的分工，以确保一个人的活动不会干扰另一个人的行动，否则会减少实现这一目的的机会（GA I/5：243；SE：259f.）。

以这种方式，费希特的权利理论指出，人类的可完善性存在一些潜在的不可逾越的障碍。首先，他承认，在某些情况下，工作可能只是必然的，尽管个人原则上可以认为他们所从事的职业具有道德意义。因此，一些个体将在一生中的很长一段时间从事同一种活动，这种活动确保了他们实现最高目标的可能性，即道德自由，但其本身不必涉及这种自由的实际行使或有效行使这种自由所依赖的权力（能力）的发展。事实上，从事这种形式的工作甚至可能阻碍或阻止这些权力的发展。因此，基于社会分工承诺为一个国家的公民提供比其他情况更多的休闲，从而将其视为道德自由的条件，这种观点使费希特面临的问题是，如何解释通过剥夺个人行使这种自由所要求的能力，社会分工作为道德自由的一个条件不会破坏道德自由。

卢梭描述了闲散是如何有利于遐想的，以及遐想是如何产生一种自由的自我意识的，这种自我意识似乎并不取决于一个人与其他人的关系，而只取决于他与自然界中事物的关系，这为现代社会的劳动分工和高度相互依存的危及自由的状态提供了一种可能的替代方案。然而，与卢梭推崇的道德自由相比，这种自由和自给自足的主观性必然是不足的。卢梭暗示，只有在人与人之间存在依赖关系的合法立宪国家，这种道德自由才有可能实现。这种依赖关系包括我指认的依赖他人的类型，即以依赖于物为中介的依赖于人。而这些依赖关系的调节方式是为了消除或防止它们产生邪恶，特别是统治的邪恶。这样，一种缺乏约束的感觉反映了客观条件，而不是必须通过孤独、无所事事和遐想这些主观条件来达到。因此，如果卢梭将懒惰和遐想与主观自由联系在一起，并将其视为基于客观条件下的道德自由的替代品，那么，我们也必须认为卢梭对人类在相互依存的条件下的可完善性持怀疑态度。

尽管康德、费希特和黑格尔并不持这种怀疑态度，但我已经表明，他们每个人都未能以自己的方式回应卢梭提出的人类相互依存条件危及自由的论述所带来的挑战。正如我们看到的，这些核心挑战包括解释在人与人相互依存产生的实际约束下，道德自由的可能性，以及如何建立公正的社会和政治秩序，以消除人与人之间的依赖关系所产生的潜在的支配，因为现有的物质不平等会使这些关系呈现不对称形式。我们看到康德失败了，他无法令人信服地说明在历史进程中，一个真正的伦理共同体是如何建立在他根据人性中的极端恶理论构想的公民社会的基础上的。这种失败也在黑格尔那里看到，黑格尔在其《法哲学原理》中试图解释从市民社会到政治国家的转变，这种转变是从个体道德倾向的变化和他们意愿的主要对象的相应变化来解释的。康德和黑格尔都诉诸教育的作用和来自一个很大程度上盲目的自发过程的有益的意外结果。相比之下，费希特对这样一个过程会产生正确结果的能力缺乏信心，这导致他强调有必要将秩序强加给威胁平等和自由的经济和社会力量。这种方法提出了以下问题，即在必须迫使个人根据与平等和自由原则及其法律和制度相关的约束条件行事的情况下，如何维护个人的道德自由。

康德、费希特和黑格尔都以自己的方式将法律和政治共同体视为道德自由的条件，这未能应对卢梭提出的挑战，即未能解释在人类相互依赖的条件下，道德和纯粹文化方面所设想的人类集体的完善是如何真正可能的。此外，在每一种情况下，对于这些失败的原因，卢梭都有一些启发性的观点。费希特在其后来的权利理论中的尝试是无结果的，即关于在人类独立的条件下，在尊重平等和自由原则的状态下，道德自由是如何可能的，恰为本书提供了一个适当的结局，因为它指向了一项正在进行的、可能无法实现的任务，而不是一个无论是在理论上还是在实践中都已经实现的目标。这种任务的概念意味着需要进一步反思，需要社会和政治变革，而不是接受现有的条件，这种接受可能是意愿的，也可能是宿命论的，这取决于这些条件是否有利于自己的利益。换言之，如果不加以审查，对必然性的呼吁可能会起到意识形态的作用，即说服人们，他们无力改变有利于他人而对自己不利的条件，即使这些条件实际上可能不是客观上必然的条件。

注释

1. 正如费希特所说："他认为，假如他生活在自然状态中，他就不会有这种需要，也就不会由于这些需要得不到满足而遭受这么多的痛苦，也不会由于用不光彩的手段来满足这些需要而经受这么多更为深重的痛苦。这样，他在自己面前就可以安然自若。"（GA I/3：64；EPW：181）卢梭主张回归自然状态的观点在《一论》中有如下段落："我们对风尚加以思考时，就不能不高兴地追怀太古时代纯朴的景象。那是一幅全然出于自然之手的美丽景色，我们不断地向它回溯，离开了它我们就无不感到遗憾。"（OC iii：22；PW1：20）尽管如此，人们否认卢梭提倡某种形式的原始主义思想，即，原始人在自然状态下的状况代表了一种理想，人类可以回归这种理想。反对卢梭持有这种观点的原因是，它忽视了这样一个事实，卢梭的自然状态是由不同的阶段组成的，并且只有在一个更晚的、文化更先进的阶段（尽管仍然是前政治的阶段），他才对人类没有保持在这种状态表示了遗憾。Cf. Lovejoy，'The Supposed Primitivism of Rousseau's Discourse on Inequality'. 其他反对意见包括以下几点：（1）卢梭认为解决目前困扰人类的罪恶的办法不在于过去，而在于未来，也就是说，在《社会契约论》和《爱弥儿》等后来的作品中得到解决；（2）自然状态的概念在任何情况下都是一种思维假设，而不是一种事实，因此，说人类可以回归自然状态是有误导性的；（3）即使自然状态曾经存在，一旦向社会状态和文明过渡，就不可能再回到自然状态。Cf. Todorov，*Frail Happiness*，9ff.

2. 费希特谈到卢梭“未被注意到的错误推理”，这意味着当他指责卢梭存在以下不一致时，应该谴责推理的错误。卢梭渴望自然状态带来的和平，因为它能让他“反思自己的使命和职责”，“从而使自己和同胞得到提高”。然而，这种反思的可能性以及责任、人的可完善性概念本身就是教育的产物，而教育只能通过离开自然状态来进行。因此，正确的结论应该是，人类应该通过文化来超越事物的现状，这包括将自然——人自身的自然（例如，一个人的自然需要）和更普遍的自然——转变为具有自由和理性的存在的产物特征的东西（GA I/3：64f.；EPW：182f.）。

3. 黑格尔的主张也提出了一种类似的行动主义自我观，他宣称：“人……在国家、学习等方面，以及在工作和与外部世界以及与自己的斗争中，他都有着实际的充实生活，所以只有通过他的分工，他才能争取实现自给自足的统一。”（PR § 166）这一主张指向一个统一的自我的概念，然而，只要一个人内在包含冲突的目标或倾向，就必须通过与自然和自身的斗争来建立统一的自我。

4. Cf. Janke，‘Zurück zur Natur? Fichtes Umwendung des Rousseauischen Naturstandes’.

5. Ibid.，21.

6. Taylor，‘What’s Wrong with Negative Liberty’，214.

7. 正如泰勒所说：“只有在非野蛮的欲望和情感的背景下，我们的身份的整个概念才是有意义的，我们借此认识到一些目标、欲望和忠诚是我们的核心，而其他则不是。而为这一场合创造一个艺术术语，我将称之为输入-归因。” Taylor，‘What’s Wrong with Negative Liberty’，224.

8. 将这种自我模式归因于卢梭，见 Melzer，*The Natural Goodness of Man*，63ff.。梅尔策（Melzer）省略了这段话的部分内容：“自然与社会制度之间，人与公民之间……把他完全交给国家，或者把他完全留给自己；但如果你分割了他的心，你就会把他撕成碎片。”从这几行文字中，我们可以看出，不统一问题与独立生活者的个人主义同国家成员身份和国家深层认同的集体主义之间的不相容性问题有关。

9. 这并不是说没有所有社会成员都必须遵守的一般义务。例如，学者不应该通过强迫或欺骗的方式影响人们，因为这将违反尊重他人自由这一更普遍的义务（GA I/3：57；EPW：175）。

10. 比如，参见《一论》中的以下主张：“虽然我们的科学在追求的目标方面是徒劳的，但它们所产生的效果更为危险。它们生来懒散，并反过来喂养它；而无法弥补的时间损失是他们必然对社会造成的第一次伤害。在政治上，正如在道德上一样，不行善是一种巨大的罪恶，每一个无用的公民都可能被视为有害的人。”（OC iii：18；PW1：17）

11. Saint-Amand，‘Freedom and the Project of Idleness’, 245.

12. 这并不是说卢梭认为自己从未按照原则行事。事实上，他所描述的懒散似乎与他在《一个孤独散步者的梦》第三次遐想中所说的不一致，因为他之前决定采纳一套原则，而面对其他人对这些原则的反对，他认为这些原则是正确的。他将所讨论的原则描述为“我的信仰和行为的一贯规则”，并声称这些原则或多或少是我们在《爱弥儿》中“萨瓦神父的信仰告白”一文中发现的原则（OC i：1018；RSW：55）。尽管如此，即使在这里，卢梭对这些原则采用和费希特的行动主义立场之间的一个主要区别也可以被发现。因为卢梭决定不再重新审视这些原则，而只是接受它们作为未来所有行为的准则，这为费希特批评他的被动性提供了一个例子。

13. 除了第五次散步之外，另见 OC i：643f.；C：628。

14. 法律自由，有一个不在本质和事实上，而是在一个更高的世界里的目的。因此，这才是真正的自由：“超自然目的”的能力。

15. 因此，费希特的声明是：“道德法则只指向已经摆脱所有外部目的的意志，也就是说，自然休闲和自然宣告自由的意志。”（GA II/13：214）

16. Smith，*An Inquiry into the Nature and Causes of the Wealth of Nations*, vol. i, 19.

17. Marx，*Capital*, vol. i, 283f.

18. Ibid., 284.

19. Ibid., 284.

20. Marx，*Early Political Writings*, 73.

21. Ibid., 75f.

22. Ibid., 174.

23. Cf. Buhr，“Die Philosophie Johann Gottlieb Fichtes und die Französische Revolution”, 72f.

24. Marx, *Capital*, vol. iii, 820.

25. 这种二分法可以说是在马克思那里出现的，也就是他对必然领域和自由领域的明确区分。这种区别表明，某些形式的劳动是不可避免的异化和不自由的，尤其是在马克思早期著作中，他将被迫从事的工作视为异化劳动。对这个问题的讨论我们想要表明，马克思还认为，即使是“必然的”劳动（即旨在满足物质需要的劳动）也可以是一种自由和自我实现的活动。见 Sayers, ‘Freedom and the“Realm of Necessity”’。在这里，有人认为，人类的实践活动涉及自由度，与仅仅消费物品（对象）的行为相比，简单地对物品（对象）进行操作已经表现出一定程度的自由。然而，尽管马克思热衷于将人类劳动与非人类动物的本能行为区分开来，但在某些机械劳动形式的情况下，这种差异可能并没有那么大，以至于有理由谈论自由程度而不是必然程度。与此同时，当生产受到相关生产者的合理监管时，即使在必然领域，也可以说存在自由的因素。这是因为生产者对自然和生产力量行使控制权，而不是被它们支配，从而行使一些自我指导权。然而，这并不意味着将某些旨在满足物质需要的活动视为本质上是非必要的，因为如果人类能够在不必进行这些活动的情况下满足其物质需要，那么他们可能会简单地选择不进行这些活动。

26. Smith, *An Inquiry into the Nature and Causes of the Wealth of Nations*, vol. ii, 781f. 另见马克思对资本主义生产条件下工厂工作对人的影响的以下描述：“工厂工作会耗尽神经系统，同时，它消除了肌肉的多面性，剥夺了身体和智力活动中的每一个自由原子。即使劳动强度的减轻也会成为一种折磨，因为机器并没有把工人从工作中解放出来，反而剥夺了工作本身的一切内容。”Marx, *Capital*, vol. i, 548.

27. 马克思提出了这样的设想，他将共产主义社会描述为“人没有被强加专属的活动范围”和“社会调节一般生产使我可以今天做这件事，明天做那件事成为可能”。Marx, *Early Political Writings*, 132. 然而，有人对这段话在多大程度上代表了马克思自己关于共产主义社会和废除劳动分工的思想表示怀疑。Cf. Carver, ‘Communism for Critical Critics? *The German Ideology* and the Problem of Technology’. 尽管如此，马克思在其他地方对共产主义社会的主张确实表明了，通过个人进行物质和智力形式的劳动来克服严格的劳动分工从而更充分地发展自己的思想，就像他谈到共产主义社会的更高形式时一样，在这个社会中，不仅分工消失了，而且精神劳动和体力劳动之间的对立也消失了。Cf. Marx, *Later Political Writings*, 214f.

参考文献

Allison, Henry E., *Idealism and Freedom: Essays on Kant's Theoretical and Practical Philosophy* (Cambridge University Press, 1996)

Anderson-Gold, Sharon, *Unnecessary Evil: History and Moral Progress in the Philosophy of Immanuel Kant* (Albany: State University of New York Press, 2001)

Anderson-Gold, Sharon and Muchnik, Pablo (eds.), *Kant's Anatomy of Evil* (Cambridge University Press, 2010)

Berlin, Isaiah, *Two Concepts of Liberty* (Oxford: Clarendon Press, 1958)

Buhr, Manfred, 'Die Philosophie Johann Gottlieb Fichtes und die Französische Revolution', in Manfred Buhr and Domenico Losurdo (eds.), *Fichte—die Französische Revolution und das Ideal vom ewigen Frieden* (Berlin: Akademie Verlag, 1991)

Carver, Terence, 'Communism for Critical Critics? *The German*

Ideology and the Problem of Technology', *History of Political Thought* 9 (1) (1998): 129–136

Cassirer, Ernst, *The Question of Jean-Jacques Rousseau*, trans. Peter Gay (New York: Columbia University Press, 1954)

——, *Rousseau, Kant, Goethe: Two Essays*, trans. James Gutmann, Paul Oskar Kristeller and John Herman Randall Jr. (Princeton University Press, 1945)

Chamley, Paul, 'Les origins de la pensée economique de Hegel', *Hegel-Studien* 3 (1965): 225–261

——, *Economie politique et philosophie chez Steuert et Hegel* (Paris: Dalloz, 1963)

Cohen, Joshua, *Rousseau: A Free Community of Equals* (Oxford University Press, 2010)

Fester, Richard, *Rousseau und die deutsche Geschichtsphilosophie. Ein Beitrag zur Geschichte des deutschen Idealismus* (Stuttgart: Göschen, 1890)

Fetscher, Iring, *Rousseaus Politische Philosophie. Zur Geschichte des demokratischen Freiheitsbegriff*, 2nd edn (Neuwied am Rhein: Luchterhand, 1968)

Fleischacker, Samuel, 'Values behind the Market: Kant's Response to the *Wealth of Nations*', *History of Political Thought* 17 (3) (1996): 379–407

Fralin, Richard, *Rousseau and Representation* (New York: Columbia University Press, 1978)

Franco, Paul, *Hegel's Philosophy of Freedom* (New Haven: Yale University Press, 1999)

Fulda, Hans Friedrich and Horstmann, Rolf-Peter (eds.), *Rousseau, die Revolution und der junge Hegel* (Stuttgart: Klett-Cotta, 1991)

Gourevitch, Victor, 'Rousseau's "Pure" State of Nature', *Interpretation* 16 (1988): 23–59

Grimm, Stephen R., 'Kant's Argument for Radical Evil', *European Journal of Philosophy* 10 (2) (2002): 160–177

Gurwitsch, Georg, 'Kant und Fichte als Rousseau-Interpreten', *Kant-Studien* 27 (1922): 138–164

Hayek, F. A., *Law, Legislation and Liberty, Volume* ii: *The Mirage of Social Justice* (London: Routledge & Kegan Paul, 1976)

Henrich, Dieter, 'The Moral Image of the World', in his *Aesthetic Judgment and the Moral Image of the World: Studies in Kant* (Stanford University Press, 1992)

——, 'Hegels Theorie über den Zufall', in his *Hegel im Kontext* (Frankfurt am Main. Suhrkamp, 1967)

Hobbes, Thomas, *Leviathan*, ed. Richard Tuck (Cambridge University Press, 1996)

Horstmann, Rolf-Peter, 'The Role of Civil Society in Hegel's Political Philosophy', in R. B. Pippin and O. Höffe (eds.), *Hegel on Ethics and Politics* (Cambridge University Press, 2004)

James, David, *Fichte's Social and Political Philosophy: Property and Virtue* (Cambridge University Press, 2011)

——, 'Rousseau on Needs, Language and Pity: The Limits of "Public Reason"', *European Journal of Political Theory* 10 (3) (2011): 372–393

Janke, Wolfgang, 'Zurück zur Natur? Fichtes Umwendung des

Rousseauischen Naturstandes', in his *Entgegensetzungen: Studien zu Fichte-Konfrontationen von Rousseau bis Kierkegaard* (Fichte-Studien-Supplementa 4) (Amsterdam: Rodopi, 1994)

Kersting, Wolfgang, 'Die Unabhängigkeit des Rechts von der Moral', in Jean-Christophe Merle (ed.), *Johann Gottlieb Fichte. Grundlage des Naturrechts* (Berlin: Akademie Verlag, 2001)

Lovejoy, Arthur O., 'The Supposed Primitivism of Rousseau's *Discourse on Inequality*', in his *Essays in the History of Ideas* (Baltimore: The Johns Hopkins Press, 1948)

MacAdam, James, 'Rousseau: The Moral Dimensions of Property', in Anthony Parel and Thomas Flanagan (eds.), *Theories of Property: Aristotle to the Present* (Waterloo: Wilfrid Laurier University Press, 1979)

Machiavelli, Niccolò, *The Discourses*, trans. L. J. Walker and B. Richardson (London: Penguin, 2003)

Marcuse, Herbert, *Reason and Revolution: Hegel and the Rise of Social Theory*, 2nd edn (London: Routledge & Kegan Paul, 1955)

Marx, Karl, *Later Political Writings*, ed. and trans. Terrell Carver (Cambridge University Press, 1996)

——, *Early Political Writings*, ed. and trans. Joseph O'Malley with Richard A. Davies (Cambridge University Press, 1994)

——, *Capital*, vol. i, trans. Ben Fowkes (London: Penguin, 1990)

——, *Capital*, vol. iii, ed. Friedrich Engels (London: Lawrence and Wishart, 1959)

Melzer, Arthur M. *The Natural Goodness of Man: On the System of Rousseau's Thought* (The University of Chicago Press, 1990)

Montesquieu, Charles de Secondat, baron de, *The Spirit of the Laws*, trans. Anne. Cohler, Basia Carolyn Miller and Harold Samuel Stone (Cambridge University Press, 1989)

Nakhimovsky, Isaac, *The Closed Commercial State: Perpetual Peace and Commercial Society from Rousseau to Fichte* (Princeton University Press, 2011)

Neuhouser, Frederick, *Rousseau's Theodicy of Self-Love: Evil, Rationality, and the Drive for Recognition* (Oxford University Press, 2008)

——, *Foundations of Hegel's Social Theory: Actualizing Freedom* (Cambridge, MA: Harvard University Press, 2000)

——, 'Fichte and the Relationship between Right and Morality', in Daniel Breazeale and Tom Rockmore (eds.), *Fichte: Historical Context/Contemporary Controversies* (Atlantic Highlands, NJ: Humanities Press, 1994)

——, 'Freedom, Dependence, and the General Will', *The Philosophical Review* 102 (3) (1993): 363–395

Pettit, Philip, *Republicanism: A Theory of Freedom and Government* (Oxford: Clarendon Press, 1997)

Pippin, Robert B., 'On the Moral Foundations of Kant's *Rechtslehre*', in his *Idealism as Modernism: Hegelian Variations* (Cambridge University Press, 1997)

Proudhon, Pierre-Joseph, *What is Property?*, ed. Donald R. Kelley and Bonnie G. Smith (Cambridge University Press, 1994)

Rawls, John, *Lectures on the History of Political Philosophy*, ed. Samuel Freeman (Cambridge, MA: Harvard University Press, 2007)

Renaut, Alain, *Le système du droit. Philosophie et droit dans la pensée de Fichte* (Paris: Presses universitaires de France, 1986)

Riedel, Manfred, *Between Tradition and Revolution: The Hegel Transformation of Political Philosophy*, trans. W. Wright (Cambridge University Press, 1984)

Riley, Patrick, *Kant's Political Philosophy* (Totowa, NJ: Rowman and Littlefield, 1983)

Rorty, Amélie Oksenberg and Schmidt, James (eds.), *Kant's Idea for a Universal History with a Cosmopolitan Aim* (Cambridge University Press, 2009)

Rosen, Allen D., *Kant's Theory of Justice* (Ithaca: Cornell University Press, 1993)

Saint-Amand, Pierre, 'Freedom and the Project of Idleness', in Christine Macdonald and Stanley Hoffmann (eds.), *Rousseau and Freedom* (Cambridge University Press, 2010)

Sayers, Sean, 'Freedom and the "Realm of Necessity"', in Douglas Moggach (ed.), *The New Hegelians: Politics and Philosophy in the Hegelian School* (Cambridge University Press, 2006)

Schmitt, Carl, *The Concept of the Political*, trans. George Schwab (University of Chicago Press, 2007)

Schottky, Richard, *Untersuchungen zur Geschichte der staatsphilosophischen Ver-tragstheorie im 17. und 18. Jahrhundert (Hobbes—Locke—Rousseau und Fichte) mit einem Beitrag zum Problem der Gewaltenteilung bei Rousseau und Fichte* (Fichte-Studien-Supplementa 6) (Amsterdam: Rodopi, 1995)

Siep, Ludwig, 'The "Aufhebung" of Morality in Ethical Life', in L. Stepelevich and D. Lamb (eds.), *Hegel's Philosophy of Action* (Atlantic

Highlands, NJ: Humanities Press, 1983)

Simpson, Matthew, *Rousseau's Theory of Freedom* (London: Continuum, 2006)

Skinner, Quentin, *Liberty before Liberalism* (Cambridge University Press, 1998)

Smith, Adam, *The Theory of Moral Sentiments*, ed. D. D. Raphael and A. L. Macfie (Oxford: Clarendon Press, 1976)

——, *An Inquiry into the Nature and Causes of the Wealth of Nations*, ed. R. H. Campbell and A. S. Skinner, 2 vols. (Oxford: Clarendon Press, 1976)

Taylor, Charles, 'What's Wrong with Negative Liberty', in his *Philosophy and the Human Sciences* (Cambridge University Press, 1985)

——, *Hegel* (Cambridge University Press, 1975)

Teichgraeber, Richard, 'Rousseau's Argument for Property', *History of European Ideas* 2 (2) (1981): 115–134

Todorov, Tzvetan, *Frail Happiness: An Essay on Rousseau*, trans. John T. Scott and Robert D. Zaretsky (The Pennsylvania State University Press, 2001)

Velkley, Richard L., *Freedom and the End of Reason: On the Moral Foundations of Kant's Critical Philosophy* (The University of Chicago Press, 1989)

Viroli, Maurizio, *Republicanism*, trans. Antony Shugaar (New York: Hill and Wang, 2002)

——, *Jean-Jacques Rousseau and the 'Well-Ordered Society'*, trans. Derek Hanson (Cambridge University Press, 1988)

Waszek, Norbert, *The Scottish Enlightenment and Hegel's Account of 'Civil Society'* (Dordrecht: Kluwer, 1988)

Williams, Howard, *Kant's Political Philosophy* (Oxford: Basil Blackwell, 1983)

Wood, Allen W., *Kant's Ethical Thought* (Cambridge University Press, 1999)

——, *Hegel's Ethical Thought* (Cambridge University Press, 1990)

图书在版编目(CIP)数据

卢梭与德国观念论:自由、依赖和必然/(英)大
卫·詹姆斯(David James)著;吴珊珊译. —上海:
上海人民出版社,2024
书名原文:Rousseau and German Idealism:
Freedom, Dependence and Necessity
ISBN 978-7-208-18710-8

Ⅰ. ①卢… Ⅱ. ①大… ②吴… Ⅲ. ①卢梭(
Rousseau, Jean Jacques 1712-1778)-哲学思想-研究 ②
哲学-研究-德国 Ⅳ. ①B565.26 ②B516

中国国家版本馆 CIP 数据核字(2024)第 017223 号

责任编辑 陈依婷 于力平
封面设计 零创意文化

卢梭与德国观念论:自由、依赖和必然
[英]大卫·詹姆斯 著
吴珊珊 译

出　　版 上海人民出版社
(201101 上海市闵行区号景路 159 弄 C 座)
发　　行 上海人民出版社发行中心
印　　刷 上海商务联西印刷有限公司
开　　本 635×965 1/16
印　　张 16.25
插　　页 4
字　　数 191,000
版　　次 2024 年 2 月第 1 版
印　　次 2024 年 2 月第 1 次印刷
ISBN 978-7-208-18710-8/B·1729
定　　价 68.00 元

This is a simplified Chinese edition of the following title published by Cambridge University Press：
Rousseau and German idealism：*freedom*，*dependence and necessity*
ISBN：978-1-107-03785-4（hardback）
By David James，first published by Cambridge University Press 2013.

This simplified Chinese edition for the People's Republic of China (excluding Hong Kong，Macau and Taiwan) is published by arrangement with the Press Syndicate of the University of Cambridge，Cambridge，United Kingdom.